该书出版由以下科研项目资助：

2012年度山东省社科规划青少年研究专项（山东省青少年研究基地资助项目）"创新社会管理视角下的青年学生暴力犯罪预防机制研究"（项目批准号12CQSZ05）

创新社会管理视角下的
青年学生暴力犯罪预防机制研究

滕继果 著

中国社会科学出版社

图书在版编目（CIP）数据

创新社会管理视角下的青年学生暴力犯罪预防机制研究／滕继果著．
—北京：中国社会科学出版社，2016.5

ISBN 978 - 7 - 5161 - 8430 - 1

Ⅰ.①创…　Ⅱ.①滕…　Ⅲ.①青少年犯罪—刑事犯罪—预防犯罪—
研究—中国　Ⅳ.①D669.5②D925.204

中国版本图书馆 CIP 数据核字（2016）第 136526 号

出 版 人	赵剑英
责任编辑	杨晓芳
责任校对	张爱华
责任印制	王　超

出　　版	中国社会科学出版社
社　　址	北京鼓楼西大街甲 158 号
邮　　编	100720
网　　址	http://www.csspw.cn
发 行 部	010 - 84083685
门 市 部	010 - 84029450
经　　销	新华书店及其他书店

印刷装订	三河市君旺印务有限公司
版　　次	2016 年 5 月第 1 版
印　　次	2016 年 5 月第 1 次印刷

开　　本	710 × 1000　1/16
印　　张	14.75
插　　页	2
字　　数	238 千字
定　　价	56.00 元

目　　录

第 一 章

导　　论

第一节　研究缘起及研究价值

一　研究缘起

青年学生暴力犯罪问题一直是一个困扰社会治理的全球性问题。中国学术界对于国内青年学生极端暴力犯罪问题的较大规模研究肇始于2004年云南大学马加爵杀人事件。2004年2月云南大学青年学生马加爵3天之内残忍锤杀了4名同学，经由新闻媒体的反复炒作，由一个地区性案件很快上升为一个家喻户晓的全国恶性案件，马加爵本人则被媒体塑造成一个"杀人恶魔""杀人屠夫"，成为学术界研究青年学生暴力犯罪的典型案例。同一年随后发生的北京科技经营管理学院徐泰来杀人案（2004.05.10）、江西医学院薛荣华杀人案（2004.05.16）、北京外国语大学罗卡娜杀人案（2004.7.9）、中山大学蓝庆庞杀人案（2004.09.05）又一次次地刺激着社会民众脆弱而敏感的神经，以后更是发生了2005年北大安然杀人案、2006年江西中医学院李征杀人案、2007年丽江女大学生张超及男友杀人碎尸案、2007年中国矿业大学常宇庆铊盐投毒案、2008年中国政法大学付成励弑师案、2009年吉林大学郭力维校内杀人案、2010年四川大学曾世杰杀人案、2010年西安音乐学院药家鑫杀人案、2012年陕西科技大学张华富杀人案、2013年复旦大学林森浩投毒案、2014年台湾大学生郑捷地铁惨案、2015年11月济南某高校大四学生张扬持刀抢劫药店案、2016年3月四川师范大学舞蹈学院滕刚（化名）杀害室友案等血案，青年学生极端暴力犯罪问题已经成为新闻报道乃至学术界研究的一个重要科研课题与实践课题。

二　研究价值

青年学生是"天之骄子"，是国家的未来和希望所在，尽管青年学生暴力犯罪的比例还较小，但某些青年学生暴力犯罪所表现出来的犯罪性质之恶劣、犯罪手段之多样化，对于社会之巨大危害性，以及其本身所凸显出来的社会犯罪"效仿"效应，都引发了整个社会心理层面的巨大冲击、动荡与不安。据不完全统计，青年学生犯罪呈现高发、逐年上升的趋势。中国犯罪学研究会调查数据显示，仅就大学生群体而言，大学生犯罪占整个社会刑事犯罪的比例，已从 1965 年的 1%，发展到近几年的 17%。[①] 另有数据显示，当前暴力犯罪事件已占大学生违法犯罪事件的 30%。[②] 因此，立足中国青年学生暴力犯罪社会实践，借鉴国外有关青年犯罪研究的成熟理论，系统、科学地研究青年学生暴力犯罪根源，构建青年学生暴力犯罪有效预防机制，减少青年学生暴力犯罪的发生，对于社会秩序的稳定以及社会经济良性运行具有十分重要的划时代价值。

（一）理论意义

本课题的研究将在"事故链"新研究视角下开展，结合我们继续实施中的潍坊校园安全问题及对策研究项目，在实践中探索青年学生暴力犯罪预防机制，创建本土化的反暴力犯罪研究范式。

本课题将在"创新社会管理视角"下，探讨在创新预防青年学生暴力犯罪的社会管理方式基础上构建青年学生暴力犯罪预防机制的"现实型"和"理想型"，作出较大的理论创新和贡献。

（二）现实意义

以创新青年学生暴力犯罪预防的社会管理为契合点，进一步整合政府、学校、家庭、传统文化、社会等资源，构建一套适合中国国情的青年学生暴力犯罪预防联动机制，对预防包括中国在内的全球范围内的青年学生严重暴力事件有较大现实意义。

---

① 刘静：《大学生暴力犯罪原因及预防》，《辽宁工业大学学报》（社会科学版）2010 年第 2 期，第 5 页；转引自李音：《浅析当代大学生的犯罪心理及法制教育》，《世纪桥》2008 年第 16 期，第 59 页。

② 马莹、李洋：《高校校园暴力预防和应急机制研究》，《校园心理》2011 年第 1 期，第 50 页。

构建并实施创新社会管理视野下的青年学生暴力犯罪预防联动机制，既有利于我国青年学生的健康发展，顺利实现社会化过程，成为新时期社会主义现代化建设的有用人才；又有助于构建中国特色的平安校园，促进学校健康、稳定、和谐发展；还可以有效降低青年学生暴力犯罪概率，保持中国社会可持续、良性发展；同时我们的实践可为其他国家以及政府有效治理青年学生暴力活动提供可资借鉴的经验。

第二节　学术研究回顾

一　国内关于青年学生暴力犯罪预防机制的研究

国内学术界关于青年学生暴力犯罪预防机制研究文献非常少。在中国知网上利用主题词"预防机制"＋"暴力犯罪"进行检索，仅检索到《青少年校园暴力犯罪成因及其预防机制的建构》《在校大学生暴力犯罪的原因及心理预防》两篇相关文献。学者马方圆、王晓英认为青少年校园暴力犯罪行为的产生，是主体因素和客观环境动态相互作用的结果。建立从青少年自身到家庭、学校、社区和社会对全面预防的机制，可有效地预防青少年校园暴力犯罪的发生。家庭预防强调为青少年创建和谐的家庭环境；社会预防强调改善社会和社区环境；学校预防强调加强学生心理健康教育。[1]

国内关于青年学生暴力犯罪的专门研究文献也非常少，而关于青年学生的主体—大学生违法犯罪的文献则较为丰富。关于大学生违法犯罪的学术研究，主要集中在心理学（犯罪心理学）、教育学（教育管理学）两大研究领域，还有一小部分出现在社会学领域。从分析路径上看，主要有两个研究方向：一个分析路径是宏观叙事，从宏大社会背景出发探讨青年学生极端暴力犯罪的原因、特点及应对措施，将青年学生暴力犯罪归因于个体、家庭、学校、社会四大宏观因素，归咎于大学生自身的心理素质、道德、人格，学校的教育及管理，媒体暴力，社会文化及社会道德水平。应对措施也是针对以上原因所做的设置，如强化与完善家庭教育，营造良好

---

[1] 马方圆、王晓英：《青少年校园暴力犯罪成因及其预防机制的建构》，《吉林化工学院学报》2011年第12期，第113—114页。

家庭氛围；学校应加强思想品德、法制、人文、心理健康、生命、责任、爱的教育；纠正青年学生不良人生观、价值观和世界观；建立青年学生心理档案，开展青年学生心理测试、预测与干预；加强青年学生管理，并切实关爱校园内弱势群体；完善高校教育内容，丰富校园文化建设；提升学生包括抗挫折能力、人际沟通交往能力等在内的综合素质。政府应严控媒体暴力色情等不良内容，加强文化市场管理，净化社会环境；加大暴力犯罪惩处力度；增加大学生就业机会；努力消除犯罪情境等。另一个分析路径是微观叙事，将大学生极端暴力犯罪研究视角着力于一个具体的领域、一个具体的方面，由此引发出相应的应对措施。有代表性的如郑畅认为大学生暴力犯罪的直接诱因是纠纷，治理大学生暴力的直接而有效的方式是治理纠纷，纠纷救济的方式包括了私人救济、社会型救济以及公力救济。① 李佳将校园暴力犯罪的根源直指暴力性网络游戏，认为暴力性网络游戏与大学生的攻击性内隐社会认知显著相关。②

关于高中生暴力犯罪预防机制的学术研究很少。在中国知网利用主题词"高中生" + "暴力犯罪"进行检索，仅仅检索到《男性暴力型违法犯罪青少年的愤怒情绪特征与父母教养方式对照研究》《江西省近年中学生刑事犯罪的现状及特点》两篇文章。利用"中学生" + "暴力犯罪"检索，仅仅检索到包括《中学生暴力犯罪原因分析》《论我国中学生暴力犯罪的态势及其预防》《中学生暴力犯罪的心理分析》《校园暴力犯罪中学生被害预防与援助体系的建立》《学校、家庭、社会"三位一体"预防中学生犯罪机制探讨》《江西省近年中学生刑事犯罪的现状及特点》在内的 9 篇文献。但中学生涉及初中生与高中生两个阶段，年龄也从 12 岁直到 19 岁不等，大约 97% 是未成年人，也就是说绝大部分中学生都不属于本研究所讲的"青年学生"范畴。尽管如此，学者姚宝兴提出的构建的中学生犯罪的学校、家庭、社会"三位一体"预防机制还是带给课题组

---

① 郑畅：《社会学视角下的大学生暴力行为来源与治理》，《兰州大学学报》（社会科学版）2011 年第 1 期，第 149—153 页。

② 李佳：《寻找校园暴力犯罪的根源——暴力性网络游戏对大学生攻击性内隐社会认知的影响》，《边疆经济与文化》2012 年第 4 期，第 173—175 页。

诸多有益的理论借鉴。[①]

二　国外关于青年学生暴力犯罪预防机制的研究

国外学者关于青年学生暴力犯罪预防机制的专门相关研究并不多见，主要散见于关于青少年违法犯罪的综合研究之中。有研究表明，邻里青年组织是有效预防青少年暴力犯罪的重要机制。尽管邻里青年组织与青少年暴力犯罪没有直接、因果关系，但是邻里青年组织在某种程度上降低了低自我控制对暴力犯罪的影响。[②] 有学者利用多层次的机会视角分析了学校暴力犯罪预防措施对于学生暴力侵害、风险感知和犯罪恐惧的影响，结果发现，学校预防措施并没有显著减少遭受暴力侵害或感知风险的可能性，只有一个措施，金属探测器的使用明显减少了学生对于暴力犯罪的恐惧。[③] 暴力攻击的频率和严重程度的危险因素是辍学或被学校开除；参加兄弟会（sorority）或联谊会是一个预防犯罪发生的措施；惩罚程度、惩罚的类型及社会政策在预防暴力犯罪方面也有显著作用。[④] 强调师生互动中教师对学生错误的惩罚的适当性，过轻或过重都会诱发青年学生犯罪的发生或进一步升级。[⑤] 许多国外学者利用相关社会学理论研究学生犯罪的影响因素[⑥]，学生暴力犯罪归因为学生的社会结构以及越轨亚文化、犯罪行为的模仿等。

上述西方学者研究的主要是西方青年学生犯罪的诱发因素及解决对

---

① 姚宝兴：《学校、家庭、社会"三位一体"预防中学生犯罪机制探讨》，《法制与社会》2009 年第 12 期，第 84—85 页。

② Zimmermanetal，Investigating the Role of Neighborhood Youth Organizations in Preventing Adolescent Violent Offending：Evidence from Chicago，*Journal of Quantitative Criminology*，2015，31（4）：565.

③ Tillyeretal，The Effects of School Crime Prevention on Students' Violent Victimization，Risk Perception，and Fear of Crime：A Multilevel Opportunity Perspective，*Justice Quarterly*，2011（28）：249.

④ Dave N. Kheyetal，A Longitudinal Exploration of the Effect of Official Processing and Sanctioning on the Academic and Criminal Careers of College Students，*American Journal of Criminal Justice*，2010，35（3）：146.

⑤ Domino and George，Let the Punishment Fit the Crime：Teacher-Student Interactions，*Journal of Educational Research*，1975，69（1）：8.

⑥ Tygart，C. E.，Student Social Structures and/or Subcultures as Factors in School Crime：Toward a Paradigm，*Adolescence*，1980，15（57）：21.

策，且对于青年学生犯罪预防机制的研究非常少。

三 现有文献研究存在的问题与反思

(一) 研究成果严重匮乏

在中国，学术界关于青年学生暴力犯罪的专门研究的文献非常少。在中国知网（CNKI）"中国学术期刊网络出版总库"输入主题词"青年学生"＋"暴力犯罪"，仅仅检索到《校园暴力犯罪的预防与矫治——"音乐疗法"综述》《谈高校生命价值教育的目标》《如何预防在校大学生犯罪》《大学生犯罪的自我调试和防范措施》四篇弱相关文章。就青年学生的主体部分——大学生而言，从中国知网上输入主题词"大学生犯罪"，条目高达 886 条，但输入"大学生暴力犯罪"，结果获得有效条目仅 24 条。在中国知网"中国学术期刊网络出版总库""中国博士学位论文全文数据库""中国重要会议论文全文数据库"中，利用"主题词"＝"大学生"＋"暴力犯罪"精确检索 2014 年之前该领域所有论文，获得论文 63 个条目，剔除无效条目，获得 37 篇有效论文，其中 2 篇有效硕士论文。通过"读秀学术搜索"使用关键词"大学生暴力犯罪"进行中文搜索，在列出的 51 个条目中，通过仔细甄别遴选，除去重复相关文献，有效条目仅有周宇中主编《在校大学生犯罪预防、防范及犯罪处理实务全书》、石英等编著《欲望人生：当代中国大学生犯罪问题透视》、杜雄柏著《围剿象牙塔里的罪恶——学校人员违法犯罪问题研究》3 部书籍，以及郑畅《社会学视角下的大学生暴力行为来源与治理》一篇有效论文。综合中国知网与读秀两大数据库共获得关于大学生暴力犯罪有效学术论文文献 41 个，由此可见，关于青年学生暴力犯罪的学术研究成果目前尚十分匮乏，更遑论青年学生暴力犯罪预防机制方面的研究了。

(二) 研究起步晚，尚未形成完整研究体系

1. 处于研究初期阶段

根据"普赖斯文献指数增长规律"，科学文献有其自身发展的内在规律，在一个学科领域发展初期，文献数量处于一个非常不稳定的增长阶段；当该学科领域进入一个发展期时，相关研究文献数量呈指数型增长态势。关于青年学生暴力犯罪的研究文献最早出现在 2002 年，2003 年未发表相关论文，2004—2014 年每年发表论文数均未超过 7 篇，且波动大。

正式规范的青年学生暴力犯罪学术研究肇始于 2004 年震惊全国的云南大学马加爵杀人案。

表 1—1　　　　青年学生暴力犯罪研究年载量与累计率统计表

发表年度	2002	2004	2005	2006	2007	2008
发文数	1	2	1	5	2	6
文献累积数		2	3	8	10	16
文献累积率		—	50%	6.67%	25%	60%
发表年度	2009	200	2011	2012	2013	2014
发文数	5	3	7	2	6	1
文献累积数	21	24	31	33	39	40
文献累积率	31.25%	14.29%	29.17%	6.45%	18.18%	2.56%

说明：由于 2003 年缺乏相关论文文献，故未在表中显示。2004 年的数据是统计的基数，故该年度缺乏计算文献累积率的基础。"文献累积数"指标，是指当年与以前年度文献总量的简单累加，意在说明一定年度可以查阅到的相关文献数量，它是考察总体研究规模是否庞大的重要指标。"文献累积率"指标，是指当年发表相关文献与前一年度文献累积数的比率，意在考察某一年度新增文献是否呈现爆发式增长并借此判断该研究领域热点是否形成的重要指标。

从表 1—1 中我们可以发现，十几年来（2002—2014），国内关于青年学生暴力犯罪的研究，年发文量均很小，而且高一年低一年上下起伏波动大，年文献累积率也未呈现"爆发式增长"，由此我们断定国内关于青年学生暴力犯罪问题研究尚处在研究初期。

2. 发表刊物层次低

本研究的 41 个有效论文样本共发表在 39 种刊物上，发表刊物过于分散，并且刊物层次较低，并未形成该研究领域的"主流阵地"，研究基础薄弱。在发表的 41 篇论文中，仅有 5 篇发表在当年度北大核心期刊上，分别是《黑龙江高教研究》《红旗文稿》《中国组织工程研究》（原《中国临床康复》）、《重庆医科大学学报》《兰州大学学报》。41 篇论文中有 7 篇论文是发表在公安警察学校（学院），4 篇发表在教育类学院。

3. 尚未形成科学稳定高效的研究群体

根据文献计量学"洛特卡定律"，写两篇论文的作者数量约为写一篇论文的作者数量的 1/4；写 3 篇论文的作者数量约为写一篇论文作者数量的 1/9；写 n 篇论文的作者数量约为写一篇论文作者数量的 1/ n^2……而写一篇论文作者的数量约占所有作者数量的 60%。

在 41 篇有效论文中，共涉及论文作者 39 人（根据洛特卡定律，每篇文章仅统计第一作者）。发表一篇论文的作者人数 37 人，高达 90.24%，远超洛特卡定律规定的 60%，发表两篇论文的作者（亦即发表最多者）仅有 2 人，发表两篇论文作者占发表一篇论文作者的 5.41%，远低于洛特卡定律规定的 11.11%。对于大学生暴力犯罪领域的相关研究，作者过于分散，尚未形成核心作者以及该研究领域的学术领军人物，研究群体规模很小。

（三）重复研究，思辨性文章多，缺乏实证

通过对大学生暴力犯罪有效论文的系统梳理，我们可以发现以下三个基本认识：

（1）从研究的具体学科来看，有关青年大学生暴力犯罪的学术研究主要集中三大学科研究领域：犯罪学（21 篇）、心理学（18 篇）以及社会学（2 篇），分别占文献综述的 51.22%、43.90%、4.88%。

（2）从研究的分析范式来看，青年大学生暴力犯罪问题研究主要有三种基本分析范式。第一种分析范式是分析青年大学生暴力犯罪发生的原因（动因、归因、心理原因、主观因素、心理成因、心理诱因、心理分析、探因、犯罪心理的生成、心理和人格因素探析、心理和性格因素探析、暴力行为来源）+特点（特征）+对策（防治、防治对策、预警机制构建、应急机制、治理、预防和干预、预防措施），这是一种大而全、思辨性的宏观主导性分析范式。第二种分析范式是从一个小的视角（一个典型案例或一系列典型案例）切入，通过对事件的具体、综合分析透析出大学生暴力犯罪的根源，在此基础上提出解决问题的针对性策略。这是一种"以小见大"式分析范式。第三种分析范式是利用量表问卷进行实证式研究，利用心理量表或调查问卷结合个案访问，对青年大学生暴力犯罪进行相关因素分析。后两种分析范式均占极小比例。

（3）从研究的核心内容看，青年大学生暴力犯罪问题有三大研究内容。一是青年大学生暴力犯罪的原因分析，包括了犯罪的主观原因与客观原因、心理原因、性格原因等，不外乎社会因素（经济转型、媒体暴力文化、就业压力、社会道德小平下降等），学校因素（法制教育、心理健

康教育、思想政治品德教育、生命教育、人文教育、学生管理工作、应试
教育弊端、教师教育方式等），校园内外治安环境（校园周边网吧、出租
屋等），家庭因素（家庭经济状况、家庭教育方式与理念、家庭结构、亲
子关系等），个体因素（价值观、道德观、人格特征、认知偏差、情感荒
漠化、自控力、生理特征、抗挫折力、好奇与模仿、虚荣、投机、报复、
冲动与逆反心理、法制观念、人际交往沟通能力等）。二是青年大学生暴
力犯罪特点分析，包括犯罪数量上升，对象熟人化，动机单纯，犯罪突发
性，犯罪手段残忍性，犯罪的冒险性与模仿性，罪行严重，社会危害性
大，团伙作案，犯罪智能化，青年女大学生暴力犯罪突出，犯罪类型多样
化，激情暴力犯罪与情变暴力犯罪比例上升等。三是青年大学生暴力犯罪
应对策略分析，包括：优化家庭环境，提高家长家教水平，高度重视孩子
的早期教育等；学校应采取改进教育管理模式，努力提升办学条件，提高
教职工的教学水准，增强思品课的实效性，培养学生良好品行，丰富校园
文化生活等措施；青年学生个体应加强思想道德教育及法制教育，提高自
身心理健康水平及自我保护意识；政府应大力发展经济，营造宽松的就业
环境，做好青年学生的就业工作，加大对青年学生暴力犯罪的打击力度，
并努力提高全社会的道德水平等。

通过对研究核心内容的系统梳理我们可以发现，关于青年学生暴力犯
罪的学术研究存在大量重复研究以及思辨性文章多、实证研究严重不足的
现实问题。有些论文甚至连题目也一样，如《大学生犯罪心理成因及预
防》（刘静，2010）与《大学生暴力犯罪心理成因及预防》（韦耀东等，
2007）。另外，在这些论文文献中，思辨性文章居多（39 篇，占文献总数
的 95.12%），实证式研究极少（2 篇，占文献总数的 4.88%）。

第三节 暴力犯罪的学科解释

任何研究都有其基本的理论基础。[1] 理论基础是任何课题研究所必需
的理论支撑，对于整个课题研究起着指导、规范的作用。对于青年学生暴
力犯罪预防机制研究，既需要犯罪学关于犯罪的基本理论，也需要社会学

---

① 文军、蒋逸民主编：《质性研究概论》，北京大学出版社 2010 年版，第 27 页。

关于社会越轨的理论关照，更需要心理学关于个体心理层面的理论支撑。青年学生暴力犯罪现象，国内外很多学者对此从不同的学科视角进行了观点各异的理论解释，这些理论解释为我们深入理解和实地应用提供了很好的借鉴与启发价值。

一　犯罪的生物学解释

生物学犯罪理论是第一个运用控制组和实验组来进行比较式实证研究的理论成果。生物学犯罪理论认为，个体之所以实施暴力犯罪，根本原因就在于犯罪个体特殊的外表、生理结构、基因遗传，并受到强大外部环境的压力刺激而激发暴力犯罪行为。早期的生物学犯罪理论关注犯罪个体异于常人的特殊外表与暴力犯罪的某种表面关联，如瑞士神学家莱维特（Johan Levitt），他通过观察认为暴力犯罪嫌疑人有着异于常人的脸和面部特征，像没有胡子的男子或长有胡须的女子等。德国解剖学家、骨相学者弗朗兹·约瑟夫·加尔（Franz Joseph Gall）将犯罪行为与个体头盖骨的反常、变态联系起来。意大利犯罪学家、精神病学家、刑事人类学派的创始人龙勃罗梭（Cesare Lombroso）通过比较意大利监狱的罪犯与意大利士兵的生理特征，提出了天生犯罪人理论。该理论认为，犯罪人有着异于常人的体格和心理特征，是人的变种，一种人类退化现象、一种人类返祖现象，是蜕变到低级的原始人类型，而且犯罪人的犯罪行为有明显的生物遗传特性，它从犯罪天赋中产生。龙勃罗梭认为犯罪人具有如下异于常人的生理特征，如扁平的额头，头脑凸出，眉骨隆起，眼窝深陷，巨大的颌骨，颧骨高耸，齿列不齐，非常大或非常小的耳朵，头骨及脸部左右不均，斜眼，指头多畸形，体毛不足等。龙勃罗梭认为犯罪人同样具有异于常人的精神特征，如痛觉缺失，视觉敏锐；性别特征不明显；极度懒惰，没有羞耻感和怜悯心，病态的虚荣心和易被激怒；迷信，喜欢文身，惯于用手势表达意思等。龙勃罗梭的天生犯罪人理论一经传播，马上遭到来自各方面的抨击。英国犯罪学家查尔斯·巴克曼·格林（Charles B. Goring）通过对 3000 名罪犯与非罪犯的考察与观察，获得一项重要结论：不存在天生犯罪类型，犯罪不是由遗传而来的，他呼吁犯罪学家把心理特征，特别是智力缺陷作为犯罪行为的原因来加以研究。在这种情况下，龙勃罗梭在后期的著作中也修正了自己的观点，从只注重犯罪的遗传等先天因素，到把犯罪原因扩大到堕落等后天因素的影响，而这种堕落是与一定地理环境与社会环境分不开的。因此，龙勃罗梭分别研究了地理与社会因素对犯罪的影响，强调智力、情感、本能、习惯、下意识反应、语言、模仿力等心理因素与政治、经济、人口、文化、教育、宗教、环境等社会因素与自然因素的作用，天生犯罪人在罪犯总数中的比例也一再降低。

20 世纪 50 年代犯罪的生理学理论进入一个新阶段，由单纯的强调犯罪人的异常生理与精神结构，发展到身体类型和身体结构类型理论。该理论关切的核心仍旧是犯罪人的生理因素，但不再像早期犯罪生理学理论解释那样机械地认为个体的生物基础决定了其犯罪行为，而是坚持人体结构的低劣导致了犯罪人心理结构的异常，这种异常的心理结构最终激发了犯罪行为的产生。这种"人体结构的低劣"理论观点的代表人物是美国心理学家、哈佛医生威廉姆·谢尔登（William Herbert Sheldon）。他把人的体型划分为三种，即矮胖体型、斗牛士体型以及高瘦体型，不同体型与不同的气质相适应，体型可能与犯罪有关，大多数罪犯都是斗牛士体型。谢尔登创造性地在身体结构与个体行为之间插入了一个气质变量。后来美国社会工作者、犯罪学家埃莉诺·克鲁克使用谢尔登的研究方法比较了 500 个违法男性青少年与正常男性青少年，得出结论：肌肉型的人是冲动的和有破坏性的，他的进攻性和敌意性与他的社会的、个人的背景有关。两位学者卡蒂（Juan Cortes）和盖狄（Florence M. Gatti）利用谢尔登的身体类型方法对 100 个少年犯与 100 个私立高中高年级学生进行比较研究，结果发现少年犯中有 59% 属于斗牛士体型，而非罪犯中只有 19% 属于斗牛士体型。[①]

20 世纪 60 年代犯罪学领域将美国遗传学家托马斯·亨特·摩尔根（Thomas Hunt Morgan）的基因学说与犯罪行为关联起来，形成了当时风靡一时的"犯罪基因说"。该学说认为某些男性犯罪行为的产生是因为他们拥有"犯罪基因"，即他们具有 XYY 型染色体。人的常染色体是 22 对，剩下的一对是性染色体。男性的性染色体是 XY，女性的性染色体是 XX。由于种种原因，某些男性的性染色体并非 XY，而是多了一个 Y 染色体。一个人如果有这多出的一条 Y 染色体，就易于发生暴力犯罪。1965

---

① 刘强编著：《美国犯罪学研究概要》，中国人民公安大学出版社 2002 年版，第 103 页。

年英国遗传学家雅各布斯对一些男性罪犯的性染色体做了一些研究之后提出，具有 XYY 染色体的人具有更多的犯罪和暴力倾向。后来欧洲的另一些学者做了同样的研究之后提出了相同的看法，并得出了一个假说，XYY 基因是一个坏基因，即"犯罪基因"。具有这种"犯罪基因"的男性具有明显的身体特征，即身材高大、长臂、长腿、粉刺脸、行为异常和轻度智力障碍，易产生精神疾病和具有反社会的倾向。雅各布斯对 197 名男性罪犯进行研究时发现，这些人中有 6.1% 的人染色体异常，其中 3.6% 的人具有 XYY 染色体。在普通人群中 XYY 染色体的出现概率仅为 1‰，但在监狱中的男性罪犯的 XYY 染色体检出率却高达 20% 。从欧美一些国家的犯罪调查中还发现，具有 XYY 染色体的男性犯罪概率比普通男性高 10 倍。1990 年人类基因组计划正式启动以来，"犯罪基因"说再次引发热议。1993 年美国和荷兰研究人员的一项合作研究结果表明，具有 XYY 染色体的男性的确有容易犯罪的倾向，但这不仅仅是与多余的那条 Y 染色体有关，而且与 X 染色体也有关，一些罪犯甚至牵涉到一些与性和性暴力相关的精神病。

除此之外，犯罪行为的生物学解释还包括内分泌严重失调论、脑电波异常说等。内分泌严重失调论认为由于人体内分泌腺对人体的新陈代谢、生长发育等生理功能具有调节作用，内分泌严重失调会引起人的情绪、意志乃至理智的变化，进而产生犯罪心理。脑电波异常说则认为犯罪行为的发生与个体在犯罪情境下的脑电波异常有某种关联，尤其是 δ 波与犯罪关系紧密。当个体情绪过度紧张或极度困乏时，δ 波会出现，此种情境下个体会出现情绪波动，意志控制力很弱，容易导致冲动性、爆发性的暴力犯罪发生。

二　犯罪的心理学解释

犯罪的心理学理论试图从犯罪人的精神与心理层面解释犯罪行为与个体内心层面的某种关联性。从个体精神层面对犯罪进行理论解释肇始于奥地利心理学家、精神分析学派创始人西格蒙德·弗洛伊德（Sigmund Freud）。1915 年，他在《由于罪恶感而犯罪的人》一文中，首次应用精神分析学的观点解释犯罪问题，为后世犯罪学中精神分析学流派的形成奠定了基础。在论及人类的本能时，弗洛伊德涉及了犯罪问题。他认为，人类社会中犯罪的根源在于人与生俱来的本能。人类有两种对立的本能驱动力，即"生存本能"和"死亡的本能"。生的本能代表着爱和建设的力量，指向于生命的生长和增进。死的本能代表恨和破坏的力量，表现为求死的欲望。死的本能有内向与外向之分。当冲动指向内部的时候，人们就会限制自己的力量，惩罚折磨自己，变成受虐狂，极端情况下会产生自杀行为；当冲动指向外部的时候，人们就会表现出破坏、损害、征服和侵犯他人的暴力行为。20 世纪二三十年代弗洛伊德发展出一套系统的人格结构理论，并据此解释犯罪行为。弗洛伊德把人格分为本我（id）、自我（ego）和超我（superego）三个部分。他认为，本我中的原始本能是犯罪的根源。但是，在一般情况下，人们并不会去犯罪。因为人格中的自我和超我是人的行为中两个最重要的控制系统，人们会根据现实原则约束控制自己。如果自我和超我不完善，存在严重缺陷，已有的道德观念无法抵御本能冲动的诱惑，或者本我的力量过于强大，压倒了现实原则所带来的控制力量，就可能导致犯罪行为的发生。无意识罪恶感是弗洛伊德精神分析理论中一个重要的概念。在人格发展过程中，由于力比多（libido）的固着与倒退，个体对父母产生了不正常的恋母（恋父）情结，使其在超我的作用下产生了很深的无意识罪恶感，这种罪恶感可能引起犯罪或其他不良行为的发生。对这些人来说，当犯罪发生并得到应有的惩罚之后，他们反而会感到欣慰和心满意足。

在弗洛伊德死的本能产生攻击和暴力观点的基础上，以约翰·多拉尔德（John Dollard）、尼尔·米勒（Neal Miller）、梅尔（N. R. F. Maier）为代表的心理学家提出了暴力犯罪的挫折攻击理论。该理论认为当人的一个动机、行为遭遇挫折后，就会产生攻击和侵犯性反应，从而引起犯罪。公认的观点是，挫折总会导致某种形式的攻击行为。攻击行为的发生必先有挫折。所谓"挫折"是根据某种愿望进行有目的的行为时，由于主客观条件的阻碍或干扰，只是动机难以实现，需求难以满足时所感受到的挫折、阻挠、失意、紧张的状态和情绪反应。多拉德认为，攻击行为的发生强度与欲求不满的量成正比，挫折越大，攻击的强度也越大。从经济情况看，穷困者的挫折要比富裕者的挫折大，因此，穷困者的犯罪率也大；从年龄看，青少年要比成年人的挫折大，因而，青少年违法的比例要大；家庭地位低下的、身体有缺陷的人、劣等种族的人等都挫折较大，所以攻击

员、艺术家等社会名流。①

　　20 世纪 30 年代美国著名犯罪学家埃德温·萨瑟兰（Edwin Suther-land）提出了犯罪的"差异交往理论"。这种观点认为，个人的犯罪行为是在交往的互动中习得的。犯罪行为的习得主要发生在与犯罪者关系密切的群体中。在这种群体中，群体成员频繁接触，其中良好行为和不良行为都会在互动中被学到，这种接触是不同接触。在这种犯罪行为习得过程中，犯罪者不仅习得从事犯罪的技能，也习得了特定的动机、驱动力、合理化的方式和态度。这种犯罪的特定动机和驱动力，是从对法律规范的赞同和不赞同的不同方式中得到的。一个人之所以犯罪是因为他所处的环境中赞同违法的观念压倒了赞同遵守法律的观念。不同交往也许会随着交往的频率、交往的持续时间、优先级和强度的不同而不同。美国犯罪学家唐纳德·阿克思（Ronald Akers）在萨瑟兰差异交往理论的基础上提出了自己的"差异交往—强化理论"（differential association-reinforcement），在进一步继承萨瑟兰犯罪行为社会习得的基础上，认为犯罪行为的产生不仅是因为差异的交往，还在于差异的强化、倾向性以及模仿的过程，进一步强调了社会结构的变量因素。一个人之所以越轨或犯罪，"是因为在其头脑中，支持犯罪行为的解说远远超过了支持遵纪守法的解说。这就是不同交往理论的原理"。简言之，该理论认为个体是通过社会环境中的人际互动而习得越轨或犯罪行为的。② 后来美国哈佛大学教授詹姆斯·威尔逊（James Q. Wilson）和理查德·赫斯腾（Richard Herrnstein）则认为犯罪行为的产生是行为人作出理性选择的结果，这种选择是行为人基于行为结果的考虑而作出的决定。犯罪可以通过奖赏和惩罚的手段得到强化，保持不犯罪的状态也需要成本的投入，在权衡犯罪行为结果与保持不犯罪的成本后最后决定行为本身。

　　社会标签理论则从另一个独特的视角重新审视犯罪行为。该理论被用于说明部分人如何走上越来越严重的犯罪之路。美国犯罪学家弗兰克·坦南鲍姆（Frank Tannenbaum）是标签理论的开创者，其理论被称为"邪恶

---

　　①　［美］巴特尔等：《犯罪心理学》，杨波、李林等译，中国轻工业出版社 2009 年版，第132 页。

　　②　同上书，第 133 页。

的戏剧化"理论。他认为，犯罪人的产生过程，就是一个贴上标签、（给他）下定义、认同、隔离、描述、强调以及形成意识和自我意识的过程，它变成了一种刺激暗示、强调和发展被谴责的那些品质的方式。① 美国犯罪学家埃德温·利默特（Edwin M. Lemert）提出了"初级越轨"与"次级越轨"的概念，论述了由初级越轨者到次级越轨者转化的基本因素。美国当代社会学家、犯罪学家霍华德·贝克尔（Howard Saul Becker）的研究重心是贴标签本身，犯罪的本质并非是违反道德规范和法律规范的行为，而是社会统治阶级制定行为标准并对违反该行为标准的人、群体、社会组织及其行为进行否定性适用的最终结果。当代澳大利亚犯罪学家约翰·布莱特怀特是（John Braithwaite）进一步提出了明耻整合理论。该理论认为，初级越轨人是否因受标记而再次犯罪是与其是否因受标记而感到羞耻有关。如果初级越轨人被贴上坏的标签后，受到责备和惩罚，并切实认识到自身行为的错误性与危害性，那么这样的标签不仅不会导致初级越轨人实施进一步的犯罪行为，反而会促进越轨人幡然醒悟；如果初级越轨人受到了惩罚，但没有认真自省，那么更有可能会发生进一步的犯罪行为。布莱特怀特称前者为重新整合性羞耻，后者则为非整合性羞耻。犯罪人是否能够从被贴的标签中感到羞耻并自省是由一系列复杂的因素和环节所决定的，包括家庭、社会和政府相关机构的真诚帮助、越轨者的道歉和受害人的原谅、必要的社会性保障等。重新整合性羞耻有助于降低和减少重新犯罪，而非整合性羞耻则可能导致更多的犯罪。

　　20世纪60年代以来，犯罪研究领域中社会控制理论解释开始盛行。社会控制理论是一种侧重于研究青少年罪行的犯罪社会学理论。社会控制理论的思想精髓主要体现在美国当代著名犯罪学家特拉维斯·赫希（Travis Hirsci）的"社会联系理论"（Social Band Theory）及沃尔特·凯德·雷克利斯（W. C. Reckless）的"遏制理论"（Containment Theory）。1969年赫希提出了"社会联系理论"，该理论认为，人与动物的行为无异，都具有潜在的犯罪倾向，因此，个体需要"社会键"（或者叫"社会联系"）来减少犯罪的冲动。当个人与社会的联系薄弱时，个体就会无约束随意地进行犯罪行为，越轨犯罪行为的产生是个体与社会的联系薄弱或受

---

① 吴宗宪：《西方犯罪学史》，警官教育出版社1997年版，第719页。

到严重削弱的产物。所谓的"社会键"由依附（Attachment）、奉献（或译为"约束""责任"，即 Commitment to Conventional Action）、投入（或译为"参与""卷入"，即 Involvement）和信念（Believe）组成。依附：个人与父母家人、朋辈、学校的情感联系及程度。个人与这些方面的依附程度越高，受彼此共有的规范约束程度越深，个体犯罪的机会越小。奉献：个人在日常生活中愿意对事情所作出的承担及努力。个人的奉献程度越高，个体犯罪的机会越少，个体充分考虑到越轨行为导致的代价。投入：个人对于传统活动在精力、时间等方面的投入。当个人投入于传统活动的时间较多时，就会缺少进行越轨等非法行为的时间与精力，从而减少越轨行为的发生概率。社会控制理论认为，邪恶产生于懒人之手。① 信念：个体对于社会共同价值体系和道德观念的赞同、内化与遵从。个体遵从社会价值规范的信念程度越深，越轨的内心冲动就越小，犯罪的可能性就越小。一旦缺乏遵从这些社会价值道德规范的强大信念或遵从信念弱化，个体就可能发生越轨甚至犯罪行为。所谓"遏制理论"，是雷克利斯在 1961 年最先提出的。该理论认为，对每一个个体而言，都存在两个控制系统：内部控制系统和外部控制系统。他通过"外部拉力"（outer pressure or pull）、"外部遏制"（external containment）、"内部推力"（inner push）、"内部遏制"（inner containment）四个基本概念来解释犯罪遏制理论。其中，外部拉力是指诱致个人越轨犯罪的外部力量，包括贫穷、不公、冲突、获得成功的限制等各种社会条件；外部遏制是指制止个人进行犯罪的外部力量，包括社会道德规范、有效的纪律和监察、合理的限制与责任、明确具有认同感的社会角色等。内部推力是指诱致个人越轨犯罪的生理、心理力量，包括严重挫折、极度失望、极度不安、自卑感等；内部遏制包括自我意识、自我控制、责任感、抗挫折力、紧张压力缓解机制等，是个人自身所具备的阻止犯罪行为的内心力量。若个体外部拉力、内部推力的力量大于外部遏制、内部遏制，个体就有越轨犯罪的冲动；若外部遏制、内部遏制的力量大于外部拉力、内部推力的力量，则个体更倾向于守法。雷克利斯认为，良好的秩序是内部、外部遏制有力制衡内部、外部推力的结果。

---

① 皮艺军主编：《越轨社会学》，中国政法大学出版社 2004 年版，第 324 页。

四　犯罪的情景说

关于犯罪的情景说并非一个系统的犯罪理论解释，而是关于诱致犯罪的情景因素的各种解释的杂糅。所谓"情景"，是指犯罪行为发生的现场环境，由一定的时间、空间、侵害人、受害人、现场其他人所构成。这些因素不是孤立存在于犯罪现场，而是相互联系、相互作用的。① 这种犯罪情境是主观情境因素与客观情境因素交互作用的结果。直接影响犯罪行为人形成某种犯罪动机的周围环境因素，包括侵害目标、现场条件和气氛、犯罪机遇、犯罪现场其他人等因素。侵害目标与犯罪动机的形成并无直接关联，但其作为一个主要的相关因素，在犯罪行为发生过程中起着诱发、触发和强化犯罪动机的作用。犯罪目标的易得性也是一个重要的考量因素。现场条件是犯罪现场的物理环境与精神环境，包括犯罪空间的狭小与空旷、犯罪现场人口的密集度、犯罪现场的气温与气候条件、受害人的反抗程度以及由此带来的犯罪心理压力等因素。现场其他人是指除犯罪人与受害人之外的其他人，包括同案犯与目击者。其他人的在场也会起到强化或弱化犯罪动机的作用。犯罪机遇是影响犯罪行为人形成犯罪心理的偶然的机会大小。机遇因素可以迅速诱发犯罪动机。

情境犯罪预防理论产生于 20 世纪 70 年代西方发达国家。20 世纪 80 年代早期，英国情境犯罪预防理论最主要的倡导者罗恩·克拉克对情境犯罪预防作出了如下定义，情境犯罪预防指的是一种优先选择的手段，它不依赖于对社会及其结构的改善，而仅是致力于减少犯罪的机会，包括这样一些措施：针对高度具体的犯罪形态；对该类犯罪发生的直接环境的管理、谋划或控制越是具体和持久，效果也就越明显；通过增加实施犯罪的难度和风险，使众多犯罪人感到犯罪收益的降低，从而减少犯罪。发展到今天，情境预防思想在事实上已经不再仅仅局限于单一的理想选择理论，而是越来越倾向于采用三种主要的并且密切联系的理论模式，它们分别是：克拉克的"理性选择论"；美国简·雅各布斯和奥斯卡·纽曼的"可防卫空间理论"；辛德朗的"生活形态论"和菲尔逊的"日常活动理论"

---

① 张保中、徐永新编著：《犯罪心理学》，警官教育出版社 1996 年版，第 62 页。

相结合而形成的"日常生活形态理论"。① 理性选择理论（Rationalchoice-theory）认为，犯罪人是有理性的、会思考、能计算的人，是经济人。犯罪是犯罪人对犯罪所得和损失经过理智的权衡利弊后进行的行为。理性选择理论就是运用犯罪发生的情境因素和行为人的犯罪动机之间的互动关系来解释犯罪发生机制。日常活动理论（Routineactivity theory）是由犯罪学家科恩和菲尔逊在其论文《社会变化和犯罪率趋势——以日常活动为视角》一文中最早提出来的。他们认为，犯罪行为的发生，与日常生活中的某些因素密切相关，人们的一些日常生活方式，往往有利于犯罪的发生。这些易致犯罪的因素包括适合的犯罪目标、缺乏有能力的监督者以及潜在的犯罪者。② "可防卫空间理论"认为，任何犯罪都是在一定的空间内发生，有必要通过环境设计制造一种可防卫的空间环境来预防犯罪的发生。具体地说就是利用环境设计改变物理环境的空间样式的功能，以此改变居民的行为方式和增加相互间的社会联系，达到预防犯罪的目的。可防卫空间设计应考虑区域性、监视、外形和环境这四个因素。③

综上所述，西方关于犯罪现象的理论解释都是从某一个学科视角或某一领域、某个层面来解释犯罪行为的产生，仅具有一定范围的理论解释力，并不能涵盖所有的犯罪类型。尽管如此，这些犯罪理论解释对我们研究青年学生暴力犯罪预防机制仍具有重要的理论借鉴价值。

第四节　暴力犯罪系统预防控制链：
一种事故链的研究新视角

一　生态学视角的生物链概念

食物链一词是英国动物学家埃尔顿（C. S. Elton）于 1927 年首次提出的。在生态系统中，贮存于有机物中的化学能在生态系统中层层传导，通俗地讲，是各种生物通过一系列吃与被吃的关系，把这种生物与那种生物

---

① 罗猛、李穆阳：《情境预防：致力于减少犯罪机会》，《检察日报》2014 年 2 月 11 日，第 7 版。

② 王坚：《情境预防理论在中国的实践——以浙江台州为例》，东南大学 2009 年，第 4—6 页。

③ ［日］伊藤滋主编：《城市与犯罪》，群众出版社 1994 年版，第 187 页。

紧密地联系起来，这种生物之间以食物营养关系彼此联系起来的序列，在生态学上被称为食物链，又称生物链。这种生物链是通过生物间的捕食关系确立起来，能量是单向流动的，生物越低级，数量越大，呈金字塔形状。食物链是一种食物路径，食物链以生物种群为单位，联系着群落中的不同物种。食物链中的能量和营养素在不同生物间传递着，能量在食物链中的传递表现出单向传导、逐级递减的特点。在本研究中，我们剔除了生物间吃与被吃的捕食关系，仅吸收了"链"的基本含义。

二　安全学视角的事故链原理

安全学上有一个事故链原理。该原理认为一个事故是因若干环节在连续时间内出现缺陷，由众多连续的缺陷构成整个安全体系失效。[①] 事故的发生都有其原因，而原因存在于与事故相关的各个环节，有时事故被认为是一系列事件发生的后果。这些事件是一系列的，一件接一件发生的，因此对事故的描述就是"一连串的事件"。一系列或一连串事件的发生，最终导致了事故的发生。事故就像一条完整的锁链：初始原因→间接原因→直接原因→事故→伤害，事故链就像是多米诺骨牌一样，在一系列的环节中连续出现错误和缺陷，而导致整个安全体系的崩溃。但是，只要这一系列和一连串事件中有一件不发生，事故也就不会发生。

三　暴力犯罪系统预防控制链

无论是生物链还是事故链，两个概念有两个共同的特点：环环相扣以及其本身所具有的系统性。青年学生暴力犯罪行为，从本质上说也是一个"社会重大事故"，一种严重社会越轨行为。在本研究中我们取"生物链"中"链"的概念，而将生物链中的捕食关系剔除，与"事故链"中的连锁关系和系统观念有效结合起来，同时导入"社会控制"与"社会系统"的基本理念，构建了"暴力犯罪系统预防控制链"这个全新概念，以此基本架构来构建青年学生暴力犯罪预防机制。对于"暴力犯罪系统预防链"我们有如下两个基本侧面的考量：一方面，对于青年学生暴力犯罪

---

① 杜红兵等：《基于信息处理和"事故链"原理的结构化飞行员差错模型》，《中国安全科学学报》2011 年第 6 期，第 28 页。

的治理是将是一个社会系统工程，在这个系统工程中涉及家庭、学校教育、事故双方当事人、社会环境因素等诸多环节。青年学生暴力犯罪行为的发生是这个大系统中的一个或几个环节出现失调、故障所致，因此青年学生暴力犯罪的预防机制问题理应站在系统控制与治理的基本立场上。另一方面，青年学生暴力犯罪预防是一个环环相扣的细长链条。尽管青年学生暴力犯罪的"事发现场"是在学校，但暴力行为的根源很可能出现在暴行之前的家庭、行为个体、被害人、学校、社会中的任何一个环节。正如一位教育名人所言，学生是不可能一夜之间变成野兽的。青年学生暴力越轨行为也是一个长期潜移默化的暴力因子"培养"的过程，因此，对于青年学生暴力犯罪预防问题应重视预防措施的连续性。

暴力犯罪系统预防控制链与社会控制理论既有联系，但也存在明显的差异。"社会控制"是暴力犯罪系统预防链本身应有之意，两者具有相同的理论志趣。但两者又存在明显的前提假设。美国社会学家、犯罪学家特拉维斯·赫希社会控制理论的基本假设是，任何人都是潜在的犯罪人，任何人都有犯罪的倾向，如果不进行控制的话，任何人都会进行犯罪。犯罪的产生与那种把个人与社会联系起来的"社会腱"的削弱有关。"社会腱"由依恋、奉献、卷入和信念四个方面组成。① 社会控制理论强调的是个人与社会联系的程度，是个体微观研究视角。暴力犯罪系统预防控制链关注的是暴力行为预防的系统性与连续性，是一个社会体系宏观叙事视角。

四　青年学生暴力犯罪预防机制研究新分析框架

青年学生主要生活在家庭、学校以及社会这三大空间里，大都过着教室—食堂—宿舍三点一线的简单生活。较之社会人员，他们的思想、感情以及行事方式都较为单纯，暴力犯罪的动机也较为单一，或为两性情感挫折，或为金钱财富，或为性欲发泄。不管怎么说，除了暴力犯罪加害人以及暴力犯罪受害人自身因素之外，家庭、学校以及社会大环境对青年学生暴力犯罪行为的产生影响最大。青年学生暴力犯罪行为发生的"第一现

---

① 吴殿朝：《中国当代大学生违法犯罪原因研究》，中国社会科学出版社 2010 年版，第64—65 页。

场"虽然是学校，但导致暴力行为的根源却是由于之前的社会化过程出现严重偏差或障碍所致。依据青年学生生命发展的时间序列，我们采取一种"事故链"的新分析策略，融合系统论以及社会控制论的研究视角，决定采取青年学生暴力犯罪系统预防控制链的综合分析视角。这种新分析策略将"事故链"思想与系统论、控制论有机融合，进一步创新了研究分析方法。具体分析框架设计如下（图1—1）：

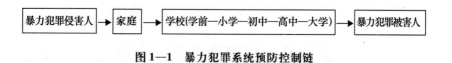

图1—1　暴力犯罪系统预防控制链

第 二 章

研究基础与方法

第一节　基本概念及操作化

一　青年

青年一词的含义在全世界不同的社会中是不同的，它的界定随着政治经济和社会文化环境的变幻一直在变化。青年概念正式确立于 19 世纪。1919 年五四运动后，"青年"一词在中国逐渐被广泛使用。联合国于 1985 年国际青年节，首次将青年界定为 15—24 岁的人。联合国世界卫生组织于 2013 年确定新的年龄分段：44 岁以下为青年人。[①] 联合国教科文组织定义为"16—45 岁"；中国国家统计局将青年界定为"15—34 岁"；共青团中央将青年界定为"15—28 岁"；中国青年联合会将青年定义为"18—40 岁"。青少年犯罪问题研究专家、学者姚建龙主张，青年应界定为"18—25 岁"。[②] "中国青少年研究兴起 30 年，仍未形成对于'青少年犯罪'这一基本概念的明确共识。"[③] 考虑到我国的基本国情以及本课题的主要关注点，本研究中将"青年"一词的年龄界定为 18—25 岁，这个年龄段包括了中国目前大学专科、本科、硕士研究生、博士研究生在内所有年龄段的大学生以及一小部分高三、高职学生，而调查的主要对象则为该年龄段中最具有代表性的青年大学生群体。

---

① 《世卫组织确定新年龄分段：44 岁以下为青年人》，2013 年 5 月 13 日，环球网（http://world.huanqiu.com/regions/2013 – 05/3930101.html）。

② 姚建龙主编：《中国青少年犯罪研究综述》，中国检察出版社 2009 年版，第 11 页。

③ 同上书，第 14 页。

二　青年学生

在本研究中，青年学生是指年龄在 18 周岁以上、25 周岁以下的青年学生群体。为了比较全面地探讨青年学生的暴力犯罪问题，本课题将研究对象分为三类：第一是大学专科及以上在校青年大学生群体；第二是本地监狱在押暴力罪犯中的青年学生群体；第三是新闻媒体上报道的有暴力犯罪问题的青年学生群体。

三　暴力

关于暴力的界定，学术界并没有形成一个明确的共识。2002 年世界卫生组织在《世界暴力与健康报告》中对暴力作出如下界定：暴力是指"蓄意运用强暴的力量或武装，对自身、他人、群体或社会进行威胁或侵害，造成或极有可能造成损伤、死亡、精神伤害、发育障碍或权益的剥夺"。[1] 世界卫生组织的这个定义强调暴力行为本身，包括了个人之间的暴力以及自杀和战争。此外该界定还包括一系列广泛的行为，不只是躯体虐待，还包括了威胁和胁迫，剥夺权益和遗弃。除了死亡和损伤，界定还顾及了大量的、常常不引起人们注意的暴力后果，如精神伤害、无法正常地行使社会功能、儿童难以正常发育等。在本研究中"暴力"的概念仅指蓄意运用强暴的力量对他人、群体或社会进行威胁或侵害，造成或极有可能造成损伤、死亡、精神伤害、发育障碍或权益的剥夺，但不包括针对自身的侵害（自残与自杀）及战争行为。

四　暴力犯罪

目前各国刑法中均未明确规定暴力犯罪这一犯罪种类，而是泛指利用暴力作为犯罪之手段所进行的严重危害社会的犯罪行为，而且各国对于暴力的理解也有很大差异。日本学者认为暴力犯罪是指伴随行使暴力的犯罪，典型的如强盗、暴行、伤害等。所谓暴力，包括暴行以及威胁行使暴行。[2] 按照社会学越轨理论来看，暴力犯罪属于严重社会越轨行为。从刑

---

① 世界卫生组织（WTO）：《世界暴力与健康报告》，人民卫生出版社 2002 年版，第 55 页。
② ［日］日本犯罪学研究会编：《犯罪学辞典》，成文堂 1982 年版，第 497 页。

法学角度来看，暴力犯罪"是指行为人故意以强暴手段侵害他人人身和公私财产应受刑罚惩罚的行为"。① 从犯罪学角度看，以刑事立法和司法实践为依据来界定暴力犯罪，具有代表性的观点有两种：（1）暴力犯罪是"为获取某种利益或满足某种需求而对他人人身采取的暴力侵害行为，主要表现形式有故意杀人、故意伤害、抢劫罪、强奸罪以及以暴力为手段的流氓犯罪等"；（2）暴力犯罪"通常是指犯罪人使用暴力或以暴力相胁迫而实施的犯罪"。② 我国《刑法》第 20 条第 3 款关于正当防卫的规定中涉及暴力犯罪的具体形式，即"对正在进行行凶、杀人、抢劫、强奸、绑架以及其他严重危害人身安全（如放火、投毒等严重危害人民生命和健康的犯罪）的暴力犯罪，采取防卫行为，造成不法侵害人伤亡的，不属于防卫过当，不负刑事责任"。③ 而在美国，暴力犯罪一般称为人际间的暴力（Interpersonal violence）④，在美国联邦调查局（FBI）的 UCR（The Uniform Crime Reports）中，犯罪被分为两部分。第一部分是八种较严重的犯罪：杀人、强奸、抢劫、严重的侵犯人身、入室盗窃、一般盗窃、汽车盗窃和放火，其中前四种为暴力犯罪，后四种是财产犯罪。第二部分包括了轻微伤害、伪造挪用侵占公款在内的 27 种轻微犯罪。⑤

　　结合以上分析，在本研究中我们将暴力犯罪界定为：犯罪行为人以暴力或以暴力相胁迫，严重侵害他人人身及公私财产，按照世界各国刑事法律应受刑罚惩罚的公民行为，其中包括故意或过失两种具体社会情境。

五　机制

　　亦称机理，原指机器的构造和工作原理，在自然科学中引申为食物或自然现象的作用原理、作用过程及其功能。在社会科学领域，机制有三层含义：事物各组成要素的相互联系；事物在有规律性的运动中发挥的作用、效应；发挥功能的作用过程和作用原理。概括起来，所谓机制就是带

---

　　① 叶高峰主编：《暴力犯罪论》，河南人民出版社 1994 年版，第 27 页。
　　② 曹子丹主编：《中国犯罪原因研究综述》，中国政法大学出版社 1993 年版，第 256 页。
　　③ 《中华人民共和国刑法》第 20 条之规定。
　　④ 刘强编著：《美国犯罪学研究概要》，中国人民公安大学出版社 2002 年 3 月版，第 195 页。
　　⑤ 同上书，第 63 页。

规律性的模式。①

六　预防机制

所谓预防机制是指社会预先设置的为防止某社会问题产生或进一步扩展的社会体系治理内的规律性运作模式。

七　青年学生暴力犯罪预防机制

犯罪预防机制是防范犯罪发生的一系列工作机制的总称。② 青年学生暴力犯罪预防机制是指在特定的历史条件下，建立在对暴力犯罪原因及规律的分析基础之上，构建预防青年学生暴力犯罪生成的社会体系治理内的规律性运作模式。在本研究中青年学生暴力犯罪预防机制具体是指预防青年学生暴力犯罪发生的包括个体、家庭、学校、社会在内的诸因素相互联系、相互作用的带有规律性的运作模式。

第二节　研究内容和框架与方法

一　调查研究法

调查研究法是社会学最常用的一种研究方法。其含义是指利用合理抽样和标准化的问卷直接从社会成员中收集第一手资料，并主要通过定量的统计分析来认识社会现象及其规律的社会研究方法。③ 调查研究法有两大基本特点：调查结论较为科学、客观、有效，且省时、省力、节约研究经费。本研究中采取问卷调查与实地结构性访问相结合的研究路径：（1）通过对在校青年大学生进行随机问卷调查；（2）对监狱在押暴力犯罪青年学生进行结构式深入访谈，以避免其有意识地选择性填答问卷带来的"虚假真实"。

---

① 郑杭生主编：《社会学概论新修》（第三版），中国人民大学出版社 2002 年版，第 33 页。
② 高飞、陈景敏：《外来未成年人犯罪预防机制研究》，《青年探索》2014 年第 1 期，第 85 页。
③ 风笑天主编：《社会研究方法》，高等教育出版社 2006 年 7 月版，第 146 页。

二　典型个案与访谈研究法

典型个案与访谈研究法是针对单一个体或社会单位在某种情境下的特殊事件，广泛系统地收集有关资料，从而进行系统的分析、解释、推理的研究方法。个案研究法是社会科学研究工作常用的一种研究方法。在本研究中，主要是严格科学挑选出既具有共性又具备特性的青年学生典型个案进行典型个案访谈，通过对其典型个案暴力犯罪产生的内外部因素的深入、系统研究，探究青年学生暴力犯罪行为实施的个体因素与家庭、学校、媒体以及社会其他因素之间的某种关联。个案访谈研究法的主要优势是对典型个案做长期的、详细的观察与系统思考，从而可以对不同的犯罪原因进行检测与论证，以弥补实证调查之不足。尤其注意使用限制的个案研究法，目的在于通过个案研究获得一些共性的东西，能适用于对所有案例的实用性解释。① 本研究利用 28 个在押暴力犯罪青年学生个案与定量资料进行互相印证。

三　文献研究法

文献研究法主要是指搜集、鉴别、整理文献，并通过对文献的研究形成对事实的科学认识方法。它是一种古老、常用且富有生命力的科学研究方法。本研究的文献研究法除了包括课题早期研究的资料整理工作，还主要包括对中国主流媒体上有关青年学生暴力犯罪典型新闻报道进行科学、系统、深入的内容分析。

四　比较研究法

比较研究法是对两个或两个以上的事物或对象加以对比，以找出它们之间的相似性与差异性的一种研究方法。它是社会科学研究的一种基本方法。本研究中使用法国社会学家布迪厄的比较社会学研究方法，将在校学生与在押青年学生暴力犯罪现象进行系统比较，以获得具有普遍意义的暴力犯罪行为与社会系统之间的关联，试图探索导致青年暴力犯罪的根本原

---

① 刘强编著：《美国犯罪学研究概要》，中国人民公安大学出版社 2002 年 3 月版，第 47—48 页。

因，为有效构建青年学生暴力犯罪预防机制打下坚实基础。

五 内容分析法

内容分析法是文献计量学、传播学、情报学常用的研究方法，是一种主要以各种文献为研究对象的研究方法。第二次世界大战，新闻传播学、政治学、图书馆学、社会学等领域的专家学者与军事情报机构一起，对内容分析方法进行了多学科研究，使其应用范围大为拓展。目前，内容分析法也是犯罪学领域经常使用的分析工具。内容分析法是对已经获得的有关犯罪的资料进行整理加工的过程。它能够对已有资料包括通过访谈、笔记和观察等各种形式获得的资料进行系统整理，使之便于进行系统的比较研究，而且还可以对文本关键词进行量化分析和综合研究。[①] 这种分析工具对于报刊内容分析研究尤其适用。

第三节 研究样本与研究假设

一 研究对象的选择

本课题的研究对象分为三类：第一类是在校学习大学生；第二类为目前在监狱服刑的有过暴力犯罪的大学生或其他类型青年；第三类为新闻媒体报道的关于在校大学生暴力犯罪的典型案例。

在第一类调查对象的选取中，为了扩大问卷调查的样本涵盖范围，本研究在实施青年大学生问卷调查时，将抽样地点分散设置在我国东、南、西、北、中五个区域，每个区域选取1—2所高校（含职业院校）进行调查；在第二类调查对象的选取中，考虑到进入监狱系统的各种阻碍因素，课题组仅在本地的潍坊监狱和潍北监狱进行了遴选，遴选对象是正在服刑的、有暴力犯罪历史且犯罪时年龄处于18—25岁的青年学生。

二 调研方法

第一，在问卷调查的抽样中，课题组为了在便于调查实施的前提下扩

---

① 刘强编著：《美国犯罪学研究概要》，中国人民公安大学出版社2002年3月版，第52页。

大抽样范围，充分运用课题组成员的资源，在我国东、南、西、北、中五个区域里，分别选取了同济大学、深圳大学、番禺职业技术学院、西南大学、宜宾职业技术学院、潍坊学院、潍坊科技职业学院、华中农业大学共八所高校，其中"985"高校一所，"211"高校两所，普通高校两所，职业技术院校3所。每所高校，委托该校师友，运用随机抽样的方法，按照学校规模大小以及学校类型（职业院校抽样较少，故而单个学校发放问卷的数量稍大一些），分别发放调查问卷80—120份，共计发放问卷800份。问卷回收后，剔除无效问卷和空白问卷，共获得有效问卷729份，有效问卷率为91.1%（表2—1）。其中大学问卷409份，职业院校320份；全部样本中男大学生319人，占43.8%；女大学生408人，占56.0%，缺失2人；文科119人，占16.3%，理科485人，占66.5%，医科122人，占16.7%，缺失3人；来自城市的215人，占29.5%；来自村镇的508人，占69.2%，缺失6人；大学一年级319人，占43.8%；大学二年级193人，占26.5%；大学三年级142人，占19.5%；大学四年级75人，占10.3%。问卷内容包括：学生对学校教育的认同、师生关系、宿舍及同学关系、与父母情感联络及监管、底线容忍度等内容。

表2—1　　　　　本课题问卷调查样本的主要信息统计表

学校分布	大学 409 人		职业院校 320 人	
有效问卷	239 份	170 份	174 份	146 份
性别分布	男性 319 人		女性 408 人	
生源地	城市（含县城）215 人		村镇 508 人	
学科分布	文科 119 人	理科 485 人	医科 122 人	
年级分布	大一 319 人	大二 193 人	大三 142 人	大四 75 人
年级比例	43.8%	26.5%	19.5%	10.3%

在整个研究过程中，课题组采取混合研究策略，在对在校大学生定量分析的基础上，辅以典型个案访谈的质性研究，以补定量之不足。定量数据整理与分析采取 SPSS 16.0 进行频次、交叉分类表及其显著性分析。后文中的统计数据，主要来自于本课题对大学生的抽样调查。

第二，在典型案例的访谈中，课题组为了更深入、更清晰地探讨青年学生暴力犯罪的动机、相关影响因素，课题组对在押暴力犯罪青年学生（实施暴力犯罪时年龄处于18—25岁之间）进行了深入访谈。访谈内容与问卷大致相同，但增加犯罪动机、犯罪行为与媒体影响等相关内容。考虑到调查对象和调查场域的特殊性，课题组一方面仅在本地监狱中实施。另一方面控制访谈数量，以保证访谈资料的效度和信度。经过各方共同努力，课题组访谈到本类个数为28个，其中典型访谈个案3个。这些访谈资料，将作为本研究的质性分析素材，以弥补定量研究的不足。

第三，本课题还围绕青年学生暴力犯罪现象，开展了大量的新闻媒体调查。主要方法为两个：一是课题组成员平时在观看新闻报道时，主动积累青年学生暴力犯罪的案例，留作分析使用；二是利用百度搜索平台，以"大学生＋犯罪形式"或"青年＋犯罪形式"为关键词，搜索新闻中出现的"杀人、抢劫、强奸（性侵）、投毒、绑架、纵火"等暴力犯罪词汇的报道，其时间范围涵盖了2000年至2014年。经过剔除重复报道、影响力较小的案例，课题组总共获得该类案例42个。这些素材，本研究将开展内容分析，以探讨青年学生暴力犯罪的一般性特征，以作为前述定量、定性研究的基础。

三 研究假设

（一）家庭因素

家庭因素是青年学生暴力犯罪预防机制中的重要环节。以往的研究也注意到了这一点，从家庭经济、家庭教育模式、家庭暴力等诸方面论述了家庭之于青年学生暴力犯罪产生的重要影响，但这些研究思辨色彩浓厚，缺乏实证验证。我们将重点放在青年学生个体与其父母、家庭的情感疏离以及个体在原生家庭中的心灵滋养缺失上，据此我们提出以下假设：

A1：异地求学造成青年学生个体与父母、家庭情感疏离，使父母对青年学生的管控日渐式微，这种情感疏离以及管控力式微在一定程度上造成大学生对于他人生命的漠视；

A2：在个体原生家庭中，由于个体在幼年时期的心理滋养不充分，为后来的社会越轨种下了暴力的种子。

（二）暴力行为人个体因素

以往的研究将青年学生暴力犯罪的原因大多归因于个体价值观、道德观的沦丧；个体人格（性格）的扭曲；情感上的荒漠化；心理的失常以及个体自控力、人际沟通能力等能力上的缺陷。通过对关于青年学生暴力犯罪新闻报道的研判，我们认为个体的负能量管理失控将是青年学生会暴力犯罪的一个非常重要的变量，为此，我们进一步假设：

B1：就个体而言，暴力行为的最终产生是源于行为人自身负能量管理失控，即行为人自身负面情绪管理失控以及不法欲求管理失控所致。

（三）经济因素

以往的研究中经济因素是青年学生暴力犯罪的一个重要因素，尤其是在一些青年学生财产型暴力犯罪者尤为明显。但我们通过观察发现，经济问题只是青年学生暴力犯罪的一个表面原因，它通过一些中间变量对暴力犯罪产生影响，为此，我们假设：

C1：经济压力是青年学生暴力犯罪的一个诱致因素，家庭贫困并非暴力事件产生的充要条件。

（四）学校教育因素

每每有青年学生暴力犯罪事件发生，教育体制问题首当其冲成为社会口诛笔伐、广泛质疑的“罪魁祸首”。诸多学者从高校课程设置、校园文化建设、大学生心理风险预防与管理等方面提出了诸多针对性的解决措施与建议。我们将研究重点放在青年学生对于学校的信任危机上，据此提出如下假设：

D1：高等院校对于大学生的传统高权威性正逐渐被削弱，学校教育正面临着对青年大学生吸引力丧失的严重危机，这种危机导致学校教育体系对于大学生德育教育的难度增大。

（五）社会预防体系

青年学生暴力犯罪事件作为一个“重大事故”，我们依据“事故链”原理提出了“暴力犯罪系统预防控制链”核心概念，并以此来构建青年学生暴力犯罪预防机制，为此，我们假设：

E1：青年学生暴力犯罪预防机制是一个清晰完整系统的预防链条，家庭、学校、当事人、社会大环境是这根链条上的 5 个重要环节，只要其中的一环出现“暴力因子”，最终会导致惨案的发生。

E2：在整个青年学生暴力犯罪预防链条中，原生家庭是预防暴力犯罪的根源所在，学校教育对于暴力犯罪的预防起着培植、固本的作用，不良文化环境等社会易致因素对于暴力犯罪的预防起着外在诱发的负面作用。

第 三 章

青年学生极端暴力犯罪典型案例分析

青年学生暴力犯罪问题并非一开始就如目前那样令人瞩目。2000 年以前青年学生暴力犯罪问题并不严重，关于青年学生暴力犯罪的新闻报道极少。2004 年云南大学发生了马加爵暴力流血事件，四条鲜活的生命三天之内不幸凋谢，令人唏嘘不已，也极大震惊了整个中国社会，引发社会各界热议与深刻反思。在新闻媒体不遗余力的新闻报道中，青年学生暴力犯罪问题逐渐进入学术界理论研究视野，并在政府的认可与大力支持下，逐渐社会问题化。

第一节　典型新闻报道案例

1. 2000 年中科院敖志刚杀人案①

2000 年 7 月 8 日，中科院化学所硕博连读生敖志刚因感情纠葛难以自拔，残忍杀害中国环境科学研究院研究生女友张慧。随后敖在女友住处附近的女厕所内服下甲基硫环磷溶液百余毫升自杀未遂。经过两次鉴定，鉴定医院认为敖志刚患有人格障碍，案发时正处于生理性激情状态，但辨认和控制能力不受影响，故具有完全刑事责任能力。敖志刚以故意杀人罪被北京市第二中级人民法院一审判处死刑。

2. 2001 年黄中强、黄中国杀人案

2001 年 2 月 20 日，遵义医学院黄中强、遵义师专黄中国实施入室抢

---

① 于晶波：《杀害女友后自杀未遂　中科院一研究生被判极刑》，2001 年 12 月 18 日，中国新闻网（http://www.people.com.cn/GB/shehui/44/20011218/629199.html）。

劫，并杀害了其邻居苟玉兰。原因是弟弟黄中国"生活费不够花"，黄中国与哥哥黄中强经过周密策划后，预谋对邻居实行了抢劫杀人。遵义市中级人民法院以抢劫罪分别判处黄中国、黄中强死刑，剥夺政治权利终身。2001年9月8日上午10点30分，黄中强、黄中国被押赴刑场，执行枪决。

3. 2002年天津医科大马晓明杀人案①

2002年2月25日，天津医科大学大三学生马晓明因被学校劝退无法向家人交代竟残忍杀害了自己的奶奶和父亲。大学期间，因为太贪玩，马晓明四门功课不及格，被学校劝退。回到家，马晓明始终无法对家人开口提起此事。眼看假期就要过去，马晓明觉得活着没意思，于是想到了自杀，可又觉得自己死了，父母、奶奶会很伤心，于是一个愚蠢而罪恶的计划从马晓明的脑海中闪出，先杀死父母和奶奶，然后再自杀。2月25日马晓明用电线活活勒死了慈祥的奶奶，然后又用斧头残忍地砍死了自己的父亲。

4. 2002年浙江某学院周英明杀人案②

2002年12月21日，浙江某学院信息分院2000届计算机应用专业学生周英明因害怕自己的生理隐私被"泄露"受人嘲笑，一怒之下杀死了自己的同班同学洪腾松，并把他沉入西湖湖底。12月21日周英明在校外遇见洪腾松，便向洪求教两性方面的问题。23时两人在苏堤花港观鱼入口下车，步行至苏堤望山桥至压堤桥之间。坐在一张椅子上，周吭吭哧哧说自己生理上有问题，并再三要求洪为其保密，而此时洪正兴高采烈地给女同学发短消息，周误认为自己对洪"泄露"了隐私，而对方却嘲笑自己，弄不好第二天便会在同学中当笑话传开。于是一怒之下拿出口袋里的裁纸刀，对准洪的脖子划过，洪当即倒地。

5. 2003年陈连钢杀警案③

宁波市某高校学生陈连钢在将学费和生活费9000元挥霍后，经济拮

---

① 赵中鹏、吴丹慧、向晓勤：《天津医科大学一学生被学校劝退　竟残忍杀害两位亲人》，《北京晨报》2002年3月19日。

② 何秀珍等：《性隐私惹杀身祸　警方快速破获一起大学生杀人案》，《今日早报》2003年1月3日。

③ 吴向正、陈吉伟、林道清：《"10·8"杀人案成功告破　犯罪嫌疑人陈连钢昨被抓获》，《宁波日报》2003年10月15日。

据，当掉了手机，并多次向同学借钱，为满足享乐欲望，遂于 2003 年 10 月 8 日晚在公园持刀抢劫，并残忍地杀害了民警周杨。

6. 2004 年马加爵杀人案

2004 年 2 月，云南大学生化学院生物技术专业 2000 级学生马加爵"因为打牌争执"被室友嘲笑引发杀机，将 4 名室友杀死。2004 年 6 月 17 日被执行死刑。

7. 2004 年江西医学院薛荣华杀人案

2004 年 5 月 16 日，江西医学院临床系 2000 级学生薛荣华在 1 小时内持刀砍杀 7 人，造成 2 人死亡 5 人重伤。

8. 2004 年首都经贸大学付强放火案①

因对学校宿舍管理员不满意图报复，2004 年 5 月 15 日，首都经贸大学 20 岁大学生付强放火焚烧 3 间宿舍，被丰台法院判处放火罪。

9. 2004 年中山大学蓝庆庞杀人案②

2004 年 9 月 5 日，中山大学信息管理系图书馆学专业三年级学生蓝庆庞因与女友发生口角，冲动之下在出租屋内将女友勒死，被珠海市中级人民法院以故意杀人罪判处死刑，并于 2006 年 2 月 21 日被执行死刑。

10. 2004 年北外女生罗卡娜杀人案③

2004 年 7 月 9 日，北京外国语大学培训中心二部学员 23 岁女学生罗卡娜因为一些生活中的小事与同学李春霞产生矛盾，一时激愤，用水果刀猛刺同学 17 刀，致使李某因失血过多而死亡。2004 年 11 月 30 日，北京市第一中级人民法院以故意伤害罪判处罗卡娜死刑。

11. 2004 年徐泰来杀人案④

2004 年 5 月 10 日，北京科技经营管理学院国际贸易系 22 岁的大学生徐泰来，因与同校文法系学生李某争论谁所在的系好时发生激烈争执，后

---

① 邓婷、余晓萍：《纵火烧宿舍的首都经贸大学学生在法庭上忏悔》，《京华时报》2004 年 7 月 29 日。

② 王小海、刘可英：《学生与女友发生口角将其勒死　昨日被注射死刑》，《南方日报》2002 年 2 月 21 日。

③ 《北外女生被杀案深度调查》，《文摘报》2005 年 1 月 23 日。

④ 《北京大学生徐泰来刀砍校友命案开庭》，2004 年 10 月 13 日，新华网（http://news. xinhuanet. com/legal/2004 - 10/13/content_ 2083641. htm）。

用菜刀将文法系学生李某砍死。

12. 2005 年北大安然杀人案①

2005 年 6 月 25 日，北京大学公共卫生学院 2002 级学生安然在其实习的北京世纪坛医院（原北京铁路总医院）教学楼内，与同学崔某因琐事发生争执后，用事先藏匿的菜刀砍了崔某数十刀，致崔某身亡。北京市第一中级人民法院判处安然死刑，缓期两年执行。

13. 2006 年江西中医学院李征杀人案

2006 年 8 月 8 日，江西中医学院大学生李征因琐事拎着镢头 20 分钟连杀 7 人。起因是"一袋麦子"。

14. 2007 年新疆石河子李海洋杀人案

2007 年 2 月 12 日，新疆石河子市某大学的在校大三学生李海洋，因为感情上的纠葛，将认识仅 6 个月的 23 岁女友杨某活活掐死在出租屋内。

15. 2007 年丽江女大学生杀人碎尸案

2007 年 12 月，云南大学旅游文化学院女大学生张超伙同其男友谢宏、陈光吕为暴力劫取木某财物，将被害人杀死在出租屋内。

16. 2007 年中国矿业大学常宇庆铊盐投毒案

2007 年 5 月，中国矿业大学（徐州）学生常宇庆因对几名同学有意见，决定报复他们。5 月 29 日，常宇庆将硝酸铊溶入矿泉水中，致使同宿舍 3 名同学发生铊中毒。

17. 2008 年中国政法大学弑师案

2008 年 10 月 28 日，中国政法大学政治与公共管理学院大四学生付成励，携刀进入学院教室内，将正在准备上课的老师程春明砍成重伤，程春明不治身亡。

18. 2009 年吉林大学郭力维校内杀人案事件

2009 年 11 月 14 日凌晨，吉林大学信息技术学院大四学生郭力维将其室友赵研杀害在寝室内。被告人郭力维因觉得被害人赵研打呼噜影响其休息，曾将赵研晚上打呼噜视频传到校内网上，二人因此不和。被告人郭力维认为赵研多次对其进行辱骂，伤害了其自尊心。遂于 2009 年 11 月 14 日凌晨 3 时 30 分左右，用事先准备好的尖刀扎熟睡的被害人赵研胸

---

① 李欣悦：《"北大学生杀人案"开庭审理》，《新京报》2006 年 2 月 21 日。

部、背部数下，致使赵研因左胸部刺创致心脏破裂造成失血性休克死亡。

19. 2009 年四川音乐学院大学生张浩杀人案

2009 年 2 月初，四川音乐学院大二学生张浩在网上认识了比自己大 6 岁的绵阳人朱某。二人渐生好感，逐渐确立了恋爱关系。后又和校友雍某陷入热恋，遂向朱某提出了分手。2009 年 3 月 24 日晚 11 时，朱某邀约张浩和其他几个朋友到九眼桥一家酒吧喝酒。喝完酒已经是次日凌晨 2 点多了，张浩和朱某进张浩出租房发生了性关系。凌晨 3 时许，因朱某提出恢复恋人关系，双方发生争执。张浩非常反感、厌烦，随后，他持尖刀向朱某连刺 10 余刀，并用哑铃击打朱某的头、面部，致朱某重度颅脑损伤并因急性失血性休克死亡。

20. 2009 年王迅杀人案（王迅为化名）

2009 年 8 月 16 日，四川省绵阳市某大学广播电视新闻系大学生王迅在大足县郊家里因琐事将父亲王丙学杀死。

21. 2010 年曾世杰杀人案

2010 年 3 月 30 日，因被人嫌弃样貌丑，曾经的县高考状元、四川大学公共管理学院学生曾世杰在江安校区明远湖边将同校女生彭某杀死，并将另两名同校男生砍伤。事后，经多方调查和曾世杰自己交代，他与受害者并不认识，只是进入大学后，认为自己遭到周围同学歧视，又因容貌遭到别人嘲笑，最终出手杀人。

22. 2010 年西安音乐学院药家鑫杀人案

2010 年 10 月 20 日，西安音乐学院大三学生药家鑫驾驶私家车送完女朋友返回时，撞上前方同向骑电动车的张妙，后药家鑫下车查看，发现张妙倒地呻吟，因怕张妙看到其车牌号，以后找麻烦，便产生杀人灭口之恶念，遂转身从车内取出一把尖刀，上前对倒地的被害人张妙连捅数刀，致张妙当场死亡。

23. 2010 年北京科技大学段晓宇杀人案

2010 年元月 2 日，北京科技大学机械工程学院 2008 级女生赵秋瑞被同学段晓宇在 7 天连锁酒店杀害。段晓宇与赵某在交往中产生厌世情绪，后二人约定由段晓宇将赵秋瑞杀死。

24. 2011 年合肥大四学生持刀性侵案

2011 年 9 月 4 日凌晨，在蜀山区长丰路附近，半个小时内，两名年轻单身女子先后险遭同一名男子持刀性侵。让民警震惊的是，嫌疑人竟是省城某高校大四学生李军（化名）。李军因涉嫌强奸罪已被刑拘。

25. 2012 年陕西科大张华富杀人案

2012 年 7 月 2 日，陕西科技大学镐京学院机械设计与制造专业大三学生张华富因为不满助学金评定，持刀到班长宓家庚宿舍将其捅死后逃逸。

26. 2012 年安徽医科大杀人案

2012 年安徽医科大第一临床学院一总支 2008 级临床医学专业学生胡恒江因感情纠葛，与该校生命科学学院 2009 级生物医学工程专业学生谈某产生矛盾，并于 12 月 20 日在图书馆自习室将谈某用斧头砍死。

27. 2013 年复旦大学投毒案

2013 年 4 月，上海复旦大学上海医学院研究生黄洋遭室友林森浩投毒后死亡。根据警方通报，林森浩杀人是与黄洋因琐事引起不和，投毒舍友。

28. 2013 年武汉大学生绑架案

因为害怕承担被撞伤者的医药费，武汉一高校 18 岁的学生陈某在医院用水果刀刺伤被撞伤者的儿子李某，并劫持值班女医生。据承办案件的法官介绍，绑架罪是严重侵犯公民人身权利和财产权利的暴力型犯罪，陈某犯罪时刚满 18 周岁，一时冲动导致犯罪，其绑架行为没有给人质造成严重的危害后果，且归案后亦能够如实供述自己的犯罪事实，因此可认定陈某犯罪情节较轻，判处其有期徒刑 5 年。

29. 2013 年南京一大学生因未带钥匙被舍友刺死

2013 年 4 月 16 日，南京航空航天大学学生袁某在宿舍玩电脑游戏，遇同宿舍蒋某因未带钥匙敲门，袁某未及时开门，双方发生口角，并发生肢体冲突。在冲突过程中，袁某拿起书架上的一把水果刀捅到蒋某胸部，蒋某送医院抢救无效死亡。

30. 2013 年黄某厌世砍人案

因与家人争吵后离家出走，广州某大学大三学生黄某患上抑郁症产生厌世情绪，2013 年 6 月 1 日凌晨 3 时许头戴面具在东莞街头持刀砍伤 5 人。东莞第三人民法院获悉，因黄某被鉴定为限定刑事责任能力人，最终黄某因故意伤害罪获刑两年。黄某供述，自己是因为不想活了，才砍伤人以求被警察击毙。法院经审理查明，被告人黄某因生活、工作琐事产生厌世情绪且长期积压得不到排解，遂产生用极端方式结束自己生命的念头。

31. 2013 年北京化工大学田某放火案

因对 4 年大学生活不满，以及作弊受到处分等，北京化工大学机械系 2009 级大学生小田（化名）于 2013 年 5 月 9 日点燃学生公寓卫生间杂物导致火灾。小田因放火罪被朝阳法院判处有期徒刑 3 年。

32. 2014 年台湾捷运惨案

2014 年 5 月 21 日，台北捷运板南线所发生的随机杀人事件，犯人为 21 岁的台湾男子郑捷，事件共造成 4 死 22 伤。检方的精神鉴定报告指出，郑捷具有反社会、自恋的人格缺陷，欠缺同情心，有暴力倾向，认为世界是虚无的、人生无意义，长期有自杀念头，但却无勇气自杀。由此证实了郑捷"大规模杀人"竟是为了获判死刑、结束生命，也解释了他何以在短短几秒就夺走数人的生命，而作恶后竟毫无愧疚之心。

第二节 青年学生极端暴力犯罪：一个
内容分析法的研究视角

一 青年学生暴力犯罪媒体案例

本次研究采取内容分析法，即通过选择新闻媒体报道的有代表性的大学生极端暴力犯罪案例组成随机样本，经过对新闻报道的编码和统计来定量地描述和概括。资料搜集时间从 2000 年 1 月 1 日开始，截至 2014 年 10 月 30 日，近 15 年时间。样本由课题组成员平时累积的典型案例 + 百度关键词搜索仔细甄别遴选的代表性案例，剔除重复的、无效案例组成。百度搜索关键词由"大学生 + 犯罪形式"构成，犯罪形式由"杀人、抢劫、强奸（性侵）、投毒、绑架、勒索、劫持、放火"组成。所谓"有代表性的案例"是指关于该大学生极端暴力犯罪的新闻报道次数较多、时间较长、报道内容较深入、社会影响较大的个案。大学生极端暴力犯罪的新闻报道仅报道一次，且报道内容较少的个案由于缺乏足够的细节事实而被剔除在外。通过对 2000 年 1 月 1 日至 2014 年 6 月 30 日近 15 年间新闻媒体报道的大学生极端暴力犯罪案例进行仔细判断遴选甄别之后共获得 42 例有代表性的样本。见表3—1①：

表3—1　　　　青年学生暴力犯罪新闻报道案例统计表

年份	事　件	动机关键词（句）
2000	中科院化学所敖志刚因感情纠葛难以自拔杀害其女友	性格较偏激，难控制情绪
2001	遵义医学院黄中强兄弟入室抢劫杀害其邻居	生活费不够花，难以控制自己的欲望
2001	某大学法律文秘专业沈潇潇因盗窃残忍杀害了好友的母亲	生活费不够开支
2001	大学生史辉用剪刀捅死其女友	受威胁　受虐待　情急之下
2002	天津医科大马晓明杀害奶奶和父亲	被学校劝退无法向家人交代
2002	浙江某学院周英明杀死同班同学	害怕生理隐私被"泄露"受嘲笑
2003	浙江某大学周一超刺死公务员	产生怀疑，迁怒于人，不理智行为
2003	宁波某高校陈连钢杀害警察周杨	为满足享乐欲望　生活太平淡，想找点刺激
2004	渭南某高校女学生董阿瑞绑架三岁幼童	丢失手机　弥补损失
2004	云南大学马加爵杀死4名室友	打牌争执　伤害自尊心
2004	江西医学院薛荣华砍杀7名路人	动机不明　间歇性精神病症状
2004	首都经贸大学付强放火焚烧3间宿舍	不满，想吓唬管理员，突然起意
2004	中山大学蓝庆庞在出租屋勒死女友	口角之中冲动杀人，脾气一旦爆发就很冲动
2004	北外女学生罗卡娜杀死同学	生活琐事不和　一时激愤才拿刀扎人
2004	北京科技经营管理学院徐泰来用菜刀砍死同学	争论谁所在的系好时发生激烈争执
2005	北大安然杀死同学崔培昭	琐事发生争执
2006	贵州盘县某政法大学刘某参与绑架	短期内迅速筹点学费的念头
2007	江西中医学院李征拎着镢头连杀7人	琐事　学业受威胁
2007	石河子某大学李海洋出租屋内掐死女友	感情纠葛，争吵、推搡、一气之下
2007	云南大学女学生张超伙同男友出租屋杀死商人木鸿章	为暴力劫取财物

① 本表中的"动机关键词（句）"均来自新闻媒体报道内容。

续表

年份	事件	动机关键词（句）
2007	中国矿业大学常宇庆对同宿舍同学投毒	对几名同学有意见，决定报复
2008	中国政法大学付成励杀死教师程春明	女友与其分手，产生报复心理
2009	吉林大学郭力维用刀杀死同学	多次对其辱骂，伤害了其自尊心
2009	四川音乐学院张浩出租屋内杀死女友	争执、非常反感、厌烦
2009	绵阳某大学王迅（化名）杀死父亲	琐事 日积月累—一时冲动
2009	浙江一大四学生袁某抢劫酒店	因无钱交学费，走投无路
2010	四川大学曾世杰杀伤 3 名同学	被人嫌弃样貌丑，遭歧视，压抑无法释放
2010	兴义民族师范学院学生龙仕绪杀害室友	思想情绪波动较大
2010	西安音乐学院药家鑫用刀杀死张妙	怕以后找麻烦，产生杀人灭口之恶念
2010	北京科技大学段晓宇杀死同学	受托杀人 厌世情绪
2011	合肥大四学生李军（化名）持刀性侵路人	无聊睡不着，心生歹念，找点刺激
2011	东莞理工学院敖翔猥亵并杀死女同学	很少接触女性，接触女性不成功萌发动机
2012	陕西科大张华富杀死班长	贫困家庭 三年积怨，助学金申请不公，选择忍耐沉默
2012	安徽医科大胡恒江用斧头砍死同校学生谈某	因感情纠葛
2013	复旦大学林森浩投毒室友致其死亡	琐事不和，不满日积月累，未把负面情绪调整好
2013	武汉某高校陈某劫持女医生	一时冲动，当时确实情绪失控
2013	青岛大学生绑架勒索前女友	发财心切
2013	南京一大学生因未带钥匙被舍友刺死	发生口角，发生肢体冲突
2013	武汉某高校大学生高某入室抢劫	因为缺钱花
2013	广州某大学黄某厌世街头持刀砍伤五人	琐事产生厌世情绪长期积压得不到排解
2013	北京化工大学田某放火焚烧公寓卫生间	对生活不满，作弊受处分，发泄心中不快
2014	台大学生郑捷随机杀人事件	为了获判死刑、结束生命

二　青年学生极端暴力犯罪根源：负能量管理失控

通过对上表的综合分析，我们发现：从媒体报道内容看，青年大学生极端暴力犯罪行为可分为两大类：第一类是行为人对自己的不良情绪管理失控，是个体受到客观情境刺激之后产生过度体验所致，如个体所具有的过度焦虑、过度紧张、过度愤怒、过度沮丧、过度悲伤、过度痛苦、过度生气、过分恐惧、过分嫉妒、过分猜疑、过分后悔、过度厌世等负面情绪。这种负面情绪有时会长期累积突然断裂而急剧爆发，也可能是一时间无法承受突然迸发出来而无法遏制。

下面我们就几个典型案例进行分析：2001 年史辉捅死女友案，是"情急之下"。"她（刘苏苏）威胁我说要把我俩之间的事嚷嚷到我所在的学校去，并告诉我的女朋友。我求她千万不要声张出去，万一让学校知道，我会被开除的，祁蕊也会离我而去！她打了我两个嘴巴，又不知从哪儿拿出一把刀在我面前比画着，让我脱掉衣服，用香烟在我右臂上烙烟花。她说要慢慢折磨我，用牙在我左臂外侧咬了一口。她说如果我不和祁蕊分手，她就找几个健壮的男子，当着我的面强奸她。又说：'你妈不是身体不好吗，我就打残你妈，让你爸活生生地养着她。'我再也受不了了。顺手拿起梳妆台上的一把黑剪刀，冲她的喉咙扎了过去。"在本案例中，行为人史辉正是受当时情境所激，由于受到被害人恐吓、虐待，心中愤怒难以自制，"情急之下"用剪刀将刘苏苏杀死。

2010 年段晓宇杀死同学赵秋瑞，完全是因她与被害人都有"厌世情绪"、"受托杀人"。"赵某有一个愚蠢的夙愿——死了才能解脱。两人约定，事成后段晓宇自杀。死者与凶手关系要好。对于律师提出的'受托杀人'，法院认为，段晓宇与赵某在交往中产生厌世情绪，后二人约定由段晓宇将赵某杀死。因此法院认为，此案确实事出有因。"[1] 段晓宇与被害人赵秋瑞"关系要好"，无人恶化矛盾纠纷，段晓宇杀死赵秋瑞完全是由于两人的"厌世情绪"长期累积不能合理化解所致。

第二种类型是行为人不法欲求管理失控。《大经解》中云，生死根本，欲为第一。欲望与生俱来，是本能的一种释放形式，它构成了人类行

---

① 王巍：《"受托杀人"者自首　法院判无期》，《新闻晚报》2011 年 11 月 23 日，第 A09 版。

为最内在与最基本的要素。欲望本无好坏之分，但欲望的实现路径却有一个合理合法的问题，并且要适可而止。欲望恶性膨胀，则会适得其反，无益于个人和社会发展。德国著名哲学家叔本华说过，欲望过于剧烈和强烈，就不再仅仅是对自己存在的肯定，相反会进而否定或取消别人的生存。美国著名作家纳撒尼尔·霍桑也曾说过，金钱并不像平常所说的那样，是一切邪恶的根源，唯有对金钱的贪欲，即对金钱的过分的、自私的、贪婪的追求才是一切邪恶的根源。个体的欲望与犯罪本身并无关联，但人的不良欲望与犯罪动机、犯罪目的有着密切的联系。不良欲望对犯罪产生的影响表现在：①过强的欲望引发心理狂飙，使人挣脱理性缰绳而失控；②过度的欲望产生贪婪的心理，造成欲望无限膨胀和畸形发展；③过高的欲望带来沉重负担，使人烦躁脆弱，这些都极易诱发犯罪。① 人类的欲望种类繁多，其中性的欲望以及对于金钱的欲望是其中两个最基本的欲望形式。古人云，食色，性也。自古至今，社会并不排斥正常、合法、合情的性关系，社会反对的是那种不正常的、不法的两性关系。同理，对于钱财的欲望无可厚非，社会反对的是采取不法手段获取钱财。正所谓，君子爱财，取之有道。通过对 42 例青年大学生极端暴力犯罪新闻报道的分析，我们可以发现，行为人对于不法欲求的管理失控成为青年大学生极端暴力犯罪的另一大根源，尤其是行为人对于自己膨胀的性欲和金钱的欲望管理失控。

2001 年黄中强、黄中国两兄弟杀人，是因为弟弟黄中国"生活费不够花"，黄中国与哥哥黄中强经过周密策划后，预谋对邻居实行了抢劫杀人。"谈到自己的作案动机，黄中国说首先是为了钱；其次是证明给他的女朋友看，他比她以前所有的男朋友都强。同时他也想'战胜自我'，他需要'在挑战中使自己成熟起来'。黄中国临死前的一个心愿说他想奉劝年轻的朋友们，一定要学会控制自己的欲望，否则就像他一样，一切都晚了……"②

---

① 谭志君：《无限欲望与有限满足：关于犯罪原因的哲学分析》，《社会科学》2004 年第 2 期，第 87 页。

② 唐正平：《昔日天之骄子 今朝狱中死囚——"大学生兄弟"狱中忏悔录》，《贵州都市报》2001 年 8 月 23 日。

2003 年陈连钢杀害警察周杨，是为了"满足享乐欲望"。在交代作案动机时，陈连钢说："原因有两个，一是没钱花了，想去搞些钞票；二是自己觉得生活太平淡，想找点刺激。"①

通过对上述 42 例代表性案例的分析，我们可以获得一个基本认识：行为人之所以实施极端暴力犯罪行为，或是因为行为人对自己的不良情绪管理失控，抑或因为行为人不法欲求管理失控。两者合并，我们将青年学生极端暴力犯罪行为的实行归结为行为人负能量管理失控。来自新闻媒体的青年学生暴力犯罪典型案例分析结果，基本验证了研究假设 B1，而且这种验证也得到了后面分析中来自监狱在押青年学生暴力犯罪访谈案例的证实。

三　青年学生极端暴力犯罪预防：负能量管理调控

青年学生极端暴力犯罪行为的产生是一个长期的、累积的个体负能量管理失控的产物，对于该社会问题的预防与治理也应该是一项长期、系统、科学的过程。青年学生极端暴力犯罪的"第一现场"在高校，但问题的根源却在个体生命的早期阶段。因此，对于潜在青年学生极端暴力犯罪的预防与治理可分为现实与未来两手策略。现实策略是针对目前在校青年学生极端暴力犯罪的预防与治理，而未来策略则着眼于未来潜在的青年学生极端暴力犯罪的预防与治理，而不仅仅是头痛医头、脚痛医脚，而应是标本兼治，最大限度、最大可能地减少青年学生极端暴力犯罪事件的发生。

（一）现实应对策略：有效管控个体负能量

1. 形塑青年学生正确的人生观价值观

大学阶段是学生人生观、价值观形成、培育和定位的最关键时期。高中生已经开始朦胧地关注人生、思考人生，但因为面临残酷的升学压力，这种人生观、价值观的探索呈现一种朦胧、不确定、浓厚幻想色彩的特点。进入大学阶段，学生的生理、心理日益成熟，智力迅速发展，抽象思维和逻辑思维有了显著提升，创造性思维发展显著，进入人生观、价值观

---

① 《"10·8"杀人案成功告破，犯罪嫌疑人陈连钢昨被抓获》，《宁波日报》2003 年 10 月 15 日，第 2 版。

形成的最关键时期，尤其是在大学的低年级阶段。这个时期是高等教育阶段对大学生正确人生观、价值观进行形塑的最佳时期。高等院校应该多形式、多举措切实有效地协助大学生完成正确的人生观、价值观的形塑过程，特别是关于人生的意义、人生的价值、科学的幸福观、苦乐观、生死观、恋爱观、责任观的培育。综合42例大学生极端暴力犯罪事件的分析，我们发现暴力犯罪大学生最缺失的是正确的生死观念，缺乏对于其他个体生命权利的尊重与敬畏。这些暴力事件中的犯罪人不仅视自己的生命为儿戏，而且同样视别人的生命如草芥。高等教育的第一要务应该是培养大学生正确的生死观念，尊重、保护自己生命权利的同时，决不侵害其他人的生命权利。2004年5月21日台湾东海大学郑捷在捷运地铁制造4死22伤的血案，其目的竟是"为了获判死刑，结束生命"。2003年6月1日广州大三学生黄某半夜头戴面罩在东莞街头持刀砍伤5人，目的竟是"自己是因为不想活了，才砍伤人以求被警察击毙"。这是对自己生命权利也是对其他人生命权利的极度漠视和极度不尊重。这不能不说是整个教育界的悲哀！正确的恋爱观念也应该是高校教育必须面对的主要课题，在42例案例中有7例青年学生极端暴力犯罪是因为两性感情纠葛所致，占总数的16.7%。这也从一个侧面说明了高校设置正确处理男女两性关系课程的重要性。

2. 进行必要的情绪教育，有效管控负面情绪

每个人一生之中会存在很多类型各样、程度不一的负面情绪体验，只要这些负面情绪不对自己、别人、社会产生危害就是正常的。如果负面情绪长期累积或者负面情绪过于强烈而突然失控，就会危及自身、他人乃至社会。在统计的42例青年学生极端暴力犯罪事件中，有多达17例（超过四成）的犯罪动机提及"冲动杀人"、"一怒之下"、"情急之下"、"一时激愤"、"一气之下"、"一时冲动"、"难以控制自己的情绪"、"突然起意"、"压抑无法释放"、"厌世情绪"、"思想情绪波动较大"、"三年积怨"、"不满日积月累"、"情绪失控"、"多次对其辱骂"等关键词句，尽管这一统计数字不能完全代表整个青年学生暴力犯罪群体，但也从某种程度上说明负面情绪管理失控在青年学生暴力犯罪行为产生根源中占有十分显著的地位。因此，高校教育中设置大学生负面情绪管理课程必要而迫切。通过相关课程的设置，使青年学生能够正确、

科学地察觉自己的负面情绪，正确地表达自己的负面情绪，以及合理合情合法地宣泄自己的负面情绪，使自己的负面情绪不至于日积月累最后达到不可收拾的地步。有学者通过调查发现，大学二年级是进行情绪管理能力干预的关键期，这个时期是大学生情绪管理能力发展的转折期，可塑性强，效果良好。①

3. 提高个体人文修养，有效监控不法欲求的恶意膨胀

欲求是一把双刃剑，运用恰当，它可以成为个体成功、社会进步的不竭动力；如果运用不当，超过了必要的限度，导致行为违法甚至暴力犯罪，就会对社会产生巨大的破坏力。战国韩非子说，欲如水，不遏则滔天。叔本华也曾说过，欲望过于剧烈和强烈，就不再仅仅是对自己存在的肯定，相反会进而否定或取消别人的生存。在统计的 42 例青年学生极端暴力犯罪案例中，直接出于对于金钱的不法欲求而导致青年大学生采取暴力手段抢劫、绑架、勒索、杀人的案例就有 8 起之多，由于无法控制自己的性欲而导致大学生暴力性侵的案例也有两起，直接因为对于金钱或性不法欲求失控导致的暴力犯罪占总数的 23.8%。因此，高校应该切实落实自身承担的提高学生人文精神之重担。在中国高校文理分科甚至许多大学或许多专业取消通识课程的大背景下，青年学生的人文教育尤显重要。复旦大学投毒案罪犯林森浩在接受 2014 年 2 月 8 日央视《面对面》主持人董倩独家采访时曾谈到自己在狱中研读一些"文学经典"，当问及为什么要读这些书时，林森浩说"以前读那些理工科的太多，文学这方面读得太少，有欠缺"，缺乏人文素养基本底蕴。高校应通过设置合理、高效的人文素质课程，举办丰富多彩的能提升大学生精神素养的文化活动，进一步提升青年大学生的人文素养，使青年大学生真正成为一个品德高尚、有责任心、有规则意识、自控力强的心理健康的人。特别要重视开设一些有关自我心理控制的课程，使青年大学生能够有效地监控自己的不法心理欲求，才不至于因不法心理欲求膨胀失控导致严重社会越轨行为的发生。

---

① 杜继淑、王志飞、冯维：《大学生情绪管理能力与心理健康的关系研究》，《中国特殊教育》2007 年第 9 期，第 79 页。

（二）未来应对策略

青年大学生极端暴力犯罪行为的治理，不能只关注于眼前在校青年大学生的暴力犯罪预防，应该利用"倒逼效应"把更多关注点放在未来潜在的青年大学生暴力犯罪根源的治理上，即把更多注意力放在个体早期社会化时潜在暴力犯罪因子的清除上，这才是青年学生暴力犯罪问题治理的关键所在。

1. 小学应尽早设置自我控制相关课程

小学时期是培养个体自我控制能力的最佳时期，也是最为关键的一个时期。在美国，自我控制是人生基础课，是中小学教育的一个重要内容。在英国，更是斥资千万改善小学生的情绪。2005 年，英国教育部拨款1000 万英镑，用以改善小学生的品行，其重点是教孩子学会控制自己的愤怒情绪。在德国，自我控制是孩子们的必修课。不管是家庭、学校，还是社会，都把主宰自己的情绪看作孩子走向成功的关键因素之一，而且从幼儿时期就着力培养。要做情绪的主人，而不是情绪的奴隶，为情绪所困。因此，通过早期的家庭教育、中小学教育，不断强化良好的自我控制力，使之成为一种本能，成为一种习惯，是非常必要的。

2. 进行小学生爱的教育

爱的教育应该从小培养。爱的教育不仅要教导孩子爱自己，也要教导他们爱别人；不仅要教导他们爱护人类，也应该教导他们爱护自然、爱护动物等一切生物；教导他们不仅要爱护自己的身体，珍惜自己的生命权利，更要尊重、珍惜别人的生命权利。在这种爱的教育中，让孩子们逐渐养成强烈的责任意识、正确的生命意识以及感恩之心，不断增加自己的正能量，并不断减少自己的负能量的沉积，降低未来社会戾气突然暴发的概率。有条件的学校可以让学生自己养育一株花草，条件方便的家庭可以让孩子喂养一只无害无威胁的小宠物，既美化了环境，增加课外知识，又可以在此过程中慢慢培养学生的责任意识、生命价值意识、自控意识，培养学生高尚的道德情操。

综上所述，青年学生极端暴力犯罪源于青年学生个体负能量管理失控，或者源于个体负面情绪管理失控，或源于个体不法欲求管理失控，因而预防和治理青年学生极端暴力犯罪的最直接、最现实的策略是加强个体负能量监控能力的培养，确保个体有效监控自己恶意膨胀的负能量不至于突然失控。对于青年学生极端暴力犯罪的应对策略，我们应以发展的视野来辩证对待它，既要关注眼下在校青年学生的暴力犯罪预防，更要着眼于未来潜在暴力犯罪的预防与根除，家庭教育、学校教育以及社会教育应联合起来从小培养孩子的负面情绪控制能力，进行爱的教育，培养孩子的责任意识、感恩意识以及正确的生命价值意识，真正做到标本兼治。

第 四 章

家庭社会化与青年学生暴力犯罪预防

青年学生暴力犯罪是一种严重的社会越轨行为，一个值得全社会高度关注并高度警惕的社会问题。青年学生暴力犯罪问题的产生、日益严重化，非经由某一原因或某一因素导致，而是有着深刻的社会根源，是社会的政治、经济、文化、道德、教育等诸多因素长期交互作用的综合结果。中国社会科学院青少年研究所青少年犯罪研究室 1984 年在辽宁、天津、山东、四川、陕西、广东六省市进行青少年犯罪原因调查得出一个基本的结论：青少年犯主观上的犯罪意识并不是生而有之，而是社会环境，特别是教育、培养、熏陶、引导的结果。[①] 但导致青年学生暴力犯罪的诸多诱致因素在个体社会化的哪个时期如何起到关键作用，又是令整个学术界感到困惑不解的重要课题。青年学生暴力犯罪的诱致因素在导致个体暴力越轨行为中所起的作用是不同的，不能同等视之，尤其重要的是切不可片面地、孤立地对待之，应该以马克思唯物辩证的视角系统地、联系地、发展地审视青年学生暴力犯罪问题，我们在社会控制理论、社会系统理论的基础上，导入"事故链"原理，创造性地提出了"暴力犯罪系统预防控制链"核心概念，依此理念来有效建构青年学生暴力犯罪预防机制。这套暴力犯罪预防机制不仅对于青年学生适用，而且可以从整个社会层面来有效预防社会成员暴力犯罪行为，由此本课题研究就具有更为深远的社会价值。

在青年学生暴力犯罪预防机制整个链条上，家庭、学校、当事人、社会大环境等都是其中的重要链结，其中的某一或某些链结的断裂或严重功

---

① 姚建龙主编：《中国青少年犯罪研究综述》，中国检察出版社 2009 年版，第 63 页。

能弱化，都会导致暴力犯罪行为的发生。

第一节 家庭对于青年学生暴力犯罪预防的意义

一 家庭与个体健康人格

家庭是以婚姻关系及由此产生的亲缘关系、法律规定的收养关系而组成的社会基本生活单位。家庭作为社会最基本的初级群体，较之于其他次级群体，具有强烈的情感性。基于天然的婚姻、血缘关系，以及家庭成员之间的朝夕相处，使得家庭成员之间在经济上、生活上、情感上融为一体而不可分割。家庭是个体来到这个世界上接触到的第一个初级群体，并且成为个体早期社会化的第一个重要的场所，而家长则是孩子的"第一任老师"，因此家庭对于个体健康人格的形成至关重要。美国社会学家塔尔科特·帕森斯（Talcott Parsons，1902—1979）将家庭称为"制造人格的工厂"。美国犯罪社会学家沃尔特·戈夫（Walter Gove）特别强调，家庭在青少年犯罪中扮演角色是在对越轨行为研究中最瞩目和最经常重复的发现。[①] 被世人誉为"培养绅士和淑女"的教育家、英国著名哲学家和教育家约翰·洛克高度重视家庭教育，他主张，教育要从儿童时期开始，因为儿童就像"一张纸或一块蜡，是可以随心所欲地塑造的"，与学校教育相比，他建议将"绅士"教育的全部重心放在家庭教育上，并且认为"家庭教育决定孩子一生的命运"，"家庭教育不仅是基础教育，而且是主导的教育，给孩子深入骨髓的影响，是任何学校及社会教育永远代替不了的"。[②] 英国著名政治家、外交家和文学家菲利普·切斯特菲尔德（Philip Chesterfield，1694—1773）也曾说过，

[①] Gove, W., The Family and Delinquency . The sociological Quarterly, 1983. pp. 301 – 319. 转引自吴殿朝《中国当代大学生违法犯罪原因研究：基于"社会腱"视角的分析》，中国社会科学出版社 2010 年版，第 87 页。

[②] ［英］约翰·洛克：《约翰·洛克的家庭教育》，海鸣译，海峡文艺出版社 2005 年版，序言第 1—2 页及第一章第 2—3 页。

"一个好父亲胜过 100 个好老师"。①

家庭对个体的最显著影响表现在其对于个体健康人格培养与形成所起到的关键作用。所谓人格，是指个体在社会化过程中形成和发展起来的思想、情感及行为的特有统合模式。这个特有模式包括了个体独具的、有别于他人的、稳定而统一的各种特质或特点的总体。② 个体的人格特征是建立在一定的生理基础之上，在丰富的社会实践活动中逐步形成并逐步完善起来的，是个体遗传因素和外部环境因素共同作用的最终结果。除了天生的生理因素之外，个体出生以后接触到的外部群体环境对个体人格的影响与形塑作用是十分显著的。一个人的人格形成及完善是伴随着个体的生理发展轨迹不断变化的动态过程。个体人格的整个发展过程会受到诸多不同因素的影响，其中家庭无疑是影响个体人格形成与发展的第一个重要因素。学者关颖认为，家庭对于孩子人格的塑造有着奠基的作用；孩子社会化过程中，家庭的作用还表现为对其他外部因素影响的或者强化、或者削弱的作用。③ 人格完善的个体，具备独立的自我意识，有主见，有自信，有自制力，保持自尊，乐观向上，能够与他人轻松建立并维持良好的人际关系，能够客观、公正地对待周围的人和事，能够高效能地工作、学习、生活，能够充分享受快乐，具有优良的社会责任感和自我价值感。相反，如果人格不完善，个体就可能会出现没有主见、自信不足、人际交往困难、自尊心低下、学习效率低下、人生方向模糊不清、不爱惜生命、暴力，等等多种人格问题。

家庭对于预防青年学生暴力犯罪人格形成具有不可或缺的重要价值。家庭在青少年生活中扮演最重要的社会控制角色，这是各种犯罪社会学派的共识。良好的家庭环境会孕育一个人健康的心理和健全的人格，而不良

---

① 菲利普·切斯特菲尔德出生于英国上流社会家庭，19 岁进入剑桥大学三一学院，后游学欧洲大陆。年仅 21 岁即成为英国王室威尔士王子的侍从。1726 年继承爵位，1728 年进入枢密院，并出使荷兰，担任英国驻海牙大使。1730 年被授予嘉德勋章，1745 年任爱尔兰总督，1746—1748 年被任命为英国国务大臣。《一个好父亲胜过 100 个好老师》是其集几十年心血写给其子及教子菲利普·斯坦霍普的家书，被英国牛津大学出版社收入"牛津世界经典"系列。在其谆谆教诲之下，其子也成为一名杰出的外交家。

② 姚建龙主编：《校园暴力控制研究》，复旦大学出版社 2010 年版，第 79 页。

③ 关颖：《关注未成年人、家庭及其城市——青少年犯罪问题的社会学思考》，《青年研究》2004 年第 8 期，第 9 页。

的家庭环境则会导致人格缺陷和行为偏差。①

二　家庭与个体心理营养

心理营养是一个心理学概念，在学术界并没有一个清晰、准确的界定，一般是指个体健康人格形成过程中所需的心理养分，包括爱与被爱、尊重、理解、关注、鼓励、赞同、认可等各种情感与心理元素。这个概念是 NLP② 项目中频繁被使用的主要核心概念之一。

个体作为胎儿需要从母亲那里获取营养作为继续发育的基石，个体降生之后，依然需要向父母汲取营养。除了需要父母提供个体身体发育所需的物质营养之外，更需要向父母吸取心理营养。个体在形成、完善人格过程中，需要父母按照孩子人格发展的不同阶段，给予相应的爱、理解、尊重、陪伴、支持等等必需的心理营养。美国加州大学洛杉矶分校精神病学教授丹尼尔·西格尔认为，维持身体健康需要蛋白质、脂类、维生素等营养素，保持心理健康也需每日摄入包括专注、内省、联系等在内的七种"营养素"，才能让人在浮躁、攀比、钩心斗角等不良风气下整合正能量。③ 按照美国心理学家、新弗洛伊德学派代表人物之一埃里克森的（E. H. Erikson）人格发展八阶段的研究，孩子从出生到青年时期，人格发育分为以下六个阶段，不同阶段的人生需要不同的心理营养。

第一阶段：婴儿期（0—1 岁）。孩子人格发展的任务是：发展信任感，克服不信任感，获得身体的舒适和安全感。此阶段的孩子，需要父母给予无条件的爱与积极关注，及时满足孩子的心理需要，使孩子对父母及

---

①　李勇、刘吉涛：《青少年犯罪的家庭因素与防范对策研究》，《青年研究》2004 年第 1 期，第 38 页。

②　NLP 是神经语言程序学（Neuro-Linguistic Programming）的英文缩写。N（Neuro）指的是神经系统，包括大脑和思维过程。L（Linguistic）是指语言，更准确点说，是指从感觉信号的输入到构成意思的过程。P（Programming）是指为产生某种后果而要执行的一套具体指令。按照学者杨旭在《神经语言程序学视野中的语言模式》（《广东教育学院学报》2007 年第 1 期，第 98 页）的观点：NLP 是关于大脑运作、语言模式、人类认知程序以及它们之间的相互作用而产生主观认识和行为的一套学问。NLP 主要的发现者是美国人约翰·格林德和理查德·班德勒。NLP 发展道路上不断吸取逻辑学、心理学、哲学等其他学科的观点并用以整合形成自身的学术论点，但世界各国的心理学家们纷纷质疑 NLP，不留情面地批评它是忽悠大众的伪科学。

③　《心灵也需要"营养素"》，《生命时报》2013 年 9 月 10 日，第 10 版。

环境产生信任感，获得足够安全感，这是人格独立的前提条件。如果父母在这个阶段没有做好，那么孩子在未来的生活中会出现安全感的匮乏和缺失，对生活难以产生信任的能力，同时容易否定自我。

第二阶段：童年早期（2—3岁）。在这一阶段，儿童习得对自己身体的自主控制，发展任务是获得自主感，克服羞耻感和疑惑，积极的成果是产生坚持的能力和自主的能力。这时候的孩子，开始感受自己能够控制自己的身体，走路，跑步，攀爬，寻找并且拿到物品，帮助爸爸妈妈做家务，都是他们渴望做好的，因此，特别需要父母给予耐心的陪伴、鼓励和支持，让孩子坚持完成自己想做的事，为成为自己和家庭的小主人打下优良的心理基础。如果忽视了孩子的发展需求，过多指导和责备或限制，孩子就会对自己的自主需求产生愧疚，对周围环境感到疑惑和迷惘，容易迷失自我，不利于儿童培养独立自主的人格。

第三阶段：学前期（4—5岁）。孩子的发展任务是获得主动感，克服内疚感，积极的成果是掌握新任务的主动性。这时候的孩子，需要父母允许他自己主动来设定一些游戏的规则，在游戏中、在生活中充分掌握自主权。因此，需要父母的耐心陪伴和合理引导。如果孩子的成长需求父母不予理睬或被压制，孩子就会渐渐成为遇事犹豫退缩、无主见、性格软弱之人。

第四阶段：学龄期（6—11岁）。孩子的发展任务是勤勉学习文化技能，克服自卑情绪，体验着能力的实现，积极的成果是创造力发展和掌握技能。这时候的孩子，需要父母给予充分的信任、鼓励和支持。家长不必盲目要求孩子拿高分，可以根据孩子的情况，引导孩子在"最近发展区"①内成长，每当孩子做到，就给予鼓励。当孩子获得足够的信任和鼓励，主动学习就会成为乐趣，成为自发的行为。如果家长看到孩子没做

---

①　"最近发展区"是苏联心理学家维果茨基（Lev Vygotsky，1896—1934）在"高级心理机能"理论基础上提出的一个心理学概念，他把"最近发展区"界定在"儿童现有的独立解决问题的水平"和"通过成人或更有经验的同伴的帮助而能达到的潜在的发展水平"之间的区域。他认为学生的发展有两种水平：一种是学生的现有水平，指独立活动时所能达到的解决问题的水平；另一种是学生可能发展水平，也就是通过教学所获得的潜力。两者之间的差异就是"最近发展区"。教学应着眼于学生的"最近发展区"，为学生提供带有难度的内容，调动学生的积极性，发挥其潜能，超越其"最近发展区"而达到下一发展阶段的水平，然后在此基础上进行下一个"最近发展区"的发展。

好，就把焦虑、烦躁、气恼施加到孩子头上的话，或者要求孩子必须在短时间内拿到高分的话，孩子就会愈加自卑，对自己的能力产生怀疑。

第五阶段：青少年期（12—18 岁）。孩子的发展任务是建立清晰的自我意识，心理和行为一致，认同自己的社会角色，学习社会角色规范。发展任务是建立角色和内心的同一感，防止自我意识混乱。这时候的孩子，虽然看起来长大了许多，但依然非常需要感受到父母细致的关爱，感受到信任和支持，需要父母充分尊重其自我意识，孩子就会有动力成长为一个人格独立完善的人。如果家长强硬地要求孩子按照某种方式来，让孩子无法在内心认同自己的社会角色，就有可能会产生两个方向：一是严重的叛逆；一是彻底失去自我。如果家长因为孩子长大了就对其有较多的忽略，孩子就容易陷入情绪和情感危机中。这个时期的孩子，需要家长给予更多的关爱和耐心。

第六阶段：青年期。这个阶段个体一般要经历恋爱、结婚组建家庭等人生大事。这个阶段的青年处于严重的性心理冲动时期，对于异性有强烈的接近欲望，需要家庭、学校从性心理上进行一定的支持与疏导，个体才能学会正确地与异性交往并与之建立亲密异性关系。在这个阶段个体如果缺失了家长以及学校的正确引导与心理滋养，很容易冲动造成严重社会越轨行为。①

经过这六个阶段个体就会感受到被爱、被理解、被尊重，能够从中学会去爱、去尊重、去理解父母和他人，相信自己，充满信心地生活，享受高效能的自我。但值得注意的是，这六个阶段并非割裂开来，而是一个连续渐进的过程。家长与学校应该细心关注孩子各阶段成长需要的出现，并及时、充分地提供给个体每个阶段所需的心理营养。

三　家庭因素对于预防青年学生暴力犯罪的社会价值

青年学生暴力犯罪在社会学上称为严重社会越轨行为，其行为后果的破坏力较之一般意义上的违法违纪行为具有更大的社会危害性和更大的社会影响力。对于一般性社会越轨行为，每个社会成员一生之中都会

---

① 郑杭生主编：《社会学概论新修》（第三版），中国人民大学出版社 2002 年版，第 93—94 页。

或多或少、程度或深或浅地存在过，只要未产生较大程度的社会危害性，一般都可忽略不计。但暴力犯罪则不然，它对于社会的政治秩序、经济秩序、文化道德秩序都会产生巨大社会消极作用，学术界乃至全社会都应该投入更多关注力，投入更多社会资源来制止、预防它的发生。尽管很多青年学生暴力犯罪"第一现场"是在校园之内，但犯罪的根源却未必出现在校园内部，是受到整个社会大环境的影响所致。在犯罪学的理论研究中，环境因素对于个体价值取向、人格形成以及行为模式的影响作用是巨大的。当然，根据影响的范围，环境因素又可分为宏观社会环境与微观社会环境。微观社会环境对于个体人格形成具有最直接和决定性作用，是学术界的一项基本共识。法学专家张远煌教授通过系统研究将犯罪人格形成的具体环境分为难以避免的环境、可选择性环境和强制性环境三大类，其中难以避免的环境就包括了家庭、学校和邻里。[1] 在这些难以避免的环境因素中，作为首属群体的家庭是个体步入社会正式社会群体前的"第一个社会化场所"，家庭是每一个社会成员赖以生存和生活的必要空间，是接受启蒙教育，得到父母关爱、呵护的最重要场所，是青少年健康成长的最为典型的难以避免环境。从犯罪学与社会学的视角来看，个体成功的社会化是预防犯罪重要的先决条件之一。作为青少年早期社会化的最初和最主要场所，家庭对青年学生健康人格的形成，正常行为模式的养成所起的重要作用是其他任何社会化机构所不能替代的。良好的家庭环境使个体能够健康成长，恶性的家庭环境往往是违法犯罪的温床。因此，研究家庭因素就成为研究青年学生暴力犯罪预防的关键所在。中国民间有一句谚语：三岁看大，七岁看老。话语虽朴素但富含哲理。意指从儿童三周岁时的心理特点、个性倾向就能看到长大后的心理与个性形象的雏形；从 7 岁的孩子身上，你能看到他中年以后的成就和功业。所谓"七岁看老"是指在 7 岁时幼儿的个性倾向开始形成，7 岁之后，基本上就难以重新形塑了。它就如一座大厦的基础部分，直接决定了大厦的风格和高矮程度。现代教育理论认为，孩子 3 岁和 7 岁的时候，是个体成长发育的两个重要节点。伦敦精神病学研究所教授卡斯比曾经做了这样的一份报告，报告称，通过 3 岁幼童

---

[1] 张远煌：《犯罪学原理》，法律出版社 2008 年版，第 362 页。

的言行就可预示他们成年后的性格。1980 年卡斯比教授与伦敦国王学院的精神病学家对 1000 名 3 岁幼儿进行了面试，根据面试结果，这些幼儿被分为充满自信、良好适应、沉默寡言、自我约束和坐立不安 5 大类。2003 年，当那些孩子 26 岁时，卡斯比等精神病学家再次与他们进行了面谈，并且通过这些人的朋友和亲戚进行了详细地调查，结果如下：当年被认为 "充满自信" 的幼儿占 28%。小时候他们十分活泼和热心，为外向型性格。成年后，他们开朗、坚强、果断，领导欲较强。40% 的幼儿被归为 "良好适应" 类。当年他们就表现得自信、自制，不容易心烦意乱。到 26 岁时，他们的性格依然如此。当年被列入 "沉默寡言" 类的幼儿占 8%，是比例最低的一类。如今，他们要比一般人更倾向于隐瞒自己的感情，不愿意去影响他人，不敢从事任何可能导致自己受伤的事情。10% 的幼儿被列入 "坐立不安" 类，主要表现为行为消极，注意力分散等。如今，与其他人相比，这些人更容易苦恼和愤怒。熟悉他们的人对其评价多为：不现实、心胸狭隘、容易紧张和产生对抗情绪。还有 14% 的 "自我约束" 型的幼儿长大后的性格基本和小时候一模一样。[①] 意大利著名教育家蒙台梭利也曾经说过，人生的头三年胜过以后发展的各个阶段，胜过 3 岁直到死亡的总和。而儿童 3 岁之前生活的唯一社会化场所就是家庭，7 岁前的时间除了幼儿园生活就是家庭生活。这也从另一个侧面揭示了家庭因素在个体早期社会化过程中所起到的决定性作用以及其对于个体未来发展的巨大影响力。

第二节　青年学生暴力犯罪的家庭因素分析

通过以上分析我们可以得出一个基本共识：家庭在个体早期社会化过程中起着关键作用。同样道理，在青年学生暴力犯罪预防这根链条中，家庭的早期预防价值也是显而易见的。

关于家庭因素与违法犯罪的关联性研究资料丰富，成果丰硕。对于家

---

① 《为什么说 "三岁看大，七岁看老"》，新浪网（http：//baby. sina. com. cn/edu/09/2311/0934150898. shtml）。

庭因素与青少年犯罪关系的研究，成为 30 年来①青少年犯罪研究领域最为活跃，也是成果最多的领域。家庭变迁、家庭结构、家庭功能、家庭教育、父母品行、亲子关系等变量成为研究的重点对象。②

较之于以往的研究，我们在对青年学生暴力犯罪这一具体社会问题进行考察时秉持一种系统与发展的研究视野，不仅将青年学生暴力犯罪这一现象放在"时下"，而且将研究视野向前延伸到"过去"，一直延伸到犯罪个体生命的早期社会化；不仅将该问题放在整个社会大系统中通盘考虑，而且将"预防链"的概念导入其中，强调暴力犯罪预防的连续性与不可分割性，从而避免片面、孤立地看问题。

一 异地求学与家庭成员间情感联络

个体经过了就近入学的幼儿园、小学、初中阶段后，绝大多数个体都要进入异地求学的高中、中职以及大学阶段，这个时期的青年学生突然脱离了父母家长的有效监管，这种长期的亲子情感"断崖式"的断裂，在某种程度上造成了青年学生与父母家庭在情感上的疏离，较之于在校青年学生而言，那些暴力犯罪青年学生情感疏离倾向则更为明显、更为强烈。邹泓等人通过对家庭功能研究的文献梳理获得了一个基本共识，以家庭情感关系为主要内容的家庭功能系统与青少年犯罪有着非常密切的关系。犯罪青少年的家庭多以亲密度低、缺乏母子沟通，家庭成员间充满矛盾等不良的情感氛围为特征。③

在问及"大学期间你与父母的联络情况如何"（表 4—1）时，在校青年大学生被试者回答"自己经常主动与家人联系"、"家人经常联系自己"、"与家人联系不多"、"极少与家人联系"的比例分别是 70.5%、13.2%、14.1%、2.2%。这说明大部分在校大学生（七成多）在校期间主动、积极与父母家人进行情感联络，同时也有 13.2% 的在校大学生的家长也会经常积极与子女联络感情。但父母与在校学生联络不理想的情况也占到 16.3%。在问及 28 个监狱在押暴力犯罪青年学生同一问题时，

---

① 这里的"30 年来"是指自 1978 年改革开放至 2008 年这 30 年。
② 姚建龙主编：《中国青少年犯罪研究综述》，中国检察出版社 2009 年版，第 113 页。
③ 同上书，第 104 页。

"与父母联络不多"的案例就有 17 个，比例高达 60.71%，甚至有个李姓在押犯在访谈中说每个学期几乎不主动与父母联络，除非"问家里要钱"。在问他为什么不跟家里联络，他说"没什么好谈的"。当问到"一条鲜活的生命就在刀下逝去了，你不感到可惜吗"时，李姓在押犯很是不以为然："当时气疯了，哪里还顾得上什么命不命的。"《中国青年报》记者崔丽在云南省昆明市第一看守所中访谈马加爵时，问马加爵："4 个年轻同窗的生命在你的铁锤下消失了，你对生命有过敬畏感吗？"马加爵有些茫然："没有。没有特别感受。我对自己都不重视，所以对他人的生命也不重视。"[1] 也就是说较之在校青年大学生，在押暴力犯罪青年学生与父母、家庭的情感联络次数更少，与父母、家庭的情感也更为冷漠。这种情感冷漠化，不仅表现在与亲人间的情感冷漠与疏离，也更明显地表现在与关系更陌生的他人情感上，甚至表现在对于他人生命的漠视上。

表 4—1　　　　　　　　在校青年学生与家长联络情况统计表

选项	频次	百分比（%）	有效百分比（%）
自己经常主动与家人联系	514	70.5	70.5
家人经常联系自己	96	13.2	13.2
与家人联系不多	103	14.1	14.1
与家人联系很少	16	2.2	2.2
总计	729	100.0	100.0

在问及"在你大学期间，你与父母聊得最多的话题是什么"（表 4—2）时，在校青年大学生谈得最多前四位话题依次是："生活"（22.3%）、"学习"（54.9%）、"就业"（7.0%）、"为人处世"（7.0%）、"人生意义"（4.5%）。这说明父母除了关心子女在校的生活与情况外，还谈及子女大学毕业后的就业情况、为人处世基本法则以及个体生存的意义问题，另外还有小部分父母谈到了孩子们的在校恋爱的问题。而在押暴力犯罪大学生在访谈回答这个问题时，父母与之谈论最多的话题却是就业问

---

① 崔丽：《刑前对话马加爵：没有理想，是我人生最大失败》，《中国青年报》2004 年 6 月 18 日。

题。过多的就业话题会在一定程度上给青年学生带来沉重的心理负担，使他们对于金钱与物质有了更强的占有欲，极有可能会激发他们谋财害命的暴力犯罪动机。

表4—2　　　　　　　　在校青年学生与父母谈论话题情况表

选项	频次	百分比（%）	有效百分比（%）
生活	162	22.2	22.3
学习	400	54.9	54.9
恋爱	15	2.1	2.1
就业	51	7.0	7.0
人生意义	33	4.5	4.5
为人处世	51	7.0	7.0
其他	16	2.2	2.2
总计	728	99.9	100.0

在问及"你上大学之后，你觉得跟父母的感情怎样了"（表4—3）时，在校青年大学生被调查者回答"越来越亲"、"跟以前一样"、"淡了许多"、"越来越淡"的分别是41.7%、50.6%、1.6%和2.1%。这表明在校青年大学生读大学期间与父母的情感联络保持在一个较高的水平之上，绝大多数（92.3%）在校青年大学生与父母的情感较之读大学之前维持不变，甚至有些学生表示自从上大学后自己与父母的情感较之以前更好。明确表示与父母情感降格的只占整体的3.7%。这一现象在对典型访谈28个在押暴力犯罪大学生同一问题时出现了相反的极端倾向，在28个案例中有22个表示出与父母、家人关系冷淡，比例高达78.57%，甚至有个别学生与父母出现激烈矛盾冲突现象。学者金明通过研究发现，家庭成员间的关系，特别是与父母的关系对青少年犯罪有较大的影响。家庭成员间关系的松散甚至敌对是家庭缺乏内聚力和控制力的表现，是构成青少年犯罪的重要原因之一。①

---

① 金明：《青少年犯罪与家庭背景——对广州市男性青少年犯罪的抽样调查研究》，《青年探索》1990年第1期，第32页。

表4—3　　　　　　　　在校青年学生与父母情感亲密度统计表

项目	频次	百分比（%）	有效百分比（%）
越来越亲	304	41.7	41.9
跟以前一样	369	50.6	50.8
淡了许多	12	1.6	1.7
越来越淡	15	2.1	2.1
不清楚	26	3.6	3.6
合计	726	99.6	100.0

通过以上分析，我们可以看出，在校青年学生尽管异地求学，但他们绝大部分与父母等家庭成员保持着紧密的情感联络，与父母等家庭成员的感情呈现维持现状或升格的基本态势，并且父母与其在校子女谈论的话题也呈现多元化迹象，不仅局限在生活、学习与就业，甚至还涉及恋爱、为人处世以及人生的意义。而在访谈在押暴力犯罪青年学生相同问题时却反映出越轨学生与其父母联系较少、话题过窄以及彼此情感疏远的特质。通过以上分析也部分地证实了研究假设 A1，即异地求学造成青年学生个体与父母、家庭情感疏离，使父母对青年学生的管控日渐式微，这也为青年学生暴力犯罪行为的产生提供了便利条件。

二　自制力培育与家庭监管

关于家庭教育方式与青少年犯罪关系的研究，大多集中在家庭功能变迁与家庭教育方式的不当上。研究家庭功能与青少年犯罪关系的学者一项基本观点认为，家庭功能的异化或弱化是导致青少年犯罪的重要原因。[1] 关于家庭教育方式不当或缺陷导致违法犯罪的类型众多，概括起来大致有如下几点：过分溺爱；放任不管；棍棒式教育方式；教育内容缺乏、失当与相互矛盾等原因。[2] 通过大量的文献研究以及个案访谈资料我们发现，以上家庭功能变迁以及家庭教育方式不当因素对解释青年学生暴力犯罪现象具有一定的解释力和实践力，但我们对于家庭教育方式与青年学生暴力

---

① 姚建龙主编：《中国青少年犯罪研究综述》，中国检察出版社 2009 年版，第 104 页。
② 同上书，第 103—108 页。

犯罪关系的研究更多地集中在家庭对于个体预防暴力犯罪的基本素质或能力的培育上，特别是在早期社会化过程中的负面情绪控制、不法欲求节制以及爱的能力培养上。

在问及"在你小时候对于你想要的东西，你父母的通常做法是什么"（表4—4）时，在校大学生被试者回答"区别对待，合理的会满足，不合理的会被拒绝"、"大多会满足"、"都能满足"、"大多被拒绝"选项的比例分别为79.2%、11.3%、3.6%、3.6%。这说明在校青年大学生的父母对于子女的欲求的满足还是较为理性的，注意区别对待子女的合理欲求与不合理欲求，对于合理的欲求一般都会满足，对于不合理的欲求则会加以拒绝，家长是在有意无意地节制子女的欲求，从小培养子女节制不合理欲望的能力。这一点对于预防暴力犯罪意义重大。我们通过对于媒体上典型青年学生暴力犯罪的系统分析发现，大部分的财产类暴力犯罪与性暴力犯罪都是由于个体对于自己的非法欲求失去控制所致。在对于在押暴力犯罪大学生的典型访谈的28个案例中有12例属于"一时财迷心窍"或"一时性起"，暴力事件发生后"后悔不已"。在我们2014年4月28日对潍坊职业学院机电工程学院2012级四班学生李某某强奸一案进行采访时，据李某某供述，当时跟徐某某同在一个房间时，开始还有点不敢，但是脑海不断想象着徐某某的身体，浑身燥热，"欲望突然间一下子控制不住了"。事后李某某也"怕得要死"，"怕徐某某到派出所告他坐牢"，并且威胁受害人不得把这件事告诉别人。后来课题组到李某某所在学校采访他当时的班主任陈老师，据陈老师讲，李某某在班里其貌不扬，是一个普普通通的学生，比较老实，也没什么大的劣迹，要不是出了这种事情她自己根本就对他没什么特别的印象。2001年遵义医学院黄中强、遵义师专黄中国实施入室抢劫、杀害其邻居一案中，加害人黄中国通过民警向记者转达他临死前的一个心愿，他想奉劝年轻的朋友们，一定要学会控制自己的欲望，否则就像他一样，一切都晚了……①

---

① 《昔日天之骄子　今朝狱中死囚——"大学生兄弟"狱中忏悔录》，《贵州都市报》2001年8月23日。

表4—4　　　　　父母培育子女节制不合理欲求的能力统计表

项目	频次	百分比（%）	有效百分比（%）
都能满足	26	3.6	3.6
区别对待	574	78.7	79.2
大多满足	82	11.2	11.3
大多拒绝	26	3.6	3.6
其他情形	17	2.3	2.3
总计	725	99.5	100.0

在问及"在你小时候，你发脾气时，你父母的做法是什么"（表4—5）时，在校青年大学生被试者回答"先控制情绪后再解决问题"、"任由发完脾气后再一起解决"、"不管不问"、"不问青红皂白数落一顿"、"不问青红皂白打一顿"、"其他解决办法"的比例分别是47.2%、24.7%、3.5%、7.9%、3.1%、13.6%。通过以上数据我们可以发现约四成半在校青年大学生的家长在处理子女的负面情绪时要求子女先控制情绪，然后申诉理由，最后家长与子女一起合作解决问题，等子女发完脾气后再一起解决的比例也有两成半的比例，这两种情形都有利于家长从小培养子女的情绪管理以及合作解决问题的能力。而采取不管不问、不问青红皂白数落一顿以及不问青红皂白打一顿这三种消极、负面处理方式的比例均较小，合起来也仅仅14.5%。在对新闻媒体上青年学生暴力犯罪典型报道分析的基础上，我们发现那些"激情犯罪"的案例大多因为"头脑发热"、"情绪激动"所致，很显然暴力事件的发生是由于特定情境下的负面情绪突然失控所致。在我们典型访谈的所有在押暴力犯罪大学生的叙述者都或多或少地谈到事件的发生是因为"一时没有控制住"。2013年复旦大学林森浩投毒案中，嫌疑人林森浩自己供述说，罪案的发生是因为"自己没有把负面情绪控制好"。案发前，林森浩对其情绪状况就有所不满并有所披露："周围一派欣欣向荣、生机勃勃的景象，而我的状况却像天气，反复无常——像个神经病。"[①] 据知情人透露，其实林森浩与黄某关系不和

---

① 《复旦投毒案遇难者同学称嫌犯供述杀人动机》，2013年4月18日，中国青年网（http://news.xinhuanet.com/yuqing/2013-04/18/c_124596127_2.htm）。

已有一段时间，林森浩对黄某的不满日积月累以致最后"一念之差"而做出疯狂举动。① 在 2001 年史辉捅死女友案中，她（受害人刘苏苏）说如果我（加害人史辉）不和祁蕊分手，她就找几个健壮的男子，当着我的面强奸她。又说你妈不是身体不好吗，我就打残你妈，让你爸活生生地养着她。听到这，"我再也受不了了"，"情急之下"顺手拿起梳妆台上的一把黑剪刀，冲她的喉咙扎了过去。② 在 2009 年四川省绵阳市某大学广播电视新闻系大学生王迅因琐事将父亲王丙学杀死一案中，当问到为何会弑父？王迅回答："人冲动起来就像魔鬼！"王迅称，近几年来，父亲喜欢喝酒，脾气渐坏，经常辱骂家人，特别是骂母亲，还动不动就威胁让他退学。日积月累，父子之间的关系很紧张。"但我没有杀人的念头，是一时冲动了。"③

表 4—5　　　　　　　　　父母培养子女情绪控制能力统计表

项目	频次	百分比（%）	有效百分比（%）
先控制情绪后解决	340	46.6	47.2
发完脾气一起解决	178	24.4	24.7
不管不问	25	3.4	3.5
不问青红皂白数落一顿	57	7.8	7.9
不问青红皂白打一顿	22	3.0	3.1
其他解决办法	98	13.4	13.6
总计	720	98.8	100.0

爱的教育也是家庭教育中一个非常重要的能力或素质。这种爱的教育应该从小就培养，从家庭开始，从小就在孩子心里种下爱的种子，在父母以及学校老师的浇灌下，最终才能长出爱的花朵。在这个漫长过程中，父母先给孩子种下爱的种子，教会孩子爱自己，爱父母兄弟姐妹，爱老师，爱他人，爱护小动物，爱护花草树木。英国著名教育家约翰·洛克在论及

---

① 《复旦投毒案遇难者同学称嫌犯供述杀人动机》，2013 年 4 月 18 日，中国青年网（http://news. xinhuanet. com/yuqing/2013–04/18/c_ 124596127_ 2. htm）。

② 《学生扎死红颜知己　看守所里悔诉犯罪经过》，《法制晚报》2004 年 7 月 28 日。

③ 王明、罗玺、马弘：《大学生为琐事杀死父亲　家人统一口径称系自杀》，《重庆晚报》2010 年 3 月 2 日，第 21 版。

家庭教育时，特别强调家庭应该"培养孩子的仁爱之心"，他通过日常生活的细心、深入观察，发现有儿童虐待小动物的现象，对此他提出尖锐的批判，并且认为儿童长期的这种行为会慢慢滋养出残忍的习性。因为虐待动物或杀伤动物会形成习气，使这些儿童长大以后对待同类的心肠逐渐变硬；凡是以虐待摧残小生命为乐的人，对人类也不会有多少同情和仁爱之心。他主张应该教育儿童从小把杀戮或折磨任何生命看作可怕的事情，除非为了保全更高贵的事物，否则不应该毁坏任何事物。人应该从懂事之初就养成一种习惯，善待一切有知觉的动物，而且，最好做到无论面对什么东西都不应该随便糟蹋或毁坏。① 有学者认为预防青少年违法犯罪应该回到青少年成长的最本初状态，即爱的教育。这种爱的教育内容广泛，包括了对世界的爱、对人的爱以及对生命的敬畏之心等等内容。② 在谈到马加爵事件的悲剧时，云南师范大学教师鲁爱书说，除了要高度重视大学生的心理健康问题、贫困问题以及弱势群体保护问题外，还强调了教人向善，每个人都能用爱心来对待周围的人。③

　　在问及"你是否喜欢小动物或小宠物"时（表4—6），在校青年大学生回答"非常喜欢"、"喜欢"的比例分别为26.8%和54.2%，喜欢小动物或小宠物的比例超过八成（81.0%），回答"厌恶"、"痛恨"的比例很小，分别为4.6%及0.3%，仅占总数的4.9%；感情中立的（"不清楚"）占14.2%。这说明绝大部分在校青年大学生还是喜欢小动物或小宠物，当然喜欢并不意味着不会虐待或伤害它们。在问及"你相信世上万物都有生命吗"（表4—7），在校青年大学生回答"相信"与"不相信"的比例分别为80.2%和13.0%，回答"不知道"的占6.7%。在校青年大学生相信万物都有生命的比例与喜欢小动物或小宠物的比例是一致的。喜欢小动物或小宠物，相信万物有生命，就会产生一种对于生命的敬畏之心，对于弱势群体的谦卑之心，产生一种对于他人生命权的基本尊重与敬畏。在影视剧中我们经常会听到佛教慈悲人士说，"扫地不伤蝼蚁命，爱

---

① ［英］约翰·洛克：《约翰·洛克的家庭教育》，海鸣译，海峡文艺出版社2005年版，第130页。

② 王晓敏、刘伟刚：《青少年犯罪行为产生的人格因素初探》，《学理论》2012年第5期，第85页。

③ 《马加爵被执行死刑消息令云南高校师生振奋》，2004年6月18日，新华网。

惜飞蛾纱罩灯", 意思是说爱惜众生的生命, 即使是蝼蚁、飞蛾那样的小生命都不要去伤害它们。这种思想, 不仅表达了生命本质上是平等的, 而且树立了一种尊重他人、尊重生命的人生态度。在问及"当心里积压了大量的心理压力以及不良情绪如何发泄"时, 在参与回答的 718 个在校青年大学生的回答中, 仅有 7 个回答会"找弱小的动物或他人发泄一下", 仅占回答总数的 1.0%。

在对于在押暴力犯罪大学生的典型访谈的 28 个案例中, 有超过六成 (17 个) 的个案说"现在养着狗或猫"或者"曾经养过狗或猫"或其他小宠物, 但谈到是否有过虐待它们的情形时, 所有的典型个案都特别强调说没有出现这种情形。但当我们对一个刘姓在押大专生 (犯故意伤害罪) 进行家访时, 其父曾对访谈人员无意中提及, 曾经看见他的儿子用烟头烫家中的小狗, 但伤得并不严重, 当时也"说" (训斥) 了他几句。这说明对于是否有虐待或伤害动物的现象可能有部分典型个案说了谎, 不是真实情况的意思表达, 这可能是由于越轨者的心理内疚, 或者鉴于监狱这种特殊的场所背景, 抑或是有意隐瞒。

表 4—6　　　　　在校青年学生喜欢小动物或小宠物程度统计表

项目	频次	百分比 (%)	有效百分比 (%)
非常喜欢	194	26.6	26.8
喜欢	393	53.9	54.2
厌恶	33	4.5	4.6
痛恨	2	0.3	0.3
不清楚	103	14.1	14.2
总计	725	99.5	100.0

表 4—7　　　　　　在校青年学生相信万物有生命统计表

项目	频次	百分比 (%)	有效百分比 (%)
相信	585	80.2	80.2
不相信	95	13.0	13.0
不知道	49	6.7	6.7
总计	729	100.0	100.0

三　家庭有效监管与青年学生暴力犯罪关联分析

对于家庭与青少年违法犯罪关联性研究中，亲子关系一直是一个绕不开的重要议题。大多数学者认为，亲子关系不和谐、关系紧张、冲突不断是青少年违法犯罪的重要诱因。家庭成员间关系的松散、交流出现障碍、离散与僵硬甚至敌对容易造成个体行为上的越轨，甚至严重违法犯罪。[①]但亲子关系紧张与个体违法犯罪行为之间的直接关联关系一直没有确凿的实证证据证实。我们认为亲子关系紧张只是导致个体违法犯罪的表面原因，其中起中介作用的是父母的有效监管。通过在校青年大学生与父母的情感联络情况和父母有效监管状况的相关性分析，我们发现两者存在高度显著性相关，Pearson 卡方值（以后为论述方便均简称 χ^2）为 84.506，渐进显著性（双侧）P（以后为论述方便均简称 P）为 0 < 0.001。并且我们还发现父母的有效监管与父母小时候对子女情绪控制培养方式也有显著性关联，$\chi^2 = 28.214$，$P = 0.002 < 0.05$。具体数据见表4—8。

在对于在押暴力犯罪大学生的典型访谈的 28 个案例中，大都存在程度或深或浅的父母无法对越轨者个体进行有效监管的现象，在对监狱服刑的潍坊技师学院都某（犯故意伤害罪致人死亡）的访谈中，都某对于父母的管教很是不以为然，"爹娘倒是想管来着，但管不了他们也没法子，他们不管我倒也消停"。在 2013 年山东工业技师学院 2012 级机电一体化专业技师一班周某、周某（系双胞胎）、张某暴力抢劫一案中，在访问双胞胎周某的父亲周某某（出租车司机）时，周某某说，他们兄弟俩"虽然从小学习不是很好，但在家比较听话，无不良嗜好"，这次与张某三个人是"利用暑假期间外出打工，后跟随不良社会青年，因辨别是非能力差而跟随抢劫，与家长的疏远管理也有关系，希望能对从轻处理"。而且周父还说："自己开出租车赚钱养家，平时出车忙，没有工夫管教他们兄弟俩。孩子大了，打不得，骂不得，说他们也不听，说急了还跟你干仗。再说现在他们俩都在学校上学，平时也不在家，没事他们也不大打电话，他们两兄弟在学校是个啥情况自己也搞不清楚，现在孩子出了这种事情学

---

① 姚建龙主编：《中国青少年犯罪研究综述》，中国检察出版社 2009 年版，第 111—112 页。

校是不是也有责任？以后让孩子咋活人啊！"说着说着，周父眼睛开始发红，表现得十分懊悔和悲伤。通过这两个典型案例我们可以发现，这些严重社会越轨的青年学生都存在"长大了说不听"的现象，这也说明了家庭、父母、长辈对子女有效管控对于预防青年学生暴力犯罪的极端重要性。

研究还发现，家庭经济状况、家教严厉程度、是否独生子女三者与父母有效监管之间并不存在明显的关联性，Pearson 卡方值分别为 28.070、9.395、2.734，P 值分别为 0、0.153、0.255。尽管家庭经济状况与父母有效监管之间的 P 值为 0，但这种相关性是"虚假相关"。[①] 这说明并不存在家庭经济条件富裕的家庭缺乏对于子女有效监管，而家庭经济条件差的父母对于子女的监管有效的现象。家教的严厉程度与父母对子女是否有效监管也不存在显著性相关，并不是说家教严厉的父母能够有效监管孩子，家教不严的父母就不能有效监管孩子。是不是独生子女与父母监管之间也不存在显著性关联，数据并没有显示出非独生子女更容易为父母有效监管，独生子女家庭的父母更不容易监管自己的孩子的现象。

关于家庭贫困与青年学生犯罪之间的关联性学术界并没有一个定论，结论不一。有的学者认为两者有密切关系，而有的学者则认为两者关系不大，并不存在强因果关联。我们认为，贫困是一种社会生活普遍现象，中国乃至全球范围内都存在大量的贫困人口，贫困或者说家庭经济状况并非导致犯罪的根本原因，家庭贫困只是导致青年学生暴力犯罪的一个表面因素，它之所以在青年学生暴力犯罪中起作用，可能是因为它通过青年学生个体的性格缺陷导致自制力差这一中间环节起了作用。2004 年马加爵在接受《中国青年报》记者崔丽的访问时曾被问及"媒体在分析你的案件成因时，有的说是因为你家境贫困，有的说是因为你性格上与人交往封闭，你怎么看"，他回答说："可能后面一句话说对了。说到贫困导致的压力，这倒没有。"[②]

---

① 虽然此处的 P 值小于 0.05，但 5 单元格（33.3%）的期望计数小于 5，不符合相关成立条件。

② 崔丽：《刑前对话马加爵：没有理想，是我人生最大失败》，《中国青年报》2004 年 6 月 18 日。

表 4—8　　　　　　　**父母有效监控情况与相关因子交互分类表**

项目 1	项目 2	卡方值（x^2）	渐进显著性（双侧）P
	与父母情感联络	84.506	0^{***}
	情绪控制培养方式	28.214	0.002^{**}
父母有效监管	家庭经济状况	28.070	0
	家教严厉程度	9.395	0.153
	是否独生子女	2.734	0.255

注：＊＊表示 $P < 0.01$，＊＊＊表示 $P < 0.001$。

第三节　青年学生暴力犯罪的家庭预防

我们认为，在整个暴力犯罪预防链条中家庭早期预防是最为重要、最为关键的环节，它是学校、社会等其他预防因素的基础或根本所在。

一　种下爱的种子

爱的教育是父母为孩子种下的预防暴力犯罪的第一颗"种子"。这颗"爱的种子"应当由父母最先种在孩子幼小的心灵里，精心培育使之慢慢发芽，并在父母以及学校老师的监管下由一棵嫩苗成长为一棵品性高尚的大树。有人说家庭教育是"培根教育"，学校教育是"壮苗教育"，社会教育是"试果教育"[①] 不无道理。古希腊伟大哲学家柏拉图在其名著《理想国》中曾有惊人论断，"子女教育是社会的基础"。《卡尔·威特的教育》中也有类似的表述，"一个人的品性如何，很大程度上是取决于幼年时期所受的教育如何，所以说国民的道德如何，取决于这个国家的人民对其子女的教育如何"，并且认为幼儿时期的家庭教育至关重要，"人如同瓷器一样，小时候就形成了他一生的雏形。幼儿时期就好比制造瓷器的黏土，给予什么样的教育就会形成什么样的雏形"，"对孩子的教育必须尽早开始，开始越早，取得的效果越显著，孩子越有可能成长为接近完美的人"，"教育开始得越晚，儿童的能力实现就越少"，主张"从孩子出生那

———————

① 余国良：《"爱的教育"误区及其对策》，《南方职业教育学刊》2013 年第 3 期，第101 页。

天就开始教育",而且认为"从生下来起到 3 岁之前是个最为重要的时期"。①

现代哲学认为爱有双重意义——评价和赋予。从评价的层面上看,"爱"是一种对爱的对象的积极反应,它通常表现为个体对被爱对象的赞扬、珍视、同情、怜悯、关心,等等;从赋予的层面上看,爱所赋予的价值是被肯定的联系自身创造的,它是通过赋予、奉献给爱的对象以情感、行为和利益所创造的。所谓爱的教育就是以人文关怀为核心,强调人的价值、尊严、权利,开阔和加深人们对人(物)的爱的广度和深度,成为一个心中有爱的人的教育。②

家庭是人们接受德性教育最早的场所,家庭是个体高尚德性形成过程中最为重要的因素,高尚德性必须从小培育,从娃娃开始抓起。有位优秀的儿童教育家说过,优秀的品格,只有从孩子还在摇篮之中时开始陶冶,才有希望在孩子心灵中播下道德的种子。父母在孩子开始懂事之时就应该循序渐进、深入浅出地进行良好德性教育。英国著名教育家伯特兰·罗素(Bertrand Russell,1872—1970)认为爱是个体良好德性的精髓。③

爱心是人类所具有的最基本、最美好的情感,在人类所具有的所有道德品行当中,爱心是核心构成要素之一。爱心的成功培育依赖于家庭、学校乃至整个社会爱的教育,成功的爱的教育是培育青少年爱心的最有效途径。欧洲最伟大的诗人、欧洲文艺复兴时代的开拓者、现代意大利语的奠基者但丁·阿利吉耶里(1265—1321)曾说过一句名言,"爱是美德的种子"。爱的能力是一切高智能生命包括人类在内所具有的一项本性,我们经常说,"虎毒不食子"、"舐犊之情"大概就是这个意思吧。但是这种爱的能力或者素质并非天生,而是后天培育出来的。在这种爱的培养教育中家庭是"第一棒",学校是"第二棒",社会将是"第三棒",对于爱的能力的培养将是一场家庭、学校和社会的"接力赛"。

我们认为父母在家庭教育中应重点关注以下爱的能力或素质的培育。

———————————

① [德]卡尔·威特:《卡尔·威特的教育》(修订版),刘恒新编译,京华出版社 2010 年版,第 13—17 页。

② 朱正平、熊志庆:《确实与弥补:论青少年爱的教育》,《黑龙江史志》2008 年第 2 期,第 88 页。

③ 张静、姚运标:《浅析罗素关于爱的教育思想》,《学理论》2013 年第 3 期,第 173 页。

首先，要从小教育孩子爱自己。

爱自己是要爱护自己的身体，不能有自残的行为发生。要教育孩子务必珍爱生命，无论在什么极端情况下都不能放弃自己的生命。古代儒家十三经之一的《孝经》在其《开宗明义章》里明确提出，"夫孝，德之本也，教之所由生也"，又说"身体发肤，受之父母，不敢毁伤，孝之始也"。传统儒学将孝道视作个体所有德行的根本，一切教化都在此基础上产生并加以延伸。而保持身体的健康、完整则是向父母尽孝的开始。那种自残身体，甚至是自杀的行为都是传统儒家思想所禁止的越轨行为。而当下，青年学生自杀的新闻报道不时可见，不仅有数量上升的残酷现实，而且有自杀行为低龄化趋势。12355南京青少年综合服务台对900名中小学生进行了生命意识教育现状的调查，从调查结果来看，中小学生能够从家庭、学校得到的生命教育非常缺乏。面临逆境时，4%的中小学生经常存有自杀的念头，偶尔有自杀念头的也占到了35%。① 更骇人听闻的新闻报道是2010年陕西省扶风县杏林镇5名小学六年级的学生，相约到一古庙里喝农药自杀，幸被过路村民发现后及时送往医院。② 心理专家建议，中小学应开设专门的生命教育课程，父母也不要忌讳和孩子谈论死亡，学校、家庭可采取多种方式帮助中小学生树立正确的生命观。③ 另据有关研究发现，自杀已经取代突发疾病和交通意外成为大学生意外死亡的第一大原因。《中国青年报》的一份调查结果显示，14%的大学生出现抑郁症状；17%的人出现焦虑症状；12%的人存在敌对情绪。除了学校教育，家庭教育对人的心理健康也极为重要。在相当多的情况下，青少年自杀都是家庭教育失败的结果。④

教育孩子爱自己还要教育孩子要爱惜自己的名声。人的名，树的影，正如英国历史学家托·富勒所言，人有一个好名声，就等于拥有一大笔财

---

① 上官金雪、薛玲：《三成被调查的中小学生偶尔有自杀念头》，《扬子晚报》2013年1月18日，第A48版。

② 《五名小学生相约喝农药自杀》，《衡阳晚报》2010年7月6日，第A15版。

③ 上官金雪、薛玲：《三成被调查的中小学生偶尔有自杀念头》，《扬子晚报》2013年1月18日，第A48版。

④ 《大学生自杀原因解析　源于信念缺失》，2013年1月24日，人民网（http：//edu. people. com. cn/n/2013/0124/c1053 – 20316248. html）。

产。拥有一个好的名声比拥有金钱更显得重要。意大利教育家蒙台梭利曾指出："教育的目的在于帮助生命力的正常发展，教育就是助长生命力发展的一切作为。"

其次，要教育孩子爱别人。

这里的别人是除自己之外的其他人，其中包括自己的父母兄弟姐妹以及亲戚朋友，也包括除此之外的陌生人，无论他是富有，还是贫穷。约翰·洛克在《爱的教育》中特别强调了培养孩子的仁爱之心，除了别让孩子虐待小动物外，还指出另外一条培养年轻人仁爱之心的办法，教孩子礼貌平等地对待社会地位低的人。[①] 爱别人的内涵非常丰富，一条根本的原则就是尊重并维护他人的合法权益，其中包括了他人身体健康权，名誉权，隐私权，财产权，甚至生命权。台湾已故著名女作家三毛曾经在《亲爱的三毛》中说过，人活在世界上，最重要的是有爱人的能力，而不是被爱。我们不懂得爱人又如何能被人所爱？当然爱人与被人爱都同等重要。拥有了爱自己的能力，就会减少自残自杀等伤害自己的惨剧的发生；拥有了爱他人的能力就能降低伤害他人，甚至剥夺他人生命的暴力事件的发生概率。这两种爱的能力对于预防青少年学生暴力犯罪至关重要。中国著名女作家毕淑敏曾说过，一个不懂得爱的孩子，就像不会呼吸的鱼，除了家庭的水箱，在干燥的社会上，他不爱人，也不自爱，必将焦渴而死。2015 年 12 月 4 日湖南邵东杀师案中暴力越轨者小龙（化名，年满 18 岁）在接受新华社记者的狱中访问时曾说："我从来没把他（受害者班主任滕昭汉）的命放在心上。""看到他倒下时痛苦的眼神，我就不自觉地想笑。""有什么好后悔，做都做了。我又不认识滕老师的家人，为什么要感到抱歉？"当事发现场的小龙母亲大哭着对儿子大喊"你把我捅死吧"，小龙回答说："要不是刀被抢了，我就把你捅死。"[②] 由此可见，在这起校园惨案中，暴力越轨者小龙心中根本就没有生命的概念，视人命如草芥，甚至连自己的生身父母都可能痛下杀手，这也从一个侧面凸显了包括生命

---

① ［英］约翰·洛克：《约翰·洛克的家庭教育》，海鸣译，海峡文艺出版社 2005 年版，第 131—132 页。

② 袁汝婷：《湖南邵东杀师案嫌犯：我从没把他的命放在心上》，2015 年 12 月 9 日，腾讯网（http://news.qq.com/a/20151209/037447.htm）。

权在内的爱的教育的极端重要性。

最后，要培养孩子爱护动植物的慈善之心。

要教育孩子善待动植物，无论它是高大强壮，还是娇小柔弱。在《卡尔·威特的教育》一书中，老卡尔通过自己独特的教育方式把出生时反应迟钝、有点痴呆的小卡尔培养成一位天才式人物，他极其重视对其儿子的同情心教育。通过平时教他"怎样去爱别人，让他懂得什么是同情，什么是人生最美好的东西"。因为老卡尔认为"具有同情心的孩子都不会霸道蛮横，能从事对社会有益的东西"。老卡尔把小卡尔培养得"像天使般的纯洁"，"从未与人争吵过"，"对待自然，不要说动物，就是一朵野花，也舍不得乱摘"。① 意大利哲学家、神学家托马斯·阿奎那（Thomas Aquinas）说过，一个对动物残忍的人，也会变得对人类残忍。印度圣雄莫罕达斯·卡拉姆昌德·甘地（Mohandas Karamchand Gandhi，1869—1948）也说过，一个国家的道德是否伟大，可以从其对待动物的态度上看出来。犯罪学界关于虐待动物与暴力犯罪之间的关联研究表明，两者具有一定的关联性。1966 年，美国研究者就发表了有关虐待动物行为和人的暴力行为关系的首个正式研究报告。他们通过对 84 名在押罪犯的分析表明，其中 75% 涉及暴力犯罪，在他们年轻时，均曾有过对动物残酷的行为。1997 年美国马萨诸塞州反虐待动物联盟和东北大学共同进行的研究表明，虐待动物者对人类进行暴力犯罪的可能性比普通人高出 5 倍。② 很多分析都曾指出，虐待动物本身反映出的是潜藏在人内心深处的一种暴力倾向，如果这种扭曲心理不能及时得到有效医治，便很有可能滋生成为暴力犯罪，危及他人和社会的安全。犯罪心理学的研究也证明，残害无辜，以杀人取乐的罪犯很多都有过虐待动物的经历。美国的研究人员发现，虐待动物的孩子长大后可能具有暴力倾向，甚至会杀人。美国预防虐待儿童与动物科研项目的负责人阿尔考说，那些对虐待动物着迷的孩子实际上已经走上了一条危险的道路。他认为暴力倾向会从人的幼年时期延续到成人时期。该项目研究人员在对美国 100 名杀人犯进行采访后得出结

---

① ［德］卡尔·威特：《卡尔·威特的教育》（修订版），刘恒新编译，京华出版社 2010 年版，第 63—66 页。

② 孔繁勇：《虐待动物行为对公共安全的影响》，《人民公安》2012 年第 5 期，第 54 页。

论：他们中的大多数人在幼年时期都曾以不同的方式虐待过动物。2007年日本首次发表了名为《不良青少年虐待动物的实情——重点看与对人暴力的关联》的虐待动物行为与犯罪关系的论文。数据显示，暴力犯罪的青少年中该比例高达 80%，比一般中学生虐待动物的比例高出 1 倍。据日本媒体报道，2004 年奈良县杀害小学一年级女生的凶手平时经常无故脚踹工作场所的狗；东京、埼玉连环诱拐幼女杀人案的凶手被指年少时经常虐待动物；大阪池田小学滥杀儿童案的凶手被指小学时曾用火残害过猫；神户连环杀害儿童案的凶手年少时也残害过流浪猫，还丢弃尸体，并以观看人们对尸体的反应为乐。1973 年日本政府出台《爱护及管理动物相关法律》，该法总则中指出立法目的是在国民间树立爱护动物的风气，培养尊重生命、和平友爱的情操；同时通过对动物的合理管理，防止动物对人身和财产的侵害。① 2010 年年初，新西兰政府对该国现有的动物福利法进行了修订，加大了惩处虐待动物行为的力度。其中提出修订法律的一个理由是"有越来越多的证据表明，残酷对待动物的行为同暴力对待人的行为两者之间存在关联，如果政府对此问题不采取措施，可能导致对人的暴力犯罪案件的增多"。② 包括父母在内的家庭教育对避免孩子的暴虐行为有着极其重要的影响力，因为即使有些孩子先天攻击性强，或者表现出暴力的倾向，只要父母从小注意他们的心理健康，培养他们的同理心及仁爱品质，孩子也能做到与环境和他人的和睦相处。

二　培养孩子负面情绪的自控力

从心理学上讲，情绪一词是指对一系列主观认知经验的通称，是多种感觉、思想和行为综合产生的心理和生理状态，是个体对环境的一种反应。人类最普遍的情绪包括喜、怒、哀、惊、恐、爱等，也有一些细腻微妙的情绪如嫉妒、惭愧、羞耻、自豪等。情绪无好坏、优劣之分，一般只划分为积极情绪（正面情绪）和消极情绪（负面情绪）两种形式。无论正面还是负面的情绪，都是引发人们行动的动机。个体自制力差是导致犯罪的原因之一已成为社会共识。美国成功学大师拿破仑·希尔曾经对美国

---

① 张超：《日本：保护动物就是防治犯罪》，《法制日报》2011 年 4 月 19 日，第 09 版。

② 孔繁勇：《虐待动物行为对公共安全的影响》，《人民公安》2012 年第 5 期，第 54 页。

各监狱的 16 万名成年犯人做过一项调查，发现了一个惊人的事实：这些不幸的男女犯人之所以沦落到监狱中，有 90% 的人是因为他们缺乏必要的自制，因此，未能把他们的精力用在积极有益的方面。[①]

中国有句俗语，三岁看大，七岁看老。研究发现，3 岁前后是孩子情商管理特别是未来良好人格形成的最为关键时期。3 岁之前，孩子的情绪控制能力与性格基本形成。因此，3 岁之前，父母与孩子在一起，就是要培养孩子良好的性格、稳定的情绪。孩子只有学会控制情绪，才会理性地面对周围的人和事。孩子有了良好的情绪控制能力，其良好习惯的培养就水到渠成了，孩子的性格中也会少一分负面与偏激，多一分乐观与豁达。此年龄期孩子的生活场所是家庭，主要构建的亲密人际关系是与父母的亲子关系。当然在这个年龄段包括情绪在内的情商社会化只能由父母来承担并实施。

在这个人生关键时期父母应当特别注意培养孩子的负面情绪自控力：

首先，父母应该教会孩子正确区分负面情绪与正面情绪。

心理学家弗农·霍华德曾说过，对消极的情绪有一个明确的了解，才能消除它。正确区分正面情绪与负面情绪，是正确表达与控制、合理宣泄负面情绪的前提和基础。常见的负面情绪有愤怒、恐惧、忧虑、怯懦、嫉妒、猜疑、虚荣、自卑、悲观、偏执等。对于小孩子来说，最大的负面情绪就是任性。要让孩子知晓"任性"这种负面情绪是一件"不光彩的事情"。例如孩子在商场里看到一件想要的玩具，但这个玩具不适合小孩子玩耍，或玩具过于昂贵，家长不同意购买，小孩子可能会大声哭闹，满地打滚。在此种情境下，父母应该理智地告诉他在众人面前哭闹打滚是一件"很丢脸的事情"，让孩子在很小的时候就明白哪些情绪表达是"好的"，哪些"任性"的负面情绪是"不好的"、"丢脸的"，使孩子从小对于负面情绪有一个基本的认知，为以后学会有效调控负面情绪打下坚实的基础。

其次，父母应该教会孩子学习正确表达负面情绪。

负面情绪的正确表达与合理发泄也是一项非常重要的基本素质。父母

---

① 彭科莲：《关于个人极端暴力犯罪者的性格特征分析》，《法制博览》2013 年第 12 期，第 300 页。

要教育孩子心里有了负面情绪就要准确地表达出来以便让父母或别人知道，而不是闷在心里不告诉父母或别人，而且要让孩子明白恰当表达负面情绪并非一件"坏事"，让他知道负面不良情绪闷在心里不说才是一件"危险的事情"。例如孩子在众目睽睽之下满地打滚，大声哭闹，父母可以引导孩子说出自己的不满，可以问问孩子："你是不是不高兴了？要发脾气了？"这时孩子可能把自己的不满愤恨情绪表达出来。父母应该引导孩子学会正确、恰当地表达自己的负面情绪，因为正确、恰当地表达负面情绪是个体合理宣泄负面情绪、缓解心理压力的重要保障。

最后，父母应当教会孩子调控负面情绪以及合理发泄负面情绪。

心理学告诉我们，负面情绪发生后的六七秒钟是情绪管理的最佳时期。父母要在孩子负面情绪爆发后的 10 秒钟内及时安抚住孩子，让孩子学会冷静，尽量自己控制自己的过激情绪。有句话说得精辟，发脾气是本能，控制脾气才是本事。经过无数次有意识地训练之后，孩子控制负面情绪的能力会有所提高，慢慢培养出对于负面情绪的自控能力。与此同时，父母还要教会孩子知道如何正确、合理地发泄自己的负面情绪，告诉他一些合理发泄负面情绪的方式方法。对于大声哭闹发脾气的孩子，父母可以把他拉起来，亲切地告诉他："先别哭闹，我们商量一下看看买还是不买好吗？"等孩子稍稍冷静下来，父母再跟他讲现在不能买的理由，"这种玩具等你大一点的时候才能买给你，现在买给你会带来危险"，或者说，"我们现在没有足够的钱来买它，等我们下次带够了钱再来买好吗"，这样既给孩子留下了希望，又能让他明白不是任何东西都能靠哭闹来获得的道理。当然，在孩子大声哭闹满地打滚的尴尬处境下，父母首先要控制好自己的情绪，绝不能恼羞成怒，大声呵斥，甚至暴力制止。著名节目主持人杨澜女士在接受采访时，明确指出父母在对孩子进行家庭教育时，"应做好情绪管理"。社会上存在不少焦虑妈妈，她们喜欢抱怨、唠叨，有些甚至会对孩子歇斯底里地咆哮。杨澜认为"这是一个非常糟糕的示范"。她觉得为人父母者要学会控制自己的情绪，因为每次家长紧张、焦虑、暴躁等负面情绪爆发时，最先受到伤害的是孩子。[①] 被誉为"中国式管理之父"、"全球华人中国式管理第一人"的曾仕强教授在他的经典名著《情

---

① 《杨澜：家长应做好情绪管理》，《中小学德育》2015 年第 2 期，第 94 页。

绪管理》一书中提出一个尖锐的观点：中国人需要情绪管理。并且认为世界上其他国家的人情绪起伏都没有中国人这么大，换言之，中国人最容易生气，只要感觉不对就会发泄出来，很难忍耐。中国人情绪不稳定时不讲理。自律是情绪管理的要务。①

　　情绪如同奔腾咆哮不止的河水，需依靠两岸的堤坝加以辖制。河水时常冲刷着堤坝，有时和风细雨，有时狂风暴雨，一旦冲垮堤坝造成决口，愤怒的河水便会怒吼着奔腾而下，带来极为严重的后果。只有不断加固堤坝，有效管控不良情绪，防止河水溃坝，才能避免危害。从心理上讲，极端的愤怒，极端的忧郁，极端的压抑，极端恐惧，强烈的报复心等不合理情绪的宣泄，一时冲动等种种情形，都会使个体瞬间失去理智。当然个体在不同的年龄段，对不良情绪的管控力也会有所不同。青少年往往容易冲动，作出"冲昏头"的举动。事后又后悔不已。2013 年 4 月上海复旦大学林森浩投毒案中，案犯林森浩在接受新华社"中国网事"记者采访时谈到自己犯罪的原因，"很多时候，我感觉自己就是一个很负面的存在"，"我会去做这么一件事，原因是自己没有把负面情绪调整好"，"有时候不考虑事情的后果，不考虑别人的感受"。② 2004 年中山大学蓝庆庞杀人一案中，案犯蓝庆庞被注射执行死刑前接受了记者的访问，当问及"你认为自己为什么会走上这条路"时，蓝庆庞说："心理压力太大。我性格内向，压力大的时候，我不会找别人诉说，只能自己承受。""为何不去看心理医生呢？"蓝庆庞说："我在监所里想得最多的就是这件事情。心理压力大的时候，我后悔没有去看心理医生，直到犯了罪。如果早去找心理医生化解一下心理压力，我不会有今天，可是太晚了。""你为什么不找心理医生？""怕别人笑话我，怕人说我有（精神）病。"沉默良久，蓝庆庞说，"我这个年龄最容易出事，希望同龄人千万调整好自己的心态，不要走我的路。"③

---

①　曾仕强：《曾仕强：中国人需要情绪管理》，《企业管理》2010 年第 19 期，第 37—46 页。

②　俞菀、黄安琪：《复旦投毒案嫌犯：作案原因是没调整好负面情绪》，2014 年 2 月 18 日，新华网（http://news.163.com/14/0218/23/9LDF806K00014JB5.html）。

③　刘晓燕：《后悔没有去看心理医生》，2006 年 2 月 27 日，医学教育网（http://www.med66.com/html/2006/2/wa9578253521272260022415.html）。

不良情绪的管控力并非天生得来，而是要通过后天慢慢培养才能获得，4 岁左右的小孩子是最佳培养年龄段。1960 年，美国斯坦福大学心理学家瓦特·米伽尔把一些 4 岁左右的孩子带到一间陈设简陋的房子，然后给他们每人一颗非常好吃的软糖，同时告诉他们，如果马上吃软糖只能吃一颗；如果 20 分钟后再吃将奖励一颗软糖，也就是说，总共可以吃到两颗软糖。有些孩子急不可待，马上把软糖吃掉。有些孩子则能耐心等待，暂时不吃软糖。他们为了使自己耐住性子，或闭上眼睛不看软糖，或头枕双臂自言自语……结果，这些孩子终于吃到两颗软糖。实验之后，研究者又进行了长达 14 年的追踪调查。继续跟踪研究参加这个实验的孩子们，一直到他们高中毕业。跟踪研究的结果显示：那些能等待并最后吃到两颗软糖的孩子，在青少年时期，仍能等待机遇而不急于求成，他们具有一种为了更大更远的目标而暂时牺牲眼前利益的能力，即自控能力。而那些急不可待只吃一颗软糖的孩子，在青少年时期，则表现得比较固执、虚荣或优柔寡断，当欲望产生的时候，无法控制自己，一定要马上满足欲望，否则就无法静下心来继续做后面的事情。换句话说，能等待的那些孩子的成功率，远远高于那些不能等待的孩子。为了达到目标，必须克制冲动，这是米伽尔教授软糖实验最想表达的一点。①

不良情绪突然失控不仅普通人经常发生，有时连一些名人也不例外。19 世纪中期俄国批判现实主义作家、文学家、思想家、哲学家列夫·尼古拉耶维奇·托尔斯泰就是一个很好的例子。由于托尔斯泰有写日记的习惯，因为日记的问题等原因，托尔斯泰与其妻子索菲亚产生了矛盾，终于在一天晚上两人又进行了一场激烈的争吵，托尔斯泰一怒之下离家出走，82 岁高龄的托尔斯泰在途中罹患严重肺炎，几天之后，这位享誉世界的文坛巨匠病逝在一个凄凉的小火车站，为自己情绪的失控而付出了惨痛且无法挽回的沉重代价。

三 培养不法欲求的节制力

所谓欲求，是指欲念和要求。就心理学而言，欲求与欲望、需求、需

---

① 高杰编著：《自控力——如何有效掌控自己的情绪》，吉林出版集团有限责任公司 2014 年版，第 20—21 页。

要基本属于同一概念。人类的欲求是由人的本性产生的想达到某种目的的要求。欲求无善恶之分，关键在于如何控制。从人的角度讲它是从心理到身体的一种渴望、满足，它是一切动物存在必不可少的需求。人类的欲求是多样的，生存欲求、享受欲求、发展欲求构成一个复杂的欲求结构，并随着人们生活的社会环境和社会历史条件的变化而变化。人生就像一条欲求的溪流，它流淌的不是溪水，而是人的各种欲求。人类社会却似一个永远不会干涸的欲求海洋，似乎随时都可能掀起波涛和巨浪。欲求是人类产生、发展、活动的一切动力。但欲求也是把"双刃剑"，既可以使人成功，也可以使人失败。探索欲、求知欲、成才欲、奋斗欲、奉献欲等，是积极的欲求，能给人带来奋进的动力，使人不断进步，不断提升人格；而权力欲、金钱欲、美色欲、霸占欲、毁灭欲等，是消极的欲求，给人带来的是道德的沦丧、人格的堕落，使人走向自我毁灭的道路。奥地利精神病医师、心理学家、精神分析学派创始人弗洛伊德说，人类是充满欲求并受欲求驱使的动物。但人性与动物性最大的区别就在于，在各种各样的诱惑面前，人性能理智地控制住自己的欲求，而动物性正好相反。欲求就像一枚硬币，正面是天使，背面是魔鬼，欲望一旦失控，就会被魔鬼引向邪恶。叔本华说过，欲望过于剧烈和强烈，就不再仅仅是对自己存在的肯定，相反会进而否定或取消别人的生存。所以社会上的每一个人都应该理性对待欲求并节制不法欲求。所谓不法欲求是指对社会具有破坏性、为国家法律法规所禁止的欲求层次，如暴力欲求、强奸欲求、抢夺与抢劫欲求、偷盗欲求、放火欲求以及投毒欲求等。这种节制不法欲求的能力或素质同样非天生，需要后天精心培养，而且这种培育过程愈早愈好。英国著名教育家约翰·洛克在《教育片论》中高度强调了节制欲求在儿童早期社会化中的极端重要性。洛克认为所有德行和价值的重要原则和基础在于：人能够克制自己的欲望，超越自己的嗜好，而不仅仅追随理性所认为最好的事物的指引，虽然欲望原本是倾向另一个方向的。① "显而易见，一切德行与优越的原则就在于能够克制理性所不允许的欲望的满足，这种克制能力的获得和改进，要靠习惯，而它的驾轻就熟的运用，则要靠及早

① [英] 约翰·洛克:《教育片论》，熊春文译，上海世纪出版集团 2006 年版，第 116 页。

实践。"①

其实这种节制无限膨胀的贪欲的观点不仅存在于哲人的理论思辨、严厉的狱讼之中，在一些文学作品、民间故事中也有许多具有劝诫意义的故事都在提醒人们克制自己的欲望。在俄国伟大诗人普希金的《渔夫和金鱼的故事》中，那位渔夫的老婆起初的欲望只是想要一只新木盆，但得到了新木盆后，她马上就要木房子，有了木房子，她要当贵妇人，当了贵妇人，她又要当女皇，当上了女皇，她又要当海上的女霸王，让那条能满足她欲望的金鱼做她的奴仆，最后欲望无限膨胀的结果是仍旧回归到穷困潦倒、一无所有的悲惨境地。据说印度人为捕捉猴子，制作一种木笼，笼中放着食物。猴子伸进手去，抓住食物，手就拿不出来。要想拿出手来，必须放下食物，但猴子绝对不肯放下食物，最后的结果是因放不下贪欲而被捉。

这种对于无限膨胀的贪欲或者不法欲求的节制力需要家庭教育从小就开始培养，具体表现在以下三点：

首先，节制不法欲求能力应从儿童开始培养。

约翰·洛克认为这种克制欲求的能力应该"趁早"，"儿童从婴儿时期开始就应当克制自己的欲望"，"儿童的年龄越小，就越不应当依从他们的任性；儿童越缺乏理性，就越应当受到管教者的绝对权力的约束"。"他们应当学会懂得的第一件事情就是，他们之所以得到了某个东西，不是因为它能使他们感到高兴，而是因为它适合于他们。假如适合他们需要的东西便给予他们，从来不因为他们的哭泣和恳求而让他们得到过任何东西，那么他们就能学会不无理取闹，就不会大声哭叫、纠缠不休地非得到所要的东西不可，也决不会闹得自己和别人都不安宁了，因为从一开始他们就没有被这样对待过。假如他们从来就没有因吵闹而使自己的欲望得到过满足，他们就不会哭着去要求什么，正如他们不会哭着去要月亮。""儿童想要的东西或想做的事如果不适合于他们，就不应当因为他们年龄还小便允许他们；无论他们为了什么纠缠不休也不应当允许，正因为他们

_____

① ［英］约翰·洛克：《教育漫话》，徐诚、杨汉麟译，河北人民出版社 1998 年版，第30 页。

纠缠，就更不应让他们得到。"① 在老卡尔的严格教育下，小卡尔在 6 岁就养成了一定的自制能力。

其次，节制能力培养应从培养理性出发。

理性为节制品性的形成打下了坚实的基础。在约翰·洛克的绅士教育中，他将理性看作是每个绅士必须具备的心理上或心灵上的才能之一，是一项迫切的目标。节制可以说是理性最直接的要求，人之所以具有节制的品性，是因为人是一个理性且有德行的动物。② 康德认为，好的个性必须是以理性为基础的个性。理性个性取决于每一个理性主体所具有的认识和实施个人行为的理性能力。如果个体并非按照自我设立的普遍必然的先天综合法则而行动，任由心智受外来戒律或意向的摆布，那么个体就无理性个性可言，甚至无道德个性可言。③ 理性有两层含义：一层是指概念、判断、推理等思维形式或发展活动；另一层是指从理智上控制行为的能力。儿童由于处于身体以及智力发展的初级阶段，心智尚未成熟，很难控制自己的行为，这就需要家长乃至学校从旁加以培育孩子的理性。父母要从小培养孩子控制自己不良的性情倾向、克制当前快乐的欲望以及抵制痛苦的纠缠，这些行为的避免都需要个体在运用理性力量的基础上形成的良好自制力。洛克提出为培养儿童的节制品性，应对儿童的某些不良倾向给予抑制和镇压。因为这些（不良）倾向奠定了未来邪恶的基础，只有控制住那些不良的性情倾向和习惯，才能让幼童服从理性的指导。倘若任由这些恶行发展，儿童成人后很难或不可能成为有理性、有德行的绅士。④ 不法的欲望是制造不幸的根源，青年学生以金钱、性为目标的抢劫、强奸等暴力犯罪都是没有管控好自己的不法欲望酿成的恶果。2004 年陕西高校女大学生勒索案、2006 年政法大学刘某绑架案、2007 年丽江女大学生杀人碎尸案、2009 年杭州大学生抢劫案、2010 年旅日留学生弑母案、2011 年

① 约翰·洛克：《教育漫话》，徐诚、杨汉麟译，河北人民出版社 1998 年版，第 30 页。
② 施芬：《洛克〈教育片论〉中的儿童节制论》，《教育与教学研究》2011 年第 11 期，第40—41 页。
③ 周倩：《大学生教育管理应以理性个性培养为导向》，《现代大学教育》2005 年第 5 期，第 103 页。
④ 施芬：《洛克〈教育片论〉中的儿童节制论》，《教育与教学研究》2011 年第 11 期，第41 页。

合肥大四学生持刀性侵案、2012 年北京吉利大学流羽轩雇凶杀人案、2013 年武汉大学生抢劫案、2013 年青岛大学生绑架勒索案、2015 年济南某高校大四学生张扬持刀抢劫案等暴力刑事案件都是典型的例子。所以父母应该从小培养孩子克制对金钱、美食、奢侈品、性欲等方面的不法欲望。痛苦也是一种不良情绪体验，极端的痛苦情绪如不加遏制或合理宣泄就很容易引起犯罪等社会越轨行为。就有新闻报道声称，活得压抑痛苦孩子容易犯罪。① 洛克认为只有抵制了痛苦的纠缠，才能培养儿童坚强的意志，才能获得节制品性。② 台湾著名武侠小说家古龙曾说过一句名言，只要是人，就有痛苦，只是你没有勇气去克服它而已。如果你有这种勇气，它就会变成一种巨大的力量；否则，你只有终生被它践踏奴役。

四　创造宽松和谐的家庭教育环境

家庭环境是培养孩子优秀品性的最重要内部环境，也是孩子养成良好个人品性的先决条件。家庭成员之间应该和睦相处、关系融洽，尽最大可能为孩子提供一个温馨、宽松、融洽的成长空间，避免由于家庭内部频繁发生矛盾、冲突、斗争、破裂给生活其间的孩子带来身体、心理以及性格上的严重偏差。很多研究表明，性格上的严重偏差是导致个体日后严重暴力越轨的重要内在心理因素。家庭结构残缺或重组，不论是父母一方或双方死亡的自然解组，还是夫妻离异的人为解组，抑或是重组家庭，都会对青少年的健康成长造成不利影响，成为青少年犯罪的重要诱因。家庭教育方式不当或缺失也是造成青少年犯罪的重要原因，过分溺爱或简单野蛮粗暴对待孩子都会给孩子带来不可磨灭的心理阴影，造成性格的严重缺陷，犯罪概率也会随之大增。家庭的贫困在某种程度上也会成为日后个体违法犯罪的诱因。另外也有研究表明，家庭暴力与青少年犯罪之间也存在一定的因果关系，家庭暴力容易导致青少年个体形成犯罪心理，在一定程度上提高了青少年个体犯罪的几率。③ 据一份调查报告显示，3.6% 的独生子

---

①　王倩：《活得压抑痛苦孩子容易犯罪》，《羊城晚报》2007 年 11 月 14 日，第 A3 版。

②　施芬：《洛克〈教育片论〉中的儿童节制论》，《教育与教学研究》2011 年第 11 期，第 41 页。

③　姚建龙主编：《中国青少年犯罪研究综述》，中国检察出版社 2009 年版，第 101—113 页。

女犯的父或母曾犯过罪，有的父母酗酒、赌博、作风放荡、野蛮粗鲁，子女在耳濡目染中便沾染上父母的不良风气，颠倒是非、善恶不分、好逸恶劳、不思进取，极易步入犯罪歧途。[1] 娜妮·J. 西格尔在其论著《青少年犯罪》中指出："在一个有病态的家庭中成长的孩子，由于他们目睹了暴力和冲突、情感上不和谐，以及社会冲突等，其犯罪的驱力比其他青少年要大得多。"[2]

1993 年 2 月 12 日下午发生了一件全英国有史以来乃至全世界最耸人听闻的虐杀案，令人震惊的是两位杀人犯均为 10 岁的男童——罗伯特·汤普森和乔恩·韦纳鲍。两人用偷来的糖果诱拐一名 2 岁男婴詹姆士·巴尔杰，两人将这名男婴折磨致死，然后将其尸体抛掷于火车铁轨上让火车碾成两段。1993 年 2 月，乔恩和罗伯特被控犯有谋杀罪，成为英国 300 多年来被控该罪行的年纪最小的杀人犯。案发以后，这两个少年的罪行引发了全世界的恐慌以及大讨论。一时之间，各类关于二者犯下如此罪行的理由解释如雨后春笋般涌现，有人性本恶的说法，有家庭教育的说法，有暴力电影影响的说法，甚至还有撒旦附身的说法。然而，事后警方提供的证据，却让所有人哑口无言，这两个少年心理扭曲的最大诱因，皆因他们有着不幸的童年，以及家庭教育的缺失。罗伯特从小养成冷酷性格有其原因，他经常受到 5 个哥哥，还有一个酗酒的妈妈的责打。他爸爸也有家庭暴力倾向，经常殴打妻子，后来还抛家弃子，一走了之。家中兄弟按年龄大小说话，大的欺负小的成为他们之间不成文的规定。罗伯特的兄长们有一个也是惯贼，还有一个是纵火犯，并涉嫌对弟弟性侵犯。当哥哥要照顾年幼弟弟时，他们就会把弟弟锁在鸽子棚里，自己出去玩。乔恩成长的家庭环境也不太好，家境不算富裕，父母几次离婚又复合，让家里小孩难以适应。而且，乔恩家族有忧郁症史，全家人要不容易歇斯底里，要不就是智商有点问题。因为如此，他和两个哥哥、妹妹经常受邻居小孩的欺负。乔恩爸爸经常租碟回来看，大部分是暴力类电影，许多时候，父子俩同坐

---

[1] 臧其榕：《人格缺陷与犯罪预防——从社会化理论角度谈起》，《湖南公安高等专科学校学报》2004 年第 3 期，第 57 页。

[2] 转引自张东、陈国庆：《家庭教育对青少年犯罪的影响》，《法制与社会》2008 年第 21 期，第 295 页。

客厅一同津津有味地看。英国教育家尼尔说过，"问题少年是问题父母的产物"，毫无疑问，罗伯特和乔恩的暴力犯罪行为是糟糕的家庭环境的产物，是包括父母在内的家庭成员恶劣品性的最大牺牲品。困境家庭以及困境儿童的再生产是家庭社会化的最大败笔，也是社会治理的最大困境。

总之，家庭早期的社会化教育对于个体未来发展至关重要，良好品性的培育必须从小就从家庭开始，父母一旦错过了这个关键培养期，极可能会为个体未来的越轨行为埋下"祸患"。正如复旦投毒案中林森浩在接受董倩独家采访时所说，一个人的思维方式、做事习惯以及尊重个体生命的底线都是需要学习的，除非在你很小的时候，在你的家庭、周围环境，那种很强烈的反反复复的刺激，导致你头脑里从小就形成这种习惯，要是从小没有形成形成，长大后需要学习，必须要自己经过反复不断地强化。①林森浩这种血的警示值得每一个家庭乃至全社会高度重视。

当然，由于诸多原因，在中国，有很多家庭会发生不同程度的发展障碍，数量或多或少，程度或深或浅，这些发展障碍有些是可以通过后天努力而发生改变的，如父母一方或双方的暴躁性格，家庭的贫困，教育方式的改变，家庭成员人际关系的改善等，但有些障碍因素却是无法逆转的，如家庭的结构，父母的职业以及受教育水平等，但不管怎么说，既然父母将孩子带到这个世界上就应该竭尽所能为孩子提供一个温馨、宽松、融洽的成长环境，可能家里很贫穷，无法为孩子提供优越的物质生活条件；也可能从事的职业很卑微，无法给孩子一个令人景仰的社会身份，但一定要给孩子一颗爱心，教会孩子用平和的心态看待、处理世事，培养孩子具有一颗积极上进、向善、同理之心。

---

① 《〈面对面〉：林森浩——投毒者的自白》，2014 年 2 月 23 日，央视网（http：//news. cntv. cn/2014/02/23/VIDE1393164369836121. shtml）。

第 五 章

学校监管与青年学生暴力犯罪预防

在青年学生暴力犯罪预防链中，学校教育也是其中非常重要的一个环节，起着对家庭初期教育的"固本"与"培育"、"扶持纠正"功能。学校是学生接受文化教育的重要场所，也是其人生观、价值观和世界观培养和形成的最重要环境。由于学生在学校生活学习的时间大大超过在家庭的时间，而且学校教育较之家庭教育更为专业化、全面化，因此学校教育对于个体能否成功社会化至关重要，在预防青年学生暴力犯罪方面的作用也不容忽视。

第一节　学校教育对于青年学生
暴力犯罪预防的价值

一　学校教育体系的固本功能

学校教育是个人一生中所受教育最重要的组成部分，个人在学校里受计划性的指导，系统地学习文化知识、社会规范、道德准则和价值观念。学校教育从某种意义上讲，决定着个人社会化的水平和性质，是个体社会化的重要基地。国务院原副总理李岚清曾经说过，家庭教育、学校教育、社会教育是教育的三大支柱，三者缺一不可。学校教育、家庭教育与社会教育在个体成功社会化这一终极目标上是一致的，是"共同责任"①，但三者在教育目的、教育内容、教育手段、教育策略上存在较大差异性。传

---

① 转引自杨雄：《关于学校、家庭、社会"三位一体"教育合作的思考》，《社会科学》2013 年第 1 期，第 93 页。

统意义上的家庭教育主要是指家庭中包括祖父母、父母等长辈对晚辈特别是幼儿进行的教育。学校教育是与社会教育相对的概念。它由专业人员承担，在专门的机构，进行目的明确、组织严密、系统完善、计划性强的以影响学生身心发展为直接目标的社会实践活动。学校教育专指受教育者在各类学校内所接受的各种教育活动，是教育制度的重要组成部分。一般说来，学校教育包括初等教育、中等教育和高等教育。社会教育的基本含义有广义和狭义之分。广义的社会教育，是指旨在有意识地培养人、有益于人的身心发展的各种社会活动；狭义的社会教育，是指学校和家庭以外的社会文化机构以及有关的社会团体或组织，对社会成员所进行的教育。

在本研究中为了凸显教育体系的连贯性，我们将幼儿园学前教育也合并到学校教育体系中，这样就能够将家庭教育、幼儿园学前教育、初等教育、中等教育、高等教育、社会教育有机结合起来，形成一条清晰、完整、紧凑、规范的教育体系链条。

关于家庭教育与学校教育的关系基本上有两种观点：有一种观点认为从传统上看两者是"从属关系"，认为"家庭教育是学校教育的基础，在两者关系中居从属地位"[1]；第二种观点认为家庭教育与学校教育是"合作关系"[2]、"协作关系"[3] 或"和谐发展关系"[4]。就目前学术界而言，学者普遍认为家庭教育与学校教育以及社会教育是一种"合作关系"，是一个完整的教育生态系统。它们分别居于不同的位置，发挥着不同的功能和作用，彼此之间应是相互独立却又联系紧密。家庭教育、学校教育以及社会教育这三个子系统的教育目标取向的出发点和归宿是基本一致的，教育

---

① 周传志、戴庆洲：《谈建立家庭教育与学校教育的新型关系》，《赣州师范学院学报》（哲学社会科学版）2003 年第 1 期，第 107 页。

② 张涛：《家庭教育与学校教育的合作》，《涪陵师范学院学报》2006 年第 2 期，第 146 页；周奇：《家庭教育与学校教育的合作关系》，《温州师范学院学报》（哲学社会科学版）1999 年第 1 期，第 69 页；黎军、张大玲、张堡：《论现代教育中家庭教育与学校教育的合作》，《高等理科教育》2003 年 S1 期，第 41 页等。

③ 张庆守：《论家庭教育与学校教育协作的误区和模式重构》，《三明学院学报》2006 年第 1 期，第 105 页。

④ 吴伟英：《学校教育与家庭教育的和谐发展研究》，《教育理论与实践》2010 年第 24 期，第 33 页。

内容是互补的、互为依托的，在教育的方法和途径上也是殊途同归的。它们在时空上循环衔接、相互兼容、融会贯通，体现了教育过程的全方位、无缝隙、无遗漏。只有使三者协调一致、取长补短，形成叠加效应，方能取得最佳的整体教育效果。① 联合国教科文组织的国际21世纪教育委员会报告《教育——财富蕴藏其中》也注意到了家庭教育与学校教育有时会存在某种程度的对立关系，特别强调"家庭与教师之间必须进行真正的对话，儿童的协调发展要求学校教育与家庭教育互为补充"。②

对于家庭教育与学校教育的关系，如果站在整个教育体系链条上看，我们认为家庭教育与学校教育、社会教育除了相互配合、相互促进、相互影响的辩证关系外，学校教育对于家庭教育还具有一种"固本"功能，它可以对前期阶段在家庭教育开始培养的儿童的一些优秀品质或能力素质，如爱的能力、对于负面情绪的自控力以及对于不法欲求的节制力，进行进一步的"加固"，使之成为一种习惯，变成一种下意识行为。毕竟任何一种良好习性的养成都不是一朝一夕就能完成的，而是需要长期系统的培育过程。前一阶段家庭教育中的受教育对象基本上是些3岁以下的幼儿，由于他们的智能发展还处于最初级阶段，父母的教育只是在孩子的心中种下了一些"好的种子"，并通过爱以及耐心的"浇灌"使之"发芽"，能否长成良好德性的"参天大树"，还需要后期包括幼儿园、小学、初中、高中在内的学校教育的继续"施肥"、"培土"，这就是学校教育对于家庭教育的"固本"功能。对于学生的人际沟通与交往能力，学校教育也应在家庭教育的基础上加以"固化"。在学校教育之前的家庭教育中父母等长辈有意识地培养孩子与家庭成员之间的语言沟通以及与家人的和谐相处能力，但这种活动多限定在家庭成员内部以及孩子的玩耍伙伴之中，范围小，人际关系简单。进入学校（包括幼儿园）之后，孩子的社交范围进一步扩大，同学关系复杂，每个孩子的个性很强，很容易出现沟

---

① 杨雄、刘程：《关于学校、家庭、社会"三位一体"教育合作的思考》，《社会科学》2013年第1期，第92页。

② 《教育——财富蕴藏其中：国际21世纪教育委员会报告》，联合国教科文组织总部中文科译，教育科学出版社1996年12月版，"第一部分"第96页。

通不畅以及大量同学矛盾的涌现，这时候就需要学校逐渐培养起孩子们的良好人际沟通以及人际交往能力，理性、合理地处理好与同性、异性之间的各种矛盾纠纷。2006 年 11 月 17 日广州海珠区某新村第一小学五年级小学生明仔因与同学发生争吵后爬上五楼护栏要自杀，老师花一小时将其劝下。① 这样的案例绝非个案。据台湾"中央社"报道，台湾"卫福部"通过分析 2003 年台湾十大死因得出一个基本结论，15—24 岁青少年十大死因中，自杀死亡仅次于事故伤害死亡，位居第二，分析原因六成以上是因为"情感/人际关系"问题。② 联合国教科文组织的国际 21 世纪教育委员会报告《教育——财富蕴藏其中》中提到"教育的四个支柱"，或者说是四种基本能力或素质，即"学会求知"（Learning to know），"学会做事"（Learning to do），"学会共处"（Learning to live together）和"学会生存"（Learning to be）。其中"学会求知"强调了"从技能到能力的转变"，"这种能力不仅仅是实际动手能力，而且包括了处理人际关系能力、社会行为、集体合作态度、主观能动性、交际能力、管理和解决矛盾的能力，以及敢于承担风险的精神等综合而成的能力"。③ "学会共处"要"学会与他人一起生活"。培养学生能够"应付人与人之间、群体之间、民族之间不可避免地出现的紧张关系的能力"。④

因为人际矛盾冲突而导致的青年学生暴力犯罪也不在少数。下面这个案例就是一个典型：被告人燕某同被害人李某是同校同学。2013 年 4 月 12 日早自习时，被告人燕某与同校高一 232 班学生毕某发生矛盾。当日中午，毕某同班好友李某找到被告人燕某要求其向毕某赔礼道歉，双方发生口角。在广宗县第一中学宿舍楼道内，被告人燕某用墩布杆将李某头部右侧打伤，经鉴定被害人李某伤情为重伤。河北省最高人民法院认为，被告人燕某不能冷静处理与同学之间的矛盾纠纷，故意伤害他人身体，致人重伤，其行为已构成故意伤害罪。本案系典型的校园暴力犯罪事件，同学

---

① 涂峰：《小学生与同学发生争吵　爬 5 楼护栏要自杀》，《信息时报》2006 年 11 月18 日。

② 《统计称台湾青少年自杀个案六成因情感人际关系》，2014 年 6 月 26 日，中国新闻网（http://www.chinanews.com/tw/2014/06 – 26/6322986.shtml）。

③ 《教育——财富蕴藏其中：国际 21 世纪教育委员会报告》，联合国教科文组织总部中文科译，教育科学出版社 1996 年 12 月版，"前言"第 2 页。

④ 同上书，"第一部分"第 84 页。

之间发生矛盾理应冷静处理，而被告人燕某不能冷静处理与同学之间的矛盾纠纷，故意伤害他人身体，致人重伤，构成犯罪。[①] 据课题组成员通过对 2000 年 1 月 1 日至 2014 年 6 月 30 日之间新闻媒体报道的青年大学生极端暴力犯罪案例进行仔细判断遴选甄别之后获得的 42 例有代表性样本的研究中，我们可以发现，除了 15 例是因为抢劫、强奸、精神异常以及厌世情绪诱致暴力犯罪行为的发生外，其余 27 例很大程度上是由于加害人与同学产生矛盾、与女友发生情感争执、与他人发生纠纷未能理性恰当处理所致。典型案例如马加爵杀人、大学生史辉捅死其女友、北外女学生罗卡娜杀死同学、北大安然杀死同学崔培昭、吉林大学郭力维用刀杀死同学、四川大学曾世杰杀伤 3 名同学、南京一大学生因未带钥匙被舍友刺死等暴力事件比比皆是。

北宋文学家、政治家王安石写过一篇《伤仲永》的警世散文，讲述了江西金溪一个名叫"方仲永"的神童因后天父亲不让他学习和被父亲当作赚钱工具而沦落为一个普通人的故事。这个警世故事一方面说明不利的家庭环境对于个体成长的阻碍，但也从另一个侧面说明了后期教育尤其是学校教育对于前期家庭教育应起到的重要"固化"功能。

二 学校教育体系的素质培育功能

学校教育的目的在于传授知识与技能、培育语言及分析能力、陶冶情操、习得社会主流价值观念。学校的职能不仅仅是向学生传授未来赖以谋生的基本知识和基本技能，还要承担把学生培育成在德、智、体、美等方面全面发展，有理想、有道德、有文化、有纪律的社会主义建设者和接班人的历史重任。因此，学校不仅具有教育的功能，而且其本身就内在地具有了犯罪预防的潜在功能。学校在介入、帮助以及预防犯罪方面，有着得天独厚的条件，其作用和影响力巨大。

学校在对前期家庭教育进行有效"固化"的同时，还要承担"培育"学生新的良好品性的功能。从幼儿园开始学校就有意识地培养孩子的纪律意识，培养孩子的规矩意识。家庭在对孩子进行"家风"教育时，也多

---

① 本案例摘自最高人民法院《最高法发布发生在校园内的刑事犯罪典型案例》，2015 年 9 月 18 日，最高人民法院网（http://www.court.gov.cn/zixun-xiangqing-15573.html）。

少涉及规矩问题，但这种"家风"、"家教"是一种家庭内部成员共同遵守的规矩，与学校的纪律要求有着很大不同，"家风"没有学校纪律的强制性，它通过家庭内部长辈与晚辈的代际传承来实现，坚持几十年如一日，几代人共同遵守，需要长期的"润物细无声"，最终使"家风"成为一种"习惯动作"，而不需要任何外来的强制。但学校的纪律从学生一入学就具有外在强制性，学生通过观察、体验习得这些纪律，并经过长期的实践内化为自己的纪律意识。生命教育也是学校教育体系应该承担的责任。对于儿童的生命权利教育放在家庭教育中为时过早，正规学校教育之前的家庭教育由于孩子年龄较小还不能理解生命的意义及价值，所以在家庭教育阶段进行对孩子的正规、专业生命教育不太适宜，但可以在培养孩子的爱的教育的同时适当培养孩子对于花草树木以及各种动物的敬畏之心，为后期学校教育打下基础。生命教育是指通过系统的学校教育让学生树立正确的生命观，培养对自己乃至他人生命珍惜和尊重的态度，增强社会责任感和家庭责任感，使学生在人格上获得健全发展。生命教育的本质在于尊重生命以及生命的价值。① 人力资源与社会保障部中国就业培训技术指导中心于 2012 年 5 月推出的职业培训课程《生命教育导师》中指出：生命教育，即是直面生命和人的生死问题的教育，其目标在于使人们学会尊重生命、理解生命的意义以及生命与天人物我之间的关系，学会积极的生存、健康的生活与独立的发展，并通过彼此间对生命的呵护、记录、感恩和分享，由此获得身心灵的和谐，事业的成功，生活的幸福，从而实现自我生命的最大价值。生命教育就是教育学生把生命放在第一位，帮助学生达到"认识生命、珍惜生命、尊重生命、升华生命"的目标。② 中国著名教育家叶澜教授曾说过，生命价值是教育的基础性价值，教育具有提升人的生命价值和创造人的精神生命的意义。③ 青年学生暴力犯罪案件自 21 世纪之始便出现了"井喷现象"，青年大学生自杀行为也屡屡见诸报端，一个非常重要的原因就是个体对于自己乃至他人生命权利的漠

---

① 刘志春：《生命教育：学校教育的题中应有之义》，《河南师范大学学报》（哲学社会科学版）2005 年第 4 期，第 170 页。

② 杨卫东、孙传通：《生命教育——高校德育的当务之急》，《传承》2009 年第 7 期，第 52 页。

③ 叶澜：《"教育的生命基础"之内涵》，《山西教育》2004 年第 6 期，第 1 页。

视，动辄杀人或自杀，视生命如儿戏。2015 年 3 月 9 日杭州中国计量学院机电学院一名男生仅仅因为向心仪女孩表白失败就从 4 楼跳楼自杀。据《东南快报》载，台北市一名 18 岁高三刘姓男生因向同校女生爱情告白被拒而服毒自尽。这样的案例绝非个案，其中既有初中生、高中生，也有大学本科生，甚至硕士生和博士生。据北京心理危机研究与干预中心的调查分析，自杀已成为 15—34 岁人群的首位死因，其中有一大部分是在校学生。① 另据南京危机干预中心对部分高等学校的调查，青年大学生自杀率约为万分之二，比全国自杀率高出一倍。② 这种对于生命的极端漠视不仅表现在大学生群体中，更惊世骇俗的是这种极端现象还出现在一些小学生身上！2009 年 5 月 4 日重庆巫山巫峡小学六年级 4 位小学生集体服剧毒鼠药自杀未遂，只是因为"有人提议集体服药自杀，其他 3 人纷纷表示赞同"；2015 年 3 月 30 日杭州和睦小学四年级 11 岁女孩因没交作业被家长领回家后跳楼身亡；2015 年 4 月 7 日扬州花园小学一个 11 岁男孩因未完成作业在厨房上吊自杀身亡；2015 年 6 月 5 日绥宁县小学生万某跳楼自杀。对此，中国青少年研究中心副主任、研究员孙云晓在接受专访时曾谈到，孩子越小越容易发生童年恐慌，约 9% 的中小学生对生活感到绝望，产生过自杀的念头。而这种儿童的恐慌是由于成人社会的成功标签所制造的。为此，他在 2005 年下半年提出"童年恐慌"的概念。他解释，童年恐慌指的是儿童因面临巨大压力不能理解和承受，而产生的一种较强烈较持久的焦虑心态。这种恐慌不仅严重扭曲儿童的学习动机和人格发展，还会使童年过早消失，让孩子感觉"末日来临"。③

生命教育理念最早出现在 20 世纪六七十年代的西方社会。1968 年，美国学者杰·唐纳·华特士首次明确提出生命教育思想，并且在美国加州创建阿南达村阿南达学校，开始倡导和践行生命教育思想。到 1976 年美国有 1500 所中小学开设了生命教育课程，20 世纪 90 年代美国中小学的

① 杨卫东、孙传通：《生命教育——高校德育的当务之急》，《传承》2009 年第 7 期，第 52 页。

② 关于这个数据我们能查到的是载于郑晓江：《论生活与生命》，《江西师范大学学报》（哲学社会科学版）2001 年第 3 期，第 108 页。该数据被多次转载，较为混乱。

③ 《约 9% 中小学生对生活绝望　曾想过自杀》，2006 年 1 月 15 日，人民网（http：//edu. people. com. cn/GB/1055/4027911. html）。

生命教育基本普及。为了推广生命教育，美国甚至成立了各种专业协会，目的在于让生命教育产生应有的效果。1979 年澳大利亚成立"生命教育中心"（Life Educational Center，LEC），该中心现已发展成为一个国际性机构，致力于"药物滥用、暴力与艾滋病"的防治。在亚洲范围内，日本 1989 年所修改的新《教学大纲》中针对青少年自杀、污辱、杀人、破坏自然环境、浪费等现象日益严重的现实，提出"以尊重人的精神"和"对生命的敬畏"之观念来定位道德教育的目标。1996 年前后我国台湾地区校园一再发生暴力与自戕案件，引起台湾当局教育部门的高度重视并开始在学校开设生命教育课程。台湾教育部门从 2000 年开始将生命教育的理念正式纳入由小学至大学 16 年的学校教育体系中，后又强调以高中及初中学生为优先对象，并将生命教育逐年推广到小学及大学。2002 年 12 月香港特别行政区成立了生命教育中心，以社区和中小学为阵地开展生命教育，学校、传媒和非政府机构都成为生命教育的主要力量。

相比之下，中国内地在这方面的教育则显得十分滞后。20 世纪 90 年代中国内地也全面实施素质教育，其中隐含有生命教育的内容，但没有明确提出进行生命教育。2004 年党中央、国务院针对加强青少年思想道德建设、开展青少年生命教育就提出了明确要求，先后出台了 8 号文件和 16 号文件，作出了全面性战略部署，其中号召要把生命教育作为思想道德建设的重要载体，科学有效地实施生命教育活动，并将生命教育纳入全民素质教育内容。2010 年 7 月 29 日国家教育部正式公布实施的《国家中长期教育改革和发展规划纲要 （2010—2020 年）》，在战略主题中明确提出了要"学会生存生活"，要"重视安全教育、生命教育、国防教育、可持续发展教育。促进德育、智育、体育、美育有机融合，提高学生综合素质，使学生成为德智体美全面发展的社会主义建设者和接班人"。可见，进行生命教育已成为了国家教育发展的战略决策，这也是在国家教育改革文件中第一次载入了要"学会生存生活"，要进行"生命教育"的内容，具有深远的历史意义。2012 年 5 月，国家人力资源和社会保障部中国就业培训技术指导中心推出"生命教育导师"职业岗位培训认证，标志着"生命教育导师"作为一项新的职业由此诞生。《生命教育导师》培训课程把"爱即生命"（Love is life）作为生命教育的核心理念。其基本模式为"呵护（Care）、记录（Record）、感恩（Thanksgiving）、分享

（Share）"，简称"CRTS 模式"。该模式的基点在于把每个人都作为主体，围绕着"爱即生命"这一核心和天人物我四种关系而展开。即人人都要呵护、记录、感恩、分享爱和生命，人人都要呵护、记录、感恩、分享生命与天人物我之间的关系。可喜的是，国家对于学校生命教育已经有了一个科学、清晰的规划，但问题的关键仍然是政策与理念落到实处。不管是家庭，还是学校，抑或是社会，都应该充分重视生命教育的功能和价值，开展全方位的生命教育。唯有如此，才能让每一个个体从小就学会尊重生命，关爱他人，而在其步入社会之后，才能够勇敢坚强地面对压力与挫折、迎接挑战，做一个合格的社会人。

三 学校教育体系的越轨纠正功能

学校是社会个体成员社会化的最重要场所之一，它通过自身严谨、规范、科学的庞大教育系统为社会提供符合社会要求的社会人，因此，学校教育体系本身内在地具有了预防个体发生危害社会秩序的越轨行为的客观要求。对于学校教育体系在预防青少年违法犯罪中所能起到的作用，由于研究视角不同，立场不同，得出的结论也有所不同，概括起来主要有两个方面的观点：一是认为学校教育对于社会越轨行为具有高度预防功能。代表性的观点有，预防未成年人犯罪是个社会系统工程，需要学校、家庭、社会的共同努力，其中学校教育起到关键性的作用，是预防未成年人犯罪的重要社会机构。[1] 学校不仅具有教育的功能，而且具有犯罪预防的功能。学校在介入、提供帮助以及预防犯罪方面，有着得天独厚的条件，其作用和影响力不容忽视。[2] 学校的教育预防，是一种治本性的犯罪预防，学校现阶段无法忽视犯罪预防的职责。[3] 二是认为学校教育体系具有犯罪预防的功能，但效果不佳。在预防未成年人犯罪方面学校也未能尽到其应有的责任并发挥其特殊功能及其在预防青少年犯罪方面的巨大潜力。普遍

---

[1] 胡俊文：《学校与未成年人犯罪预防——以社会控制理论为视角》，《学术论坛》2009 年第 2 期，第 197 页。

[2] 贾友山：《试论学校犯罪预防模式》，《东岳论丛》2007 年第 4 期，第 158 页。

[3] 董士县：《学校犯罪预防教育透视》，《江苏警官学院学报》2006 年第 4 期，第 22 页。

感到现行的学校教育对预防未成年人犯罪显得软弱无力。① 对于学校在预防社会越轨行为方面的作用，学术界有一个基本共识：学校教育体系具有预防个体违法犯罪的基本功能，而且至为关键，责任重大。

学校教育体系在预防青年学生个体暴力犯罪方面除了起到对于家庭教育的"固本"作用以及个体预防犯罪的"培育"功能外，还具有对于学生个体的思想、观念、态度、行为的"扶正修剪"作用，即社会越轨"纠正"功能。

中国有句古话说得好："勿以善小而不为，勿以恶小而为之。"任何的暴力犯罪行为一般都是从轻微的社会越轨行为开始的。这种轻微越轨行为如果不及时有效地制止，加以纠正，长此以往，日积月累，这种轻微的对社会危害性不大的越轨行为可能会导致社会危害性更大的违法犯罪行为。不良行为是引发青年学生暴力越轨行为的重要原因之一。中国民间流传一个很广的"小时偷针，长大偷金"的故事。说的是，有户人家生了个独生儿子，娇里娇气的，宝贝得不得了。有一天，摇拨浪鼓的货郎担到他家屋后吆喝跑马卖线绣花针。看人家都拿东问西的，他也顺手拿了一根绣花针，趁卖货郎担的人不注意，拿回家给了他娘，他娘笑眯眯地夸这孩子有用。第二回，他把人家鸡窝里的鸡蛋拿回来。娘问："你的鸡蛋从哪来的？"他说："从对门人家里鸡窝里拿来的。"娘又问："你拿人家的鸡蛋人家没看见？"他说："对门家的都下地干活了，家里没有人，我把它放在胳肢窝里夹回来的。"他娘拍拍他头说，留着晚上给你打鸡蛋汤喝。第三回，他又把隔壁的老母鸡偷了一只，他娘给他炖了一锅老母鸡汤补养身子。这孩子慢慢长大了，拉人家马，偷人家牛，到处偷，就连大户人家的金子、银子，他也敢偷。终于有一天，衙门里知道了，把他抓起来关进牢房，判了死刑。临刑前，县令问他可有什么要办的，他说："我要吃娘的奶。"县令想，反正是要死的人了，想吃奶就吃奶吧，于是派人把他的娘喊来。他娘来了，县令说："他已是要死的人了，他要吃娘的奶。"他娘把奶头掏出来，他一口衔起，咬掉了奶头。他娘疼晕死了。县令问："你怎么咬你亲娘？"他说："我小时候偷人家的针，偷人家的鸡，每回娘

① 王晞：《学校教育与未成年人犯罪预防》，《福建公安高等专科学校学报》（社会公共安全研究）2000年第2期，第21页。

都不打我。要是她第一次就我一顿，我就不会做强盗，不做强盗就不会要了我的命，我要咬死她！"

当然这种错误纠正的功能在家庭教育中可能会因为父母长辈的溺爱而起不到监督纠正的作用，但这种纠错功能在学校教育中由于教师的严肃性以及权威性、公平性、公正性而作用显著。举个简单的例子，孩子在与伙伴玩耍时可能会有意或无意地拿其他小朋友的玩具，这时家长会不以为然，认为孩子小不懂事，然后不痛不痒地说几句，孩子也没拿这事当回事。可是进入学校之后，即使是在学前的幼儿园阶段，如果孩子出现拿别的小朋友的东西的事情，老师也会进行有针对性的批评教育，让他觉得拿别人的东西是不对的，是件不光彩的事情。进入小学之后如果个别学生出现了偷拿别的同学东西的事情发生，教师一般都会查清事情原委，对这种轻微的越轨行为进行严肃处理，使之认识到"偷盗"行为的可耻性与后果的严重性，从而使这种轻微的社会越轨行为得到及时纠正而不至于发展到更为严重的恩越轨行为的地步。为了保障未成年人身心健康，培养未成年人良好品行，有效地预防未成年人犯罪，国家以立法的形式于1999年11月1日起开始施行《中华人民共和国预防未成年人犯罪法》（2012年10月26日进行了修改），其中第一章总则第二条规定："预防未成年人犯罪，立足于教育和保护，从小抓起，对未成年人的不良行为及时进行预防和矫治。"并在第三章第十四条明确规定了未成年人的父母或者其他监护人和学校应当教育未成年人不得有下列九种不良行为，即旷课、夜不归宿；携带管制刀具；打架斗殴、辱骂他人；强行向他人索要财物；偷窃、故意毁坏财物；参与赌博或者变相赌博；观看、收听色情、淫秽的音像制品、读物等；进入法律、法规规定未成年人不适宜进入的营业性歌舞厅等场所；其他严重违背社会公德的不良行为。在现实生活中，如果青年学生的不良行为得不到及时有效的预防和矫治，终将导致他们滑向更为严重的违法犯罪行为的道路上去。被告人张某于2007年9月从远郊至北京某职业技术学院就读中专一年级。因家庭经济状况不佳，张某自认为比别人条件差，害怕被同学看不起。在入学至2008年4月住校就读期间，多次强行向同学李某某、马某某、孙某、张某等人索要财物，并以玩摔跤为名随意殴打同学。2008年4月13日22时许，张某在该校学生宿舍内，以给手机充值为由，强行向学生李某某索要人民币50元。李某某不同意，张某便强迫李某某与其掰手腕，并对李某某进行殴打，致李某某左手第四掌骨基底骨折，经法医鉴定为轻伤。被告人张某于当晚被抓获，其向被害人索要钱款已起获并退还。北京市石景山区人民法院经审理认为，被告人张某随意殴打他人并致人轻伤，多次强拿硬要他人财物，情节严重，其行为扰乱学校秩序，已构成寻衅滋事罪，依法应予惩处。① 既然张某将近一年的时间内多次通过暴力向同学索要财物，为什么学校一直没有察觉并有效制止和纠正？可见学校能否真正切实履行法律规定的责任，及时发现并矫治学生的不良行为，直接关系到学生的健康发展以及未来的命运。

简言之，学校教育体系作为青年学生社会化的主要场所，不仅要承担起对于家庭早期社会化成果的"固本"功能，更应该肩负起对于青年学生健康品格的"培育"职能，以及切实履行对于青年学生不良行为的及时发现与"矫治"的预防功能。

第二节　青年学生暴力犯罪的学校教育因素分析

通过以上分析我们可以发现，学校教育体系在整个青年学生暴力犯罪预防链条中起着非常关键的"固本"、"培育"以及"矫治"的作用。家庭为社会个体成员播下了"好的种子"，只是提供了个体健康成长的"土壤"，并不能保证每一颗"好的种子"都能长成社会的栋梁之材，它也可能会因为外面的风吹雨打干旱虫咬而长歪长残，这就需要种子发芽后学校教育体系的精心栽培与管理，浇水，施肥，修剪多余枝丫，以保证它成活并尽量长成"参天大树"。

关于学校教育体系与青少年违法犯罪的关联研究由来已久，成果丰硕。改革开放 30 多年，来对学校教育与青少年犯罪关系的研究的重点是中小学教育与青少年犯罪之间的关系，主要关注了教育模式、教育内容、教育方法、学校环境、学校管理、辍学等基本变量。对于这些变量与青少年犯罪之间的紧密关系，学术界的观点基本上是肯定态度，基本未见质疑

---

① 本案例摘自最高人民法院：《最高法发布发生在校园内的刑事犯罪典型案例》，2015 年 9 月 18 日，最高人民法院网（http：//www. court. gov. cn/zixun - xiangqing - 15573. html）。

的观点。这些研究的重点是分析学校教育存在的问题与弊端，但这些问题和弊端究竟与青少年犯罪之间存在何种联系、联系的紧密度、影响的差异性等，均流于对生活经验的概括，缺乏深入的考量和实证检验。[①]

以往的研究主要集中在以下几个方面：一是强调应试教育与青少年犯罪之间的关联，认为国家的应试教育片面追求高升学率而忽视了学生的全面素质教育，但这一点以经验概括为主，缺乏足够扎实严谨的实证检验。二是强调学校教育内容、课程设置与青少年犯罪的关联，普遍认为学校课程设置不合理，培育方向出现偏差，重智育发展轻德育培养，忽视性教育、青春期教育、法制教育、责任意识教育、生命教育、人生观价值观世界观教育、心理健康教育等人文教育。学校教育还存在教育方法失当问题，教育学生的方法简单粗暴程式化，乱贴标签，体罚学生，实行辱骂等语言软暴力惩罚手段等。这一部分基本也属于经验归纳总结之列。三是强调关注学校关系与青少年犯罪的联结。这一部分的研究重点是师生关系、同学关系以及家校关系与个体犯罪的关联。普遍认为部分教师素质低下、同学之间关系高度紧张、家庭与学校沟通不畅责任推诿等是造成个体违法犯罪的主要原因。这一部分的研究结论部分得到了实证验证。四是突出学校管理和校园环境与青少年犯罪的关联。基本的观点认为学校管理上存在重大缺陷、校风不良、学校周边环境差是导致青少年犯罪的重要诱因。这一部分的结论尚需进一步实证检验。

较之以往的研究，我们将研究的重点放在学校教育体系权威性以及学校对于青年学生的吸合力上。我们认为学校教育体系对于学生传统的高权威性正在被削弱，整个学校教育体系正面临着对于学生吸合力逐渐丧失的危机，这种高权威性的削弱以及对于学生吸合力丧失的风险将会导致整个学校教育体系对于青年学生进行道德社会化的难度进一步增大，出现青年学生个体道德素质的严重下滑，将会引发更大规模的暴力越轨行为。并且我们认为学校教育体系应该是一个完整的、顺畅的暴力犯罪系统预防控制链条，每一个时期的教育侧重点也会随年龄、智力发展以及年级的提升而有所不同、有所侧重，以保持青年学生健康品性教育的连续性以及完整性。

---

① 姚建龙主编：《中国青少年犯罪研究综述》，中国检察出版社 2009 年版，第 121 页。

一　教师及教育地位变迁

中国社会历来都有尊师重道崇尚教育的文化传统。当然所谓的"师道尊严"其实是"师严道尊"的误说。《礼记·学记》中有："凡学之道，严师为难。师严然后道尊，道尊然后民知敬学。是故君之所不臣于其臣者二，当其为尸，则弗臣也；当其为师，则弗臣也。大学之礼，虽诏于天子无北面，所以尊师也。"这是"师严道尊"的出处。东汉郑玄《礼记注》对上一内容注解为："严，尊敬也"，所谓"严师"即"尊师"。那么"凡学之道，严师为难。师严然后道尊，道尊然后民知敬学"的意思就是，为学之道，以尊敬师长为最难。师长得到尊敬后，他所传授的道才会得到尊重。道得到尊重，然后人们才会懂得敬重学业。很明显，《礼记·学记》倡导"师严而道尊"的根本目的就在于通过尊师重道进而推行社会教化以维护社会长久统治。

古人对于"严师"以及其背后所代表的整个教育体系十分尊崇。古人入私塾读书，要先行拜师礼。而行礼者不仅是学生，连学生的父母都要向老师行跪拜礼：父亲带领儿子，先向"大成至圣先师孔夫子之神位"行三跪九叩首的大礼，之后老师入座于夫子牌位前，接受父子二人三跪九叩首的最敬礼。如果是一个家族礼请老师教育子弟，就由家中最尊长者代表族人向老师行三跪九叩首的大礼。① 当然不可否认的是，在古代读书人接受教育是其安身立命、实现平生志向的最主要、最直接的路径，"万般皆下品，惟有读书高"，所以才会有"学而优则仕，仕而优则学"的说法，也就是俗话说的"学成文武艺，货与帝王家"，敬业好学之风被推到了极致，涌现出"头悬梁，锥刺股"、"凿壁偷光"、"囊萤映雪"、"苏廷吹火读书"、"董仲舒三年不窥园"等大量青年学子发愤读书的历史典故。在中国传统文化中，师道是非常重要的一伦，在天地君亲师五伦之中，师道与天地、国君（国家）、父母并列，位列第五，教师享有很高的社会地位。从此以后，在各地孔庙、文庙或书香人家将"天、地、君、亲、师"刻在牌位上，摆在中堂、正殿供奉起来，开蒙的童子，读书的秀才们在这

---

① 刘余莉：《中华传统文化中的尊师重道》，2015 年 9 月 7 日，理论网（http：//www. cn-theory. com/zydx/2015 - 09/ccps150907PFG0. html）。

祖师爷的牌位前烧香顶礼膜拜，唐玄宗还追封孔子为文宣王，把孔子捧上帝位，并赠孔门弟子数十人为公、侯、伯。这就体现了"他尊"的社会约束力。①天地自然无法比，国君不敢比，老师尊贵可与父母相比，于是有了清代诗人罗振玉口中的"弟子事师，敬同于父，习其道也，学其言语。一日为师，终身为父"（《鸣沙石室佚书·太公家教》）的训导。在古代，父母死后，子女按礼须持丧三年，若其子为朝廷官员则要去职"丁忧"守制。而老师死了学生也要守"心孝"三年。教师以及整个教育体系在古代备受推崇，尊师重道崇尚教育之风由此可见。尽管教师以及教育体系历经了秦朝近乎毁灭性的"焚书坑儒"以及明清两朝愈演愈烈的残酷"文字狱"，但就整个中国古代社会、近代社会而言，教师及其代表的教育体制在整个社会声望体系以及社会地位等级体系中还是享有较高社会声望和社会地位的。

新中国成立初期以及20世纪六七十年代的"文化大革命"十年浩劫，教师以及整个教育事业遭到最为沉重的打击，陷入发展最低谷，教师在社会的地位等级体系中位列第九，被人成为"臭老九"、"右派"，地位还不如街头卖艺的，在三教九流中属于最后一个，属于被批斗的对象，斯文扫地，师道尊严荡然无存。教师以及教育体系的传统高权威性被剥夺而变得一钱不值，很多老师被自己的学生残酷游街批斗，下放到农村等边远地区，甚至客死他乡。教育权威性的丧失，直接导致社会对于知识价值的贬低，"读书无用论"兴起，甚至出现了"白卷英雄"这样的咄咄怪事。

改革开放后，国家开始着手进行教育政策调整，整个社会对教育事业重新重视起来，教师的职业声望又变得崇高起来，被冠之以"人类灵魂的工程师"、"燃烧自己照亮别人的蜡烛"、"革命的老黄牛"、"太阳底下最光辉的事业"等等冠冕堂皇的称呼。

近几十年来，随着市场经济改革的不断深化，物质金钱主义盛行；招生扩大化，教育产业化、商品化，教学服务化；以及学生是教师的"衣食父母"、"是上帝"等庸俗错误理念的渗透与曲解；大学生就业压力逐年增大，失业人口增多；再加上少数教师的师德堕落，学术造假，抄袭成

---

① 孙学峰：《从古今对比看新时代下师道尊严的出路》，《商业文化》（下半月）2011年第7期，第97页。

风，有偿补课屡禁不止，幼稚园"虐童"事件频发，猥亵、性侵学生时有发生；学校领导贪污被抓，"桃色新闻"惊爆眼球；种种不良行为都让社会对教育界颇有诟病，对教师时有微词，教师走下神坛，"师道尊严"重新堕落，社会上甚至有人把教师称作"砖家"、"叫兽"，教师群体出现职业"污名化"、"妖魔化"迹象。"师道尊严"的堕落，失去"尊师重教"、"重道尚学"的社会氛围，容易产生"读书无用"的重复论调。"师道尊严"的堕落，教师失去了光辉形象和感召力，"师威"不复存在，对学生的教育管理难度加大，维护优良学风的规章制度形同虚设。"师道尊严"的堕落，师无德、道不尊，社会没有崇尚知识、尊重真理之风气，广大学生失去了崇尚学习、勇于探索真理的环境和动力，直接导致学风的堕落。[1] 这样的后果是，教育将失去其赖以生存的高权威性以及对于学生的高吸合力，最终将导致教育事业质量低下，社会创新能力不足，社会可持续发展失去直接动力，国家发展停滞，民族振兴失去未来。

二 教育体系高权威性失落

关于学校教育体系高权威性严重削弱以及学校教育对于学生高吸合力的逐渐丧失危机与学生暴力犯罪之间的关系研究一直是学生暴力犯罪研究的薄弱环节，中国学者这方面的研究文献非常少。有学者依据社会控制理论对大学生违法犯罪问题进行研究，认为大学生违法犯罪行为的产生与大学生对学校的依恋腱断裂或削弱有关。良好的大学教育不仅对不良的家庭教育起到矫正和弥补作用，而且在促进人的积极性形成和抵制社会不良因素的影响方面起着巨大作用，它会在大学生和学校之间建立起强烈而深厚的感情——依恋。但是高校环境中存在的负面因素却使大学生和学校的依恋腱断裂或削弱，致使其走向违法犯罪的道路。其中的负面因素包括教师队伍不理想（教学人员的低素质、教学管理人员的低素质）以及管理中的偏差、失误（学校的管理体制跟不上形势的发展、学校的管理力度不够）。[2]

---

[1] 邹团：《论师道尊严与当代高校学风建设》，《高等农业教育》2013 年第 6 期，第 72 页。

[2] 吴殿朝：《中国当代大学生违法犯罪原因研究：基于"社会腱"视角的分析》，中国社会科学出版社 2010 年版，第 103—109 页。

随着社会的发展，人类对于民主、平等、自由的不懈追求，教育的市场化，大众传媒负面报道的炒作，学校及其所代表的教育体系传统的高权威性被严重削弱，教师尊严扫地，学校教育权威失落的危机日益凸显。最近几年社会上辱骂、殴打或杀害教师的事件频仍，教师的人格尊严受到恣意践踏，斯文扫地，生命安全受到严重威胁。仅 2015 年就发生数起辱师、弑师案件，5 月 24 日，安徽怀远县包集中学一位梁姓老师上课时，被一名学生在后背贴上"我是乌龟，我怕谁"的字条，上面还画着乌龟图案；10 月 18 日，湖南省邵东县 3 名学生进入新廉小学抢劫并杀害该校 52 岁女教师李某；10 月 22 日，长沙市岳麓区某商务进修学院学生阳某用一把水果刀将学校一名负责后勤工作的老师捅伤致死，而事情的起因竟然是阳某和一群同学半夜外出上网被老师发现后发生争执。12 月 2 日，云南省盐津县一群社会闲散人员冲进兴隆中学殴打该校王姓老师，致伤。12 月 4 日，邵东县创新实验学校高三 97 班班主任滕某被学生龙某持水果刀杀害。

美籍德裔学者汉娜·阿伦特早在 20 世纪四五十年代就已经洞察到美国教育领域权威性的危机。在《教育的危机》一文中，阿伦特提出了她的关于现代教育权威性危机产生的两个哲学性的因素，中国学者马成慧将之归结为两种"断裂"，即传统与现代的断裂、个体与群体的断裂。教育的权威性的丧失一方面源于它的周遭世界对之所产生的负面影响；另一方面也是教育活动本身所固有的对某种确定性的追求没有得到贯彻所致。[①]中国学术界对此也有诸多相同或相似洞见。学者王晓云认为，学生群体的特殊性、家长群体的时代特点、社会舆论的误导、学校环境的难作为、市场经济的表征等因素导致了教师权威的消解与异化。[②]范云霞认为，传统教育结构在现代民主社会中不断瓦解，新的稳定的结构却并未形成，教育领域的权威在现代社会条件下面临危机。[③]杨玫认为，随着社会的日益民主化，随着教育科学的发展，教师的权威受到前所未有的挑战。[④]郑先俐

[①] 马成慧：《现代教育权威性危机的哲学解读——阿伦特〈教育的危机〉一文释义》，《教育探索》2014 年第 6 期，第 6—7 页。

[②] 王晓云：《教师权威的社会学分析》，《山西高等学校社会科学学报》2007 年第 12 期，第 27 页。

[③] 范云霞：《教育权威：危机与转向》，《教育导刊》2004 年第 10 期，第 3 页。

[④] 杨玫：《我国教师权威的历史变迁》，《教师之友》2005 年第 5 期，第 62—63 页。

认为，在科学技术飞速发展的今天，知识的普及、大众传媒的繁荣、民主社会进程的加快，使学校的这种教育权威受到了巨大的冲击，面临着严峻的挑战。[①] 王艳霞同样认为，在现代社会中，教师权威发生了变化，教师传统的制度性的正式权威已经受到削弱。[②] 较之古代及近代教育的高权威性而言，当下教师权威及其所代表的学校教育体系的权威性正面临极大挑战，被严重削弱已是不争的事实。这种学校教育体系权威性的丧失将直接导致学校教育体系对于生活在其中的学生吸合力的严重下滑，学校教育体系的合法性根基遭到质疑并被严重削蚀，越轨行为随之大量增多。

在问及"你认为你的任课老师整体状况如何"（表5—1）时，无论是专业学术水平还是人品上，在校青年大学生持正面评价的比例要高于持负面评价的比例。就学校教师的专业水平而言，有46.1%的在校大学生认为就读学校的教师"水平高"；认为"水平很高"的有14.5%；有超过六成的在校学生对在校教师的专业水平持积极评价。有32.9%的在校大学生认为授课教师"水平一般"；认为"水平差"和"水平很差"的比例分别为1.5%和0.8%，三者之和为35.2%，超过三成的在校青年大学生对自己的授课老师持消极评价。就学校教师的个人人品而言，35.9%的在校大学生认为自己的老师"人品很好"，认为"人品一般"、"人品不好"、"人品极差"的比例分别为10.4%、0.5%和0.7%，后三者之和为11.6%。三成六的在校青年大学生对自己的老师人品持正面评价，持负面评价的仅仅占一成多一点。这从一定意义上说明在校青年大学生对于自己的授课老师整体还是比较认可的。对于监狱在押青年学生访谈结果却呈现与在校青年学生相反的结论，28个监狱在押暴力犯罪青年学生中，20个对曾经就读学校的教师持较为负面的评价，认为学校老师"水平一般"、"水平很差"或"人品一般"，仅有5人认为学校老师"水平还行"或"人品很好"。有个刘姓在押学生（2014年因犯故意伤害罪被收押）还真诚地告诉访谈人员，有一次自己没钱吃饭了，自己的辅导员还借了自己200块钱。另有3人不置可否，说不出个所以然来。

---

① 郑先俐：《学校教育权威面临的挑战及对策》，《长春师范学院学报》2004年第3期，第131页。

② 王艳霞：《教师权威的社会学分析》，《现代中小学教育》2007年第8期，第63页。

表 5—1　　　　　　　　在校青年学生对老师整体评价统计表

项目		频次	有效百分比（%）
专业水平评价	水平很高	102	14.0
	水平高	336	46.1
	水平一般	240	32.9
	水平差	11	1.5
	水平很差	6	0.8
人品评价	人品很好	262	35.9
	人品一般	76	10.4
	人品不好	4	0.5
	人品极差	5	0.7
未评价	说不上来	26	3.6

　　在问及如何看待教师的角色（表 5—2）时，70.9% 在校青年大学生选择"知识的传授者"；选择"榜样"的有 19.9%；选择"朋友知己"的有 28.9%；选择"人生领航者"的有 27.2%；选择教师是"家长代理人"的有 12.9%；选择教师是"学生的管理者"的有 31.7%；选择教师是"学生的压制者"的有 8.2%。由此我们可以看出，在校青年大学生多少还是将教师角色定义为传统的教师职能角色。唐朝文学家、思想家、哲学家韩愈在他著名的论说文《师说》中将教师的职能定义为"师者，所以传道授业解惑也"，即教师的基本职能是"传道"、"授业"与"解惑"。有超过七成的在校大学生将教师定位于"知识的传授者"（"授业"）；两成的在校青年大学生将教师定位于"人生领航者"（"传道"与"解惑"），也就是说超过九成的在校青年大学生还是将教师拘囿在传统的角色上。这种现象在监狱在押青年学生中也得到了证实，大部分访谈对象都认为老师的职责就是"上好课"，但普通高校大学生与职校生还是存在认知差异，职校生更多的认为学校老师的角色就是"上课传授知识"，高校大学生则更多的认为学校老师除了是"老师"，私下里还是"朋友"。这与 2010 年苏海峰、任国盛通过对 191 名在校大学生心目中的高校教师形象问卷调查以及姚本先、汪祚军 2009 年以全国 7 所高校 620 名学生为

被试对高校最受欢迎教师形象进行的问卷调查结论是一致的。① 体现现代平等、自由新型师生关系的"朋友知己"型所占比重并不大,不到三成。选择体现教师对学生吸引力的"榜样"型的接近两成。选择能够体现教师对学生吸合力的"榜样" + "人生领航者" + "朋友知己"所占比重为 76%,这在一定程度上说明教师对于在校青年大学生而言还是有较高的吸合力的。但不可否认的是,对教师作出较为负面情绪评价的也不在少数,"家长代理人" + "学生的管理者" + "学生的压制者"所占比重超过五成(52.8%)。这反映了高校教师在青年学生心目中颇为矛盾与尴尬的角色处境:一方面,青年学生还在沿袭传统,将教师看作传统的"传道授业解惑"者,教师对自己有较高的吸合力,具有较高的职业期望;但另一方面,青年学生对于教师的不满、对抗情绪也在增长。苏海峰、任国盛的教师形象问卷调查也发现了这一点,大学生对现实教师形象的负性描述较多,前 20 个词中有 10 个(50%),可见当前高校教师在大学生心中声望不高。②

　　这与近几年教师职业道德下滑,专业能力下降,教育界违法乱纪犯罪频发,以及大学毕业生人数居高不下而找工作"压力山大",就业状况不佳有一定的关系。近几年高校公职人员社会越轨事件频发,如原厦门大学历史系教授、博士生导师吴春明诱奸、性骚扰女学生;"厦大教授艳照门"事件;厦门大学医学院教授傅瑾哥伦比亚大学博士文凭造假;北京化工大学教授陆骏学历造假;2012 年中国政法大学副教授吴丹红与川籍女记者"约架";重庆师范大学政治学院教授张世友论文"从讲师一路抄袭到教授";洛阳某高校"教授抄袭本科生论文"等等大量负面新闻报道。再加上媒体上频频曝光的校园性侵事件,以及屡屡发生的幼儿园教师虐待儿童惨剧使得包括在校学生在内的整个社会对于教育界产生了质疑、失望、愤懑的负面情绪,损害了中国教育的良好社会声望,从而降低了教师乃至整个教育界的权威性以及对于学生的高吸合力。

---

　　① 苏海峰、任国盛:《大学生心目中高校教师形象的调查分析》,《法治与社会》2010 年第 3 期,第 224 页;姚本先、汪祚军:《新时期高校教师形象探析——大学生心目中最受欢迎的教师调查》,《高校教育管理》2009 年第 3 期,第 54 页。

　　② 苏海峰、任国盛:《大学生心目中高校教师形象的调查分析》,《法治与社会》2010 年第 3 期,第 225 页。

表 5—2　　　　　　在校青年学生对学校教师角色定位统计表

项目	频次	有效百分比（%）
知识的传授者	517	70.9
人生的领航者	198	27.2
人生榜样	145	19.9
朋友知己	211	28.9
家长的代理人	94	12.9
学生的管理者	231	31.7
学生的压制者	60	8.2
其他角色	41	5.6
合计		100.0

三　学校教育对于学生的吸合力下降

在问及"你喜欢你就读的学校吗"（图 5—1）这个问题时，在校青年大学生回答"喜欢"的比例为 43.2%，也就是说有超过四成的青年大学生认为高校对其有吸引力，但选择"不喜欢"的比例也高达 23.5%，超过两成。还有超过三成（33.3%）的青年大学生选择了"不清楚"。这说明高校对于在校青年大学生的吸合力在降低。

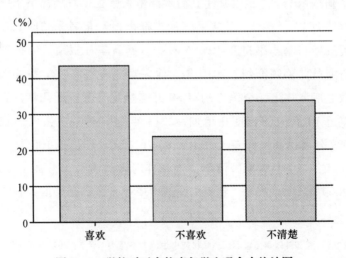

图 5—1　学校对于在校青年学生吸合力统计图

在问及"你觉得学校生活如何"（图 5—2）时，有超过一半的（57.2%）在校青年大学生认为学校生活还是挺有吸引力的，其中选择学校生活

"很有劲"的有10.3%，有46.9%的同学认为"比较有劲"；但也有超过三成的（30.7%）在校青年大学生对此持负面看法，其中认为学校生活"没劲"的有26.3%，认为学校生活令人"讨厌"的有2.1%，感到令人"厌恶"的有2.3%。有12.1%的学生选择了"说不清楚"。以上数据表明，尽管超过一半的青年大学生认为学校教育对其有吸引力，但也有三成的在校青年大学生认为目前的学校教育对其失去了吸合力，甚至出现了"讨厌"、"厌恶"学校的极负面情绪。但这种负面评价在职业院校与综合性院校两者之间存在一定的差异性，如表5—3所示，就对学校生活持积极评价的学生比例而言，综合性院校的学生比重远高于职业院校学生，分别为68.2%和43.3%；而在校青年大学生对学校生活持消极评价的学生比重，职业院校的比重远高于综合性院校，分别为42.0%和21.7%，这在某种程度上说明职业院校的青年学生较之综合性院校的青年学生对于学校生活失望情绪更为强烈，学校对其吸合力较之综合院校显得更小。这种对于学校教育的失望情绪也表现在初中、高中学生身上，最近几年，初中学生大量流失，高中"弃考"学生也在增加，这种现象在农村、西部等不发达地区尤其严重。据媒体报道，西部贫困学生出现辍学潮，农村初中生流失率高达40%。① 最近几年，高考弃考人数也一直居高不下。教育部发言人续梅2013年6月5日接受《南方都市报》记者采访时表示，高考弃考率近五年来基本维持在10%左右。另据新华社报道，中央教育科学研究院研究员储朝晖介绍，2010年，他在对比各地高三学籍人数与高考报名人数之后测算出，全国大约有80万名学生弃考。近几年，弃考人数以每年接近10万人的速度在增加，2013年全国弃考学生大约在100万人。② 2009年我国高考弃考人数达到84万；2010年接近100万；2014年超过100万。其中，因出国留学而选择弃考者约占总人数的1/4。③ 据统计，自2009年至2012年，我国应届高中毕业生放弃高考的人数累计已经

---

① 蓝方：《西部贫困学生辍学潮　农村初中生流失率高达40%》，2012年6月25日，腾讯网（http://finance.qq.com/a/20120625/002907.htm）。

② 孙颖、葛倩：《深圳高考首日1173人弃考　今年全国弃考学生约100万》，《南方都市报》2013年6月8日，第A15版。

③ 朱士娟：《全国弃考人数每年增加近10万　原因：职校、留学、就业》，《济南日报》2015年6月9日，第04版。

超过 300 万，接近 4 年报考总人数的一成。① 这些初中生流失、高中生弃
考的原因很多，很大一部分选择出国留学；一部分是因为学费贵；一部分
是中途离开去读职校；一部分是学习成绩差没有学习兴趣；还有一个重要
原因是受"读书无用论"的消极影响以及"毕业即失业"就业难的现实考
量。2013 年 6 月新华网人才频道推出的网络调查《如何看待高考"弃考"
现象》投票结果显示，对于高考弃考最重要的原因，56.8% 的受调查者选
择了"就业难，读了大学也没用"；28.7% 的人选择了"经济条件差，花钱
多"；不足 10% 的人分别选择了出路多元化和不好考。②

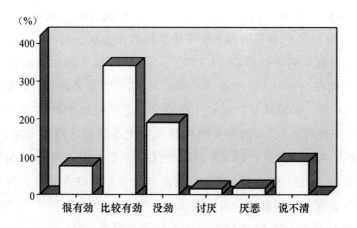

图 5—2　学校生活对于在校青年学生吸合力统计图

表 5—3　　　　职业院校与综合院校学校生活吸合力比较表

项目	职业院校		综合院校	
	频次	有效百分比（%）	频次	有效百分比（%）
很有劲	30	9.5	45	11.0
比较有劲	107	33.8	234	57.2
没劲	109	34.4	81	19.8
讨厌	10	3.2	5	1.2

① 《数据显示：历年全国高考人数连续 4 年下降　弃考人数超 300 万》，《人民日报》2012
年 9 月 17 日。
② 《新华人才调查：近 6 成人认为高考"弃考"　最重要原因是就业难》，2013 年 6 月 18
日，新华网（http://news.xinhuanet.com/hr/2013 - 06/18/c_ 124867709.htm）。

续表

项目	职业院校		综合院校	
	频次	有效百分比（％）	频次	有效百分比（％）
厌恶	14	4.4	3	0.7
说不清	47	14.8	41	10.0
合计	317	100	409	100.0

在关于师生关系满意度调查上（见图5—3），对目前师生关系持正面积极评价的在校青年大学生近七成五（74.49％），其中认为"很满意"的有14.54％；认为"满意"的有59.95％。但也有近一成六的在校青年大学生（15.91％）对目前师生关系持负面消极态度，其中对目前师生关系持"不满意"的占总数的14.95％；"很不满意"的也有接近1.0％。有9.05％的在校青年大学生说"不知道"。这与学者姜耀辉、张蕾的调查结论基本一致。姜耀辉对河南省4座城市7所高校的1600名本科生进行了问卷调查发现，3.2％的学生对高校师生关系的现状持很不满意态度；13.5％的学生较不满意；23.8％的学生觉得一般；50.9％的学生比较满意；8.6％的学生十分满意。即比较满意和十分满意占59.5％；觉得一般占23.8％；表示不满意和非常不满意的学生合计占16.7％。[1] 张蕾通过对广州市内21所本科高校在校大学生进行问卷调查发现，有5.2％的学生对目前的师生关系表示非常满意；47.0％的学生感到比较满意；39.3％的学生认为一般，表示不满意和非常不满意的合计占8.5％。[2] 我们通过研究发现，对于师生关系职业院校学生与综合性院校学生并不存在明显差异（见表5—4），综合院校青年大学生的师生正面满意度略高于职业院校青年大学生（76.9％，72.2％），同理，职业院校青年大学生对于师生关系持负面评价的比重比综合院校青年大学生高2.3个百分点（17.3％，15.0％），综合院校在校青年大学生对于师生关系没有"很不满意"的状况，有2.2％的职业院校在校青年大学生对于目前的师生关系"很不满

---

[1]　姜耀辉：《"双核心—五因素"模式高校师生关系探析：基于河南省高校师生关系满意度的调查》，《当代教育理论与实践》2013年第5期，第31页。

[2]　张蕾：《冲突抑或和谐？高校师生关系满意度研究》，《当代青年研究》第6期，第27页。

意", 态度极为不满。

　　尽管有一成六的在校青年大学生对目前师生关系持消极看法, 但绝大部分在校青年大学生对目前的师生关系还是持肯定正面的态度, 这一点与有些学者的调查结论有出入。付慧娥、邓新洲、郭昕通过对武汉市某高校350 名大学生进行的问卷调查结果显示, 大学生对师生关系的满意程度一般。[①] 据李泽民对广州地区 7 所高校师生关系的抽样调查结果, 对师生关系表示满意的占 5.83%; 表示基本满意的占 61.81%; 而表示不满意或很不满意的高达 32.36%。[②] 不管对目前师生关系持负面态度的大学生比例如何, 这部分学生的存在总是学校管理的一个潜在隐患。

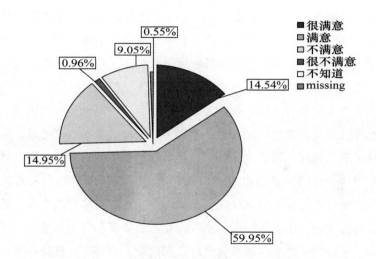

图 5—3　在校青年学生关于师生关系满意图

表 5—4　　　　　　　职业院校与综合院校学校师生关系比较表

项目	职业院校		综合性院校	
	频次	百分比 (%)	频次	百分比 (%)
很满意	39	12.3	67	16.4

---

　　① 付慧娥、邓新洲、郭昕:《高校师生关系现状调查分析》,《中国健康心理学杂志》2011年第 4 期, 第 451 页。

　　② 李泽民:《高校师生关系现状与发展研究:基于广州地区 7 所高校的调查》,《教育导刊》2010 年第 7 期, 第 28 页。

续表

项目	职业院校		综合性院校	
	频次	百分比（%）	频次	百分比（%）
满意	190	59.9	247	60.5
不满意	48	15.1	61	15.0
很不满意	7	2.2	0	0
不知道	33	10.4	33	8.1
合计	317	100	408	100.0

四　学校教育期望与就业现实落差大

美国心理学家 R. 哈维格斯特曾说过，随着社会的不断进步，教育将成为个体向上流动的主要途径，缺乏教育、教育失败将成为个体向下流动的基本原因。他的这个观点在某种程度上反映了工业化时代教育对个体社会地位变迁产生的决定性作用。在知识高度发达的现代社会，教育已逐渐成为决定个体发展程度的主要因素，受教育程度的高低也成为衡量一个人社会地位的重要标准之一。在某种程度上，个体接受的教育越多，教育程度越深，学历越高，其自我完善、自我实现的概率就越大，在整个社会阶层体系中向上流动的机遇也越多。总而言之，教育决定着个人的社会地位。无论是传统社会还是现代社会，社会上均存在诸多待遇丰厚、社会职业声望高的职业，而这些职业的获取往往需要很高的资历与能力，特别是一些高技术型职业需要从事者接受较长期的职业培训，这就离不开较高层次的教育历练。由于这些职业的社会地位与职业报酬高，越来越多的人开始认识到，只有通过提高个人的教育程度与知识技能水平，才能提高个人社会地位升迁的最大机会。有学者通过实证方式，通过估计教育对个人收入增长的直接效应，揭示了教育对收入增长的影响作用在很大程度上是通过就业途径的选择来实现的。[1] 有关研究显示，受教育程度是人们获得初次就业职业地位的最主要影响因素。[2]

关于教育与个体社会流动的关系问题，国内外学术界并没有形成共

---

① 李实、丁赛：《中国城镇教育收益率的长期变动趋势》，《中国社会科学》2003 年第 6 期，第 58 页。

② 陆学艺主编：《当代中国社会流动》，社会科学文献出版社 2004 年版，第 187 页。

识。综观中外相关文献，中外学术界主要有两派主张：教育促进社会流动的观点和教育阻碍社会流动的观点。国内学者关于教育与社会流动关系的研究结论主要分为三大观点：促进论、阻碍论、条件论。但当下一股"教育体系的社会流动功能弱化"的学术认知逐渐成为学术潮流。[①]

当今的世界已经进入了知识经济时代，知识经济时代尤其强调知识的生产力价值，而现有的学校教育教授的很多知识与理论本身缺乏现实应用价值，许多课程的开设与社会现实需求严重脱节，学生毕业走上社会后需花费很大精力重新社会化，即使是社会需要的专业，其课程内容本身仍存在着类似知识老化、结构不太合理的现象，而且教师使用的教材有时过于陈旧。有些教师本身缺乏社会实践经验，讲课单调乏味，致使学生学习积极性不高，获益不多。凡此种种因素削弱了教育对个体发展应有的影响力，无形中降低了学生对于学校教育体系的预期与吸合力。

一方面是学校教育越来越与丰富的社会实践相脱节，学校教育就像一个志趣高洁的雅士一个人在象牙塔里独自吟哦，而和者寥寥无几；另一面则是残酷的就业现实，千里挑一、万里挑一绝不是夸张。就拿国家公务员考试来说，2013年的"国考"，国家统计局重庆调查总队国家统计局合川调查队业务科室科员一职以9411∶1的创纪录的竞争比例成为7年来（2009—2015年）"国考"最热职位。[②]当然，这可能只是一个极端案例，但从中我们可以窥见大学毕业生就业难的残酷现实，"毕业即失业"虽是自讽之言，也在某种程度上说明了大学生就业现实的无奈！1999年开始的高校大幅扩招，2008年爆发的全球经济危机，经济的艰难转型，造成高校毕业生供给量逐年大幅增长，但是劳动力市场对大学毕业生的需求增长比较缓慢，导致大学毕业生供求关系日益从"供不应求"向"供过于求"转变，直接体现为大学毕业生的就业率逐年下降。数据显示，

---

① 黄梦颖、明庆华：《基础教育社会流动功能弱化现象研究》，《河北师范大学学报》（教育科学版）2014年第5期，第41页；余秀兰：《教育还能促进底层的升迁性社会流动吗》，《高等教育研究》2014年第7期，第9页；吴克明、卢同庆、曾新：《高等教育社会流动功能弱化现象研究》，《教育发展研究》2013年第9期，第42页。

② 《2013年国家公考：最热职位竞争比9411∶1》，2012年10月25日，人民网（http：//edu. people. com. cn/gongwuyuan/n/2012/1025/c88733 - 19382948. html）。其余年份依次为：2009年为4723∶1；2010年为4224∶1；2011年为4961∶1；2012年为4124∶1；2014年为6980∶1；2015年为2614. 5∶1。

1996—2010 年间，我国大学毕业生人数从 83.9 万增加到 630 万，就业率从 93.7% 下降到 72.2%，未就业人数却从 5.3 万增加到 175.1 万。[①] 高校教育预期的失望与与日俱增的就业压力之间的困境，无形中降低了教育体系的社会声望、权威性以及学校教育体系对于学生的吸合力。

在问及"你觉得现在的大学教育对你将来就业有何作用"时（见表 5—5），有超近七成的在校青年大学生对于目前所受的大学教育预期持积极态度，其中有 13.7% 的青年学生认为"帮助很大"；53.6% 的学生认为"帮助较大"，但值得警惕的是超过两成五的在校青年大学生对此持消极看法，其中认为目前大学教育对自己将来就业"帮助不大"的23.9%；认为"没有任何帮助"的学生也有 1.5%。这种消极失望情绪很容易造成学生对于学校教育的疏离感和失望情绪，从而使学校失去对于在校青年学生应有的管控力，青年学生越轨行为的发生也就不可避免了。这种对于学校教育的失望情绪在监狱在押青年学生中表现尤为明显，特别是一些职业院校的学生，对于学校的专业学习持积极肯定态度的寥寥无几，大多认为学校的专业学习对未来就业"没多大作用"，上职校就是"为了给父母一个交代，不来不行"，就是"为了拿一个文凭"，"学不到什么东西"。甚至有个刁姓学生（2014 年因故意伤害罪被收押）告诉访谈人员有一个学期他们班上一下子走了三个人，"成天不上课"，"就是去上课了也是在睡大觉玩手机"，"一学期好几门不及格，补考也没过"，"学校找了几次家长也不管用"，"最后实在待不下去了就退学回家了"。

表 5—5　　　　　　　　　　大学教育对于就业的效力统计表

项目	频次	有效百分比（%）
帮助很大	100	13.7
帮助较大	391	53.6
帮助不大	174	23.9
没任何帮助	11	1.5
不清楚	53	7.3
合计	729	100.0

---

① 吴克明、卢同庆、曾新：《高等教育社会流动功能弱化现象研究》，《教育发展研究》2013 年第 9 期，第 45 页。

通过以上对于在校青年学生以及监狱在押青年学生的综合分析，我们可以获得一个基本的规律性认知：学校对于青年学生的传统高权威性正逐渐被削弱，学校教育正面临着对青年学生吸合力丧失的严重危机。研究假设 D1 得到部分证实。

简言之，由于招生政策的调整，精英教育向大众教育的转变，市场经济功利性、商业化对学校教育体系的侵蚀，学校社会流动功能的弱化，以及逐年增大的就业压力等一系列问题的存在导致学校教育体系传统社会的高权威性逐渐被削蚀，学校教育体系对于青年学生的吸合力被严重削弱，学校对于青年学生的管控力严重下降，青年学生的越轨行为必然会大幅增长，这是全社会应该高度重视的关键所在。

第三节　青年学生暴力犯罪的学校预防

学校教育预防是青年学生暴力犯罪预防控制链条上第二个重要链节，也是整个预防链条上的核心环节，如果在这个长达二十多年的教育体系（我们将幼儿园的学前教育也放在这个教育链条中以保持整个教育链条的连续性与完整性）中，我们的学校未能培养出合格的社会成员个体，那么一旦个体发生暴力越轨行为，社会将付出巨大的预防与矫治成本。

一　重塑学校体系的神圣性、高权威性与高吸合力

进入现代社会，学校教育体系失去了传统社会所拥有的神圣性、高权威性以及对于学生所具有的高度吸合力。学生不再视学校为神圣之所在，而仅仅是功利性地将其当作未来的谋生之手段，失去了古代知识分子将教育作为实现其"修齐治平"人生抱负之凭借的终极价值，学校教育走下神坛，被技术主宰的现代性所祛魅，不被现代学生所崇拜、所尊重，有些人甚至视学校教育为儿戏，尤其是经过高考之后的大学教育，有些大学生彻底丧失了学习的动力，整天无所事事，虚度光阴，人生观、价值观出现偏差，越轨行为的发生也就不足为奇了。

再者，几乎是在学校失去其神圣性与高权威性的同时，学校及其背后的教育体系对于学生的高度吸合力也被严重削弱，学校体系正面临着对于学生吸引力丧失的重大现实危机。学校的大规模扩招，招生质量的下降，

学校市场化的运营，教育体系根本的异化，教师师德师职的沦丧，对于就业前景的悲观，都使青年学生对于生活其中的学校教育失去兴趣，甚至产生失望抵触情绪。鉴于此，学校对于学生的吸合力、管控力就可想而知了。

通过研究我们发现在校青年学生对于学校喜欢程度与学校生活对其吸引力程度、师生关系的状况以及思想品德课程的实际价值具有显著影响力（见表5—6），Pearson 卡方值分别为 282.168、109.060、144.839，P 值分别为 0、0、0。在校青年学生对于学校喜欢程度与学校生活对其吸引力程度存在显著影响：喜欢所在学校的青年大学生倾向于对学校生活持有积极、正面评价，认为学校生活"很有劲"或"比较有劲"，那些回答"不喜欢所在学校"的在校青年大学生基本上对学校生活持有一种消极、负面的情绪评价，认为学校生活"没劲"、"讨厌"，甚至"厌恶"。在校青年学生对于学校喜欢程度与师生关系的状况也存在显著影响：喜欢就读学校的在校青年大学生对师生关系基本持一种肯定的态度，大多对目前的师生关系"很满意"或"满意"；相反，不喜欢就读学校的在校青年大学生则对师生关系持一种否定或消极评价，相当大比例的在校青年大学生对目前的师生关系"不满意"。另外，对学校的喜爱程度还会影响到学校思想品德课程的效果，对学校生活持正面、肯定评价的青年学生，大多也认为在学校所学的思想品德课程"非常有用"或"有用"；相反，那些对学校生活持消极评价的青年学生，大多也认为在学校所学的思想品德课程"没有用处"。由此，我们可以发现青年学生对于就读学校的喜爱程度会影响学校生活对于青年学生的吸引力，还会影响到师生关系的和谐程度，进而影响到学校对于青年学生的吸合力。

表5—6　　　　　　　对学校喜爱程度与相关因子交互分类统计表

项目1	项目2	卡方值（χ^2）	渐进显著性（双侧）P 值
对学校喜爱程度	学校生活吸引力	282.168	0***
	师生关系	109.060	0***
	思想品德课的价值	144.839	0***

注：*** p < 0.001

通过对于在押暴力越轨青年学生的访谈，我们发现了与在校大学生相反的倾向：在一些财产型、性犯罪型青年学生暴力犯罪案例中，犯罪行为人对于学校教育具有明显的疏离感和离心倾向，这些学生对于学校生活毫无兴趣，学习成绩大多不怎么样，对授课老师以及其班主任（辅导员）的态度也不以为然，我们感觉有或多或少的"轻蔑"的意味。但在一些激情犯罪的青年学生中这种对于学校的疏离感和离心倾向却不明显。潍坊技师学院故意杀人犯罪嫌疑人都某某就是一个与学校"疏离"与"离心"倾向明显的典型案例：

"你觉得潍坊技师学院怎么样？能学着东西吗？"

"那个破学校，几个烂老师，有什么好学的！"可能觉得自己话说重了，"也有几个老师也还不错，嘿嘿！"

"上课不学习你们都干些什么？"

"大家都不学，上课光玩，没几个学的，老师也管不了，说了也听不进去！"

"连老师的话都不听，那你们听谁的？"

"谁也不听，连爹娘都管不了，"都某某停顿了一下，"还是应该听老师、父母的话的，要是早听老师、父母的话也不会弄到今天这个地步！唉！"

从与都某某的典型访谈中，我们明显地体察出都某某对于学校教育明显的排斥感，对学习不感兴趣，在课堂上整天除了睡觉就是玩手机，对于考试也不存在畏惧心理，几科不及格都无所谓。对老师也存在轻蔑之心，不拿老师的教导当回事，对于老师苦口婆心的教导全当"耳旁风"，学校生活与学校教育对他来说就是"浪费时间"、"浪费生命"，这种对于学校教育与学校生活"疏离"与"离心"倾向，最终导致学校德育工作的彻底失败，这也从一个侧面反映出学校权威性削弱以及学校对于学生吸合力丧失后德育工作难度陡然增大的残酷现实。这一点在高校青年学生思品课的价值调查数据中也有所体现。

那么社会应该拿什么来拯救日趋没落的学校教育？

1. 重塑社会尊师重教优秀传统

捷克伟大的民主主义教育家、被誉为西方近代教育理论的奠基者的扬·阿姆斯·夸美纽斯曾盛赞教师职业，把它称为"太阳底下最光辉的职业"。中国战国时期的思想家、教育家荀子也说过,"国将兴,必将贵师重傅"(《荀子·大略》)。荀子的这句话已经将国家命运前途和尊师重教紧密联系在一起。是否尊重教师,将成为一个国家盛衰的晴雨表。

然而,时至今日,教师地位乃至整个教育事业正处于一个奇怪的"悖论"之中,一方面,社会上仍旧牢固存在着教育改变命运的基本共识,将接受高层次教育当作个体向上流动的基本路径,将教育当作提高社会地位,提升生活质量,改变人生命运的"跳板",全社会对教育予以众望,对教育投资趋之若鹜,学生家长唯老师马首是瞻。另一方面,教师的职业满意度、师范专业的报考情况与教育产业的火热又存在着强烈的反差;基层教师待遇问题还没有得到很好的解决;教育投入、师资质量严重不均,教育产业过度追求商业化,以及关于教师的负面新闻屡见报端等等,这些都给教师地位、教师社会声望罩上了一层阴影,这些现象都严重削弱了教师乃至教育的地位与崇高声望,甚至出现戏谑、"妖魔化"教育的危险社会倾向。"国将衰,必贱师而轻傅;贱师而轻傅则人有快,人有快则法度废。"重塑社会尊师重教的优秀传统意义重大,责任重大。

2. 提高教师职业素质道德水准

苏联著名教育实践家和教育理论家瓦西里·亚力山德罗维奇·苏霍姆林斯基(1918—1970)说过,"教师的人格是进行教育的基石"。19世纪俄国教育家、被称为"俄罗斯教育心理学的奠基人"的康斯坦丁·德米特里耶维奇·乌申斯基(1824—1871)也说过,"教师的人格,就是教育工作的一切"。一个国家的经济发展与社会进步,越来越有赖于劳动者素质和人才培养,而劳动者素质的提高与合格人才的培养,关键取决于有没有一支高水平的教师队伍。这里的"高水平的教师队伍"不仅仅是指教师的学历高,还包括了教师应该具备的道德水平高,专业教学素质高,以及由此带来的高度权威性、对学生的强烈吸合力。对于教育界那些职业道德败坏、亵渎教师形象的"害群之马",国家应该加大惩治力度,以儆效尤,使整个教师群体对于有违师德师职的越轨行为产生畏惧心理,"不愿"也"不敢"为之。

3. 提高学校教育的社会适应力

青年学生之所以对学校教育失去兴趣,失去信心,一个根本的原因就是学校教育与社会就业两者之间的严重脱节,教非所需,学非所用。有些课程的设置不合理，尤其是大学教育，文理分科，文不学理，理不学文，有些高校甚至取消了通识课，有些毕业生甚至连一份像模像样的毕业求职书都写得一塌糊涂。也存在有些课程过于陈旧，跟不上信息时代的要求，还没学就已经落伍了，这样的课程学了也没有任何用处。据《中国青年报》一项上万人参与的调查显示，34%的人后悔读大学；51%认为大学没学到有用的东西。① 尽管所列数据有些骇人听闻，但也从另一个侧面反映出学校教育的社会适应力偏弱的残酷现实。因此，未来教育的一个基本任务就是重新设置教学课程，增强课程的针对性与实效性，提高毕业生的社会适应力。只有这样才能重新建立起青年学生对于学校教育的积极性，重拾他们对于整个学校教育的信心。

二　提高学校思想品德课的实际价值

思想品德是学校教育为从小学生至大学生的思想品德健康发展奠定基础的一门综合性的必修课程。这门课程在小学阶段被称为"品德与生活""品德与社会"；在初中阶段被称为"思想品德"；在高中阶段被称为"思想政治"；在大学阶段则被称为"思想道德修养与法律基础"，这些课程也就是我们平时所说的"德育"课。就社会学的视角而言，思想品德教育的实质是国家的道德社会化过程，国家将执政阶级的思想道德转化为社会成员个体的思想道德。学生良好思想品德的培养是学校德育的重要目标，学校德育是各阶段学生形成良好思想品德的重要途径，而良好的思想品德则是预防青年学生暴力犯罪最为关键的环节。

1981年8月国家公布并实施《小学生守则》及《中学生守则》十条，并于十年后的1991年8月依据《小学生守则》、《中学生守则》制定、颁布、实施了《小学生日常行为规范》60条及《中学生日常行为规范》40条，对《小学生守则》、《中学生守则》进行进一步明确和细化。2004年根据《中共中央、国务院关于进一步加强和改进未成年人思想道德建设的若干意见》、《公民道德建设实施纲要》的要求，教育部将原来的《小学生守则》和《中学生守则》合并为《中小学生守则》。新守则

---

① 《据〈中国青年报〉一项上万人参与的调查显示，34%的人后悔读大学51%认为大学没学到有用的东西》，《新快报》2012年6月26日，A07版。

共 10 条,对学生思想品德形成和行为习惯养成提出了基本要求。为了适应新时代的发展要求,结合中小学生实际情况,教育部在 2012 年启动了《守则》、《规范》修订工作,并于 2015 年公布新修订的《中小学生守则》(以下简称《守则》),新修订的《守则》共 9 条,282 字,涵盖学生德智体美劳全面发展的基本要求,保留了 2004 年《守则》中仍具时代价值、体现中华传统美德、应长期坚持的内容,如热爱祖国、热爱人民、热爱中国共产党、诚实守信、珍爱生命等。但新修订《守则》也补充了一些更具操作性、学生可以做到的具体行为规范内容,如主动分担家务、自觉礼让排队、不比吃喝穿戴等,并增加了新时期学生成长发展中学校、社会和家庭高度关注的内容,如养成阅读习惯、文明绿色上网、低碳环保生活等等规范。

通过对 1981 年、2004 年以及 2015 年《守则》内容,我们可以发现2004 年以来国家在中小学生道德修养方面增加、强调了中小学生的法律意识、生命安全意识、人际共处意识以及自律意识的培育。《小学生守则》与《中学生守则》合二为一,体现了国家在中小学生行为道德培养上的一致性与连贯性,但合二为一的中小学生道德培养也未能体现出小学生与初中生以及高中生的道德培育侧重点,毕竟小学生、初中生与高中生在身体、心理方面存在较大差异性,各有其特点。如对于小学生而言,由于其心智发展尚处于低级阶段,对其进行较为深奥的法律意识培养,实在勉为其难,在小学生阶段应更侧重纪律意识的培养将更为妥当。课题组也对于小学生的法律意识进行过随机采访,在对潍坊北海学校、潍坊外国语学校的小学生进行法律常识的基本测试时,98% 的小学生根本不明白什么是"宪法"、"法律"、"法规"、"刑法"、"刑事诉讼法"、"民法"、"民事诉讼法"、"未成年人保护法"、"犯罪"、"有期徒刑"、"无期徒刑"等专业的法律术语,对于一些基本的罪名也只是望文生义地进行解释,如"盗窃罪"、"杀人罪"、"抢劫罪"、"死刑"等,但有 60% 小学生对如学生乘车安全、学生道路行走安全等道路安全方面的法律法规有所了解。这说明学校强化了对于小学生人身安全方面的教育力度。

中小学生思想品德教育的实效问题是一直困扰学术界的重要课题。20世纪 90 年代以来,我国学术界对于中小学生思想品德发展状况出现过"爬坡论"与"滑坡论"两种尖锐对立的观点,前者对于青少年的思想品德状况表现得相当乐观，而后者对于青少年的思想品德状况则忧心不已。大规模的全国性中小学生思想品德状况调查并未作出，相关调查结论散见于部分省市（区）问卷调查，尽管使用的调研手段各不相同，但这些文献中都有一个基本共识：中小学生思想品德"总体良好"，但"尚待继续改善"。① 存在的问题主要表现为：理想信念淡漠；自我关注过多，团队意识不强；意志不够坚强，心理素质较差；劳动意识淡漠，爱攀比、不节俭；行为习惯不佳，品行问题较多；知行脱节现象严重；等等。

大学阶段是学生道德学习和道德建设的重要时期，是养成个体道德观念和道德行为的关键时期。大学生的思想道德状况如何，关系到我国现代化事业的成败，关系到能否实现中华民族的伟大复兴。大学生思想品德教育是指运用中国传统优秀文化、社会主义核心价值观等内容来对大学生进行教育，提升大学生群体的思想品德素质水平，它是培养大学生形成正确的人生观、价值观的基础。因此，大学教育不仅要传授学生基本知识和基本技能，提高他们的科学文化素质，更要大力提高他们的思想政治素质。

当代大学生的思想品德状况主流是"良好的"、"健康的"、"积极向上的"②，但存在的诸多问题也不容小觑。时下，高校思想品德与法律基础课程的"效益低下"也是不争的事实。③ 不少高校的思品课程已沦为

① 关于中小学生思想品德状况的文献并不丰富，代表性的文献有：王定华：《新形势下我国中小学生品德状况调查与思考》，《教育科学研究》2013 年第 1 期；郑航、王清平：《中小学生思想品德现状及教育对策》，《教育科学研究》2011 年第 3 期；宋蕊睿：《河南省中小学学生思想品德状况调查》，《吉林省教育学院学报》（学科版）2010 年第 8 期；骆风：《上海市中小学生品德状况调查研究》，《思想·理论·教育》2006 年第 21 期；陈俊珂：《中小学生思想品德存在的问题与教育对策》，《现代中小学教育》1999 年第 4 期；韩延明：《中小学生思想品德现状调查与德育对策研究》，《教育研究》1995 年第 6 期。

② 高校大学生思想品德状况整体良好积极向上的代表性文献有：赵丽娜、叶涛：《当代大学生思想品德现状及其对策》，《现代营销》（学苑版）2012 年第 3 期，第 263 页；孟庆研：《对当代大学生思想品德现状与对策的分析》，《硅谷》2009 年第 24 期，第 177 页；张哲：《当前大学生思想政治教育状况的现状分析及突出问题》，《辽宁省交通高等专科学校学报》2011 年第 4 期，第 64 页；曾宪芳：《关于当代青年大学生思想品德教育的思考》，《湖南师范大学社会科学学报》2011 年第 S1 期，第 123 页。

③ 高校思品课效益低下的代表性文献有：曾裕华：《简论大学生社会实践中的德育实效问题》，《湖南师范大学教育科学学报》2008 年第 2 期，第 82 页；白淑萍：《高校德育实效问题研究探析》，《渭南师范学院学报》2005 年第 S2 期，第 9 页；陈运贵：《大学生道德教育实效性探讨》，《皖西学院学报》2002 年第 6 期，第 99 页。

"鸡肋"，课程不得不开，学生认真上课的少，积极性不高，对于个体道德修养的提升作用遭到质疑。

在问及"你认为大学的思想品德课对你有何价值"时（表5—7），认为"非常有用"的有17.2%，认为"有用"的占47%，即超过六成的在校青年大学生对思想品德课程的开设持积极、正面评价；但令人担忧的是也有超过两成（20.3%）的在校青年大学生认为开设的思想品德课程对自己"没有用处"。日益增长的青年学生暴力犯罪案件也在现实中彰显着学校德育工作的难度与巨大压力。提高高等院校思品课的实效性应是未来高校思政课改革和发展的当务之急。

表5—7　　　　　　　　　高校思想品德课程的价值统计表

项目	频次（%）	有效百分比（%）
非常有用	122	17.2
有用	334	47.0
没有用处	144	20.3
说不清楚	110	15.5
合计	710	100.0

如何提高学校思品课的实效性，我们认为可以采取以下基本路径：

1. 激发学生学习思政课的兴趣

爱因斯坦曾经说过，兴趣是最好的老师。美国著名的教育家和心理学家本杰明·布卢姆也说过，学习的最大动力，是对学习材料的兴趣。科学研究显示，一般而言，学习兴趣与学习效率成正比，学习兴趣越高越投入，学习的成效就越大；反之，学习兴趣越低，学习的成效就越小。时下，对于思品课的学习兴趣随年级的升高有逐渐减弱的趋势。小学阶段与初中阶段学生学习兴趣高，效果好；高中阶段随着高考压力的增大，学生的学习兴趣减弱，疲于应付；到了高等教育阶段，大学生的思政法律基础课学习兴趣更低，通常是老师在上面讲，学生在下面睡大觉，玩手机，聊天，认真上课的寥寥无几，这样的课堂实难讲有何效果，对于学生良好道德品行的培养收效甚微。当下，思政课难讲，难就难在如何激发学生的上课兴趣，提高学生学习的积极性与参与度上。授课教师应在大纲的指引下采取形式活泼、方法多样的授课方式与授课内容，而不仅仅是照本宣科，死灌硬塞，强迫学生接受。可以引入一些经典德育案例，使授课重点更具可听性；也可以观看全国道德模范视频，使学生得到心灵的震撼与共鸣，激发向善、从善之心；也可以采取道德讲座的形式，拓宽学生的道德视野。创新思政课授课方式是激发学生思政课学习兴趣的关键所在。

2. 增强思政课的实践性

传统的思政课授课方式是教师在讲台上滔滔不绝地讲上三四十分钟，学生在下面闷头"听"上三四十分钟，学生不发言，不参与，这样的授课教师授课效果不好，学生听课效率不高，这样的课堂简直是浪费时间。目前各级学校思政课最大的特点是理论性强，思政课上充斥着太多的专业术语。现在思政课亟须解决的问题是使思政课"接地气"，使深奥的理论与活生生的社会实践紧密联系起来，理论与实践相结合，增强思政课的实践性与实效性。授课教师可以结合自己或他人的实际道德故事，将教学重点、难点融入其中，在案例的讲解中潜移默化地影响学生的道德认知；思政课更可以走出课堂，利用双休日、节假日的时间鼓励学生深入养老院，深入农村，看望、帮助孤寡老人，激发学生向善、同情之心；也可以鼓励学生担任志愿者，为别人服务，增强社会道德意识；鼓励学生向身处困境的人伸出援助之手，救人于危难。凡此种种，皆可更好地将课堂知识有效融入社会行动之中，使思政课枯燥的理论"接地气"的同时，增强学生的道德行为能力。

3. 提高授课的专业水准

传统的思政课授课方式基本上沿袭着老师照着教材照本宣科讲解授课内容，课堂气氛沉闷，老师讲得口干，学生听得乏味，毫无趣味可言。尤其是到了中学高级阶段以及高等教育阶段，如果授课老师不改变传统沉闷的授课方式，学生上课睡大觉、玩手机、聊天，甚至旷课、逃课就不足为奇了，"必修课"演变成"必逃课"，点完名后就趁机溜走。"即使是上课，我们大多躲在教室后排，吃早饭、看小说、聊天和睡觉的居多。一个大的阶梯教室，前面两排通常是空无一人。真正坐在那里，认真听课记笔记的人几乎是个位数。"浙江工业大学之江学院学生小刘告诉记者自己在上思政课时的情景。这样的情景并非浙江工业大学个案，而是整个中国高校思政课的一个缩影而已。中国计量学院马克思主义基本原理教研室主任程建家甚至认为思政课老师成了高校内的弱势群体。[①] 因此，授课老师应抛弃那种诉诸理性的授课方式，多采用诉诸感情的传播方式，采取幽默、活泼、时兴的言说方式，将严肃抽象的概念逻辑推理转变为生动、活泼、易懂的故事演绎，增强思政课的可听性与易接受性。而且，思政课教育应"与时俱进，贴近实际、贴近生活、贴近大学生"，授课多利用网络等新媒体，使用图片、视频等影像资料吸引学生注意力，将报纸、互联网等媒体热点话题、难点话题导入课堂，引导学生积极参与讨论，在讨论中潜移默化地影响学生、改变学生。思政课的目的不在于学生考多少分，终极目的在于通过思政课的学习结合家教、社会道德教育将学生培养成有道德的、合格的社会人。

三 凸显各教育阶段学生素质的侧重点

作为合格社会人的主要培养机构，学校教育系统在预防暴力犯罪方面作用显著，但在长达二十年的学校教育中，学校教育在学生个体素质和能力培养上的着力点是不一样的，不同时期应有不同的教育着重点，循序渐进、按部就班地进行下去，在家庭教育以及社会教育的共同作用下最终完成个体的正常社会化过程，成为一个合格的社会人。在整个个体社会化的最为关键时期，一旦某个环节出现发展障碍或残缺，个体社会化就会出现偏差，导致个体社会化的失败。美国芝加哥大学研究儿童毕生发展的心理学家 R. 哈维格斯（R. Havighurt）在总结前人有关发展研究的基础上，提出了一种具有综合色彩的发展理论，即综合适应发展理论。哈维格斯特认为人类不是天生就有一种能指引我们生活的本能，要想在社会中生存发展，个体就必须学会自我学习、自我探索、自我发展。这个过程将伴随个体一生，它随着生命的开始而开始，也将随着生命的结束而终结。他认为个体在学习过程中所要完成的任务之间不是等距离的，也就是说，个体是不能以一个固定的速度去完成一个个任务的，而必须使一些学习任务在某个时期内完成，而另一些学习任务又在另一个时期内完成。这样，就会产生许多加速学习时期（period of accelerated learning）。正是这些加速学习

时期的存在使得许多个体在发展过程中感到不适应，由此产生各种各样的心理危机和冲突，在此情况下，哈维格斯特提出了"发展任务"（devel-opmental task）这个概念。哈维格斯特认为"发展任务"即一个人在发展的某一阶段必须学习的活动，若此项活动成功学会，不仅可以使他感到快乐，而且还会促使他更为顺利地完成以后的发展任务；若此项活动失败了，不但使他感到沮丧、不安以及容易被社会不承认，还可能阻碍以后发展任务的进行。社会要求其成员在某一特定的年龄必须完成属于当时的"特定发展任务"，这一特定的年龄就是所谓的关键期（teachable mo-ment）。他认为发展任务是个体发展的重要基础，人的发展即是完成人生发展任务的过程，同样人的成熟也由一个个"发展任务"的完成而实现。在这个发展的过程中，哈维格斯特认为人的发展首先是情绪和社会的发展；其次才是智力的发展。

在本研究过程中，我们将借用哈维格斯"发展任务"的核心概念来探索整个学校教育体系中不同学习阶段学生个体必须完成的"发展任务"，当然这一系列"发展任务"能否顺利完成并不单独由学校教育来承担，中间也必须有家庭教育以及整个社会教育的大力参与来共同完成。

当问及在上学之前家庭教育阶段、幼儿教育阶段、小学阶段、初中阶段、高中阶段、大学阶段应该着重培养学生的哪方面素质或能力时，尽管学生的回答五花八门，经过统计我们仍然可以看出在校青年学生通过自身实际的体察获得了较为普遍的看法。本次调研涉及的能力或素质方面共有情绪控制、欲望控制、爱的能力、与人沟通协调能力、纪律意识、责任意识、生命权利意识、法制意识、心理调控能力、抗挫折打击能力、人生观价值观、健康人格教育、情感教育、社会道德意识、危险防范意识、其他能力或素质等十六个方面，几乎涵盖了青年学生暴力犯罪预防的方方面面。由于统计的变量太多，我们在统计家庭教育直至高等教育各个阶段的侧重点时只取排名前五位的能力或素质，以凸显各个阶段的教育侧重点。① 具体统计如下（见表5—8）：家庭教育应突出培育孩子的爱的能力（40.9%）、情绪控制能力（27.3%）、危险防范意识（22.6%）、人际沟

---

① 为了凸显青年学生暴力犯罪系统预防控制链条的完整性与连贯性，在此处我们将家庭教育放在学校教育的前面一同统计分析。

通能力（17.3%）以及培养健康人格（15.3%）；在幼儿教育阶段学校应突出培育孩子的纪律意识（30.2%）、危险防范意识（25.2%）、爱的能力（24.1%）、人际沟通能力（22.8%）以及责任意识（15.4%）；在小学阶段学校应着重培养学生的纪律意识（38.8%）、人际沟通能力（27.7%）、责任意识（19.2%）、情绪的控制能力（18.8%）以及培养健康人格（18.4%）；在初中阶段学校应着重培养学生的法律意识（26.5%）、人际沟通能力（25.4%）、责任意识（24.8%）、抗挫折能力（24.6%）以及心理调控能力（23.9%）；在高中阶段学校应着重培养学生的心理调控能力（25.5%）、社会道德意识（25.0%）、抗挫折能力（24.6%）、进行情感教育（23.6%）以及人生观价值观教育（23.0%）；在高等教育阶段学校应着重进行学生的人生观价值观教育（41.8%），培养学生健康的社会道德意识（30.7%）、人际沟通能力（30.6%）、责任意识（28.1%）以及抗挫折能力（22.9%）。

表5—8　　　　　　　　　各阶段能力或素质培养侧重点统计表

项目	能力1	能力2	能力3	能力4	能力5
家庭教育阶段	爱的能力（40.9%）	情绪的控制能力（27.3%）	危险防范意识（22.6%）	人际沟通能力（17.3%）	健康人格（15.3%）
幼儿教育阶段	纪律意识（30.2%）	危险防范意识（25.2%）	爱的能力（24.1%）	人际沟通能力（22.8%）	责任意识（15.4%）
小学阶段	纪律意识（38.8%）	人际沟通能力（27.7%）	责任意识（19.2%）	情绪的控制能力（18.8%）	健康人格（18.4%）
初中阶段	法律意识（26.5%）	人际沟通能力（25.4%）	责任意识（24.8%）	抗挫折能力（24.6%）	心理调控能力（23.9%）
高中阶段	心理调控能力（25.5%）	社会道德意识（25.0%）	抗挫折能力（24.6%）	情感教育（23.6%）	人生观价值观教育（23.0%）
大学阶段	人生观价值观教育（41.8%）	社会道德意识（30.7%）	人际沟通能力（30.6%）	责任意识（28.1%）	抗挫折能力（22.9%）

从上表我们可以看出，对于学生各种能力或素质的培养有时候可以通过一个阶段完成，但有时候可以通过几个阶段，甚至从学龄前儿童到大学一直都需要持续培育，如学生的人际沟通与人际处理能力等。而且从上表

的统计数据我们还可以归纳出一些学生基本能力或基本素质培养的关键期（teachable moment）：

对于情绪的控制能力培养放在幼儿时期的家庭内部较为合适；对于爱的能力的培养应重点放在学龄前来完成较为适宜；危险防范意识、人际沟通能力以及健康人格的培养也是越早越好，应该从儿童时期就开始培养。对于情绪的调控能力以及爱的能力我们在家庭社会化与青年学生暴力犯罪预防那一章已经详述，在此不再赘述。至于危险防范意识的培养应该从小就开始培养，甚至可以从幼儿园时期就开始。或许有人认为上幼儿园的孩子知道什么是危险，跟他们讲，他们太小也不明白，但对于危险的自我保护意识并非天生，而是逐渐习得，最后习惯成自然，才能增强学生对于危险的自我保护能力。有报道称，德州市德城区天华幼儿园举行了一场防骗演练，演练结果让老师和家长大跌眼镜，家长们的"骗术"都非常成功，失败的并不多，更有一个家长把一个班30多个孩子全都骗了出来。① 中国有句古话说得好："害人之心不可有，防人之心不可无。"面对累累青年学生暴力犯罪案件，我们除了谴责加害人的凶残无情外，加强个体面对危险的自我防范能力无疑也是一个重要预防环节。2013年6月10日，因为家庭经济困难，买不起手机，武汉一名在校大学生王某在学校自习室抢走了一名女生的手机，而且对女生进行了猥亵强奸！并因害怕事情败露，狂捅女生160多刀，残忍地将其杀害！王某行凶时，王某发现女性被害人头戴着耳机，独自在一间自习室里学习，他立马锁定了目标，并为此实施了一些计谋。据了解，当时王某准备在另一个教室对另一个独处的女生下手，但那个女生看到他拉窗帘后，就收拾书包离开了。② 对于被害女生我们可以说她是疏于防范，也从另一个方面说明该女生危险防范意识、自我保护意识较差。美国现代成人教育之父、美国著名的人际关系学大师、西方现代人际关系教育的奠基人、被誉为20世纪最伟大的心灵导师和成功学大师戴尔·卡耐基（Dale Carnegie，1888—1955）曾经说过，一个人的

① 《幼儿园防骗演练 一班30多个孩子全跟"骗子"走了》，2016年1月26日，新华网（http：//www.sd.xinhuanet.com/news/2016-01/26/c_1117901832.htm）。

② 刘阳、祁培：《武汉一大学生抢手机强奸女生 狂捅对方160多刀》，2016年1月16日，北青网（http：//news.ynet.com/3.1/1601/16/10737965_2.html）。

成功，只有15%是依赖他的专业知识和专业技能，而其余85%则是依靠他的人际关系和处事能力。日本著名跨国公司"松下电器"的创始人、被人称为"经营之神"的松下幸之助（1894—1989）也曾说过，一个人的成功就是他人际关系的成功。卡耐基与松下幸之助的这两番话虽然乍听起来可能有点夸张，但确实有它的道理。人际交往能力决定着一个人能否积极地适应各种社会情境，更好地获得社会发展空间。而成年后的人际关系状况，又往往与幼年时的人际关系能力有着密切关联。因此，如何从小培养孩子的人际交往与人际沟通能力是每一位家长和每一个学校应该承担的共同"发展任务"。

美国心理学家艾瑞克·弗洛姆说过，人生的主要使命，是自我成长，成为与他的潜能相符的人。人生奋斗最重要的成果，就是自己的人格健康与完善。那么，什么是健康的人格呢？关于健康人格的界定很多，众说纷纭，不一而足。一般而言，健康人格应该是人格完整而协调，情绪情感稳定，意志力健全，有正确的自我意识，良好的社会适应性和人际关系。[1]对于个体健康人格的形成与发展影响最大的时期是社会化早期，即婴幼儿期、童年期。婴幼儿期（0—5岁）的儿童如果得不到父母或他人的良好照料，各种需求不能得到充分的满足，会使儿童对他人和社会环境产生不信任而形成多疑性格。童年期（6—8岁）是儿童培养学习品质和道德品质的关键。如果成年人包括父母及教师等对其学习关怀不当，无疑会加重其自卑感。同时这个时期儿童开始形成自律意识，并逐渐形成基本的道德规范。如果家庭、学校等社会环境没有给儿童树立起正确的道德规范榜样，容易使儿童在青年期形成暴力型人格、分裂型人格等。[2]因此，对于个体健康人格的早期培养，家庭教育与小学学校教育责无旁贷。

纪律意识应该从幼儿教育阶段就应该开始培养，这是家庭教育所不能承担的"发展任务"，而且这种纪律意识的"发展任务"最好在幼儿教育阶段和小学阶段就能完成。纪律意识其实是一种规范意识，纪律是一定组

---

① 赵晓风：《大学生犯罪透视心理健康教育的问题及对策》，《陕西教育》（高教版）2011年第9期，第10页。

② 臧其榕：《人格缺陷与犯罪预防——从社会化理论角度谈起》，《湖南公安高等专科学校学报》2004年第3期，第57页。

织或单位为完成一定的任务而制定的要求其成员共同遵守的行为规范。这种纪律意识的确立可以使个体有效地约束自己的行为，避免因侵犯组织规范而造成社会越轨行为。学校纪律是个体最早进行社会化的一种特殊纪律形式。学校纪律对于学生个体健康成长具有非常重要的意义与作用。良好的纪律意识不仅利于规范和引导学生的学习行为，提高学习质量，而且利于学生培养良好的道德品质，养成良好的行为习惯，更能够促进学生身心健康发展，增强体质，健全人格，并且利于学生适应学校生活，形成科学文明健康的生活学习方式。总而言之，良好的纪律意识是学生健康成长、全面发展的基本保证，是学好本领，成为祖国建设者和接班人的基本保证，也是维护学校正常秩序，优化育人环境的基本保障。当然，这种良好的纪律意识应该从小培养，从幼儿园就开始培养。

责任意识同样应该从幼儿园时期就应该开始培养，并一直持续到大学教育阶段。有的父母常常抱怨现在的孩子对父母漠不关心，缺少责任感，其实他们不知道，孩子的责任感是要从小培养的，如果你总在孩子面前表现出一副风雨无惧的样子，孩子就会认为父母是不需要他们关心照顾的。小孩子从小衣来伸手饭来张口，酱油瓶子倒了也不扶一下，家务劳动一点也不参与，有了好吃好玩的东西不知道分享，父母病了也不知道心疼，等他长大之后他何曾知晓什么是家庭责任。同样道理，孩子进入学校（包括幼儿园）之后，学校不教导孩子对自己负责，热爱生活，珍爱生命，任何情况下都理智而积极地生活、生存下去，那么自我责任感也将无从谈起。而且在学校里，老师如果不教育学生对他人负责，不做损人利己之事，不做集体荣誉集体利益之事，那么集体责任感也无法顺利培养起来。当然，学校更要培养学生的社会责任感，对社会负责，如自觉遵守社会公德，维护社会秩序，诚信待人。根据美国儿童发展心理学家劳伦斯·科尔伯格的道德发展三阶段六水平理论，儿童的道德发展从 3 岁开始。3 岁之前只有某些道德感的萌芽。3 岁以后，随着儿童人际交往的扩展，社会不断对儿童的道德行为提出新的要求，他们逐渐掌握了各种行为规范，道德感也逐渐发展起来。人只有有了责任感，才能具有驱动自己一生都勇往直前的不竭动力，才能感到许许多多有意义的事需要自己去做，才能感受到自我存在的价值和意义，才能真正得到人们的信赖和尊重。美国著名心理学博士艾尔森曾经对世界 100 名各个领域中的杰出人士做了问卷调查，结果让他十分惊讶：其中 61 名杰出人士承认，他们所从事的职业，并不是他们内心最喜欢做的，至少不是他们心目中最理想的。这些杰出人士竟然在自己并非喜欢的领域里取得了那样辉煌的业绩，除了聪颖和勤奋之外，究竟靠的是什么呢？带着这样的疑问，艾尔森博士又走访了多位商界英才。其中纽约证券公司的金领丽人苏珊的经历，为他寻找满意的答案提供了有益的启示。艾尔森博士直截了当地问她："既然你不喜欢你的专业，为何你学得那么棒？既然不喜欢眼下的工作，为何你又做得那么优秀？"苏珊的眼里闪着自信，十分明确地回答："因为我在那个位置上，那里有我应尽的职责，我必须认真对待。""不管喜欢不喜欢，那都是我自己必须面对的，都没有理由草草应付，都必须尽心尽力，尽职尽责，那不仅是对工作负责，也是对自己负责。有责任感可以创造奇迹。"由此，我们可以发现，个体责任感的确立对于个人道德感以及事业成功所具有的重要激励作用。

对于法律意识的培养应该从初中阶段就开始，初中之前，由于个体的智力发展的限制，学生对于法律知识难以理解，效果可能不尽如人意；对于抗挫折能力以及心理调控能力也应该从初中阶段就开始培养，因为在小学阶段实行完全的素质教育，学生没有升学的压力，学生可以在轻松完成学业的基础上自由发掘各种兴趣，培养各种人生必需的素质或能力。尽管国家规定初中阶段也实行素质教育，但由于初中生面临着升高中的巨大压力，初中教育不可避免陷入了素质教育的"囚徒困境"尴尬之中，为了提高升学率，学校会忍痛牺牲部分素质教育的任务，片面追求学生的成绩，这就不可避免地造成初中生巨大心理落差与心理压力，抗挫折能力以及良好的心理调控能力的培养应是初中教育阶段的当务之急。美国教育学家卡乐尔·桑德堡说过，顺境当然可以出人才，但逆境也可以出人才，而且在逆境中经过挫折和千锤百炼成长起来的孩子才更具生存竞争力。这样的耐挫力对于那些从小到大一直都很优秀都很成功的学生尤为重要。小米科技创始人雷军有一次在其女儿的家长会发言时谈及孩子的"逆商"培养问题，它认为情商和逆商在某些方面甚至比智商更重要。现在社会高度重视孩子的智商发展问题，对于逆商我们没能给予足够的重视。逆商的核心是当你遇到困难和挫折，如何去克服，如何艰难前行。当前社会竞争非常激烈，每个人都有压力也都会遇到困难，关键是如何突破自己。从小培养孩子的逆商对于孩子的成长与成功至关重要。2015 年 12 月 17 日北京邮电大学 24 岁研究生孙腾霄从学校宿舍跳楼身亡，据报道称是因为其患有严重抑郁症所致，但其自杀背后深层次的根本原因是其抗挫折能力严重缺失，心理调控能力不强。孙腾霄从小学到高中一直都非常优秀，高考成绩当年排在滕州前 10 名之内，在大学期间被同学称为"学神"，顺利保研，收获爱情，学业有成，优秀可见一斑，可谓人生"顺风又顺水"，没有经历过大的人生挫折。其自杀的导火索是其硕士学位论文出现问题导致延期一年毕业，这一人生重大挫折使他无法面对曾经优秀的自己，无法面对一直对他寄予厚望的家人，长期抑郁，不良情绪无法排解，最终酿成惨剧。

进入高中阶段后，高中学生的认识水平、情感体验和自我调控能力在这一时期有了飞跃的发展，但由于这个时期的学生尚处在心理特征的交替过渡阶段，往往表现出矛盾的显著特点，既有成熟的一面，又有其不成熟的一面，这是青年初期典型的心理特征。他们开始关注人生、思考人生，是人生观、价值观初步形成时期[1]或者说是关键时期[2]。这个时期的学生可塑性大，接受能力强，因此，高中时期是开始培养学生正确的人生观价值观的大好时机。与此同时，高中阶段还是学校对学生进行情感教育和培养社会道德意识的关键时期。当然情感教育从小学阶段就已经开始了，如快乐体验，恰当表达自己的情感需要和情感体验等，为提高自我调控能力打基础；培养他们初步的道德感，包括道德荣誉感、羞耻感、义务感、责任感等，对集体生活和同学有一种积极的情绪体验等。到了初中阶段，情感教育的内容重点放在培养学生的自尊、自信、自强和自律精神；基本的人际沟通与处理能力以及自我情感调控能力；加强情感心理咨询和辅导；引导他们树立远大的志向和高尚的社会理想；组织丰富多彩的文体活动，丰富他们的情感生活，同时防止不良情感的影响。随着学生年龄的增长，人际关系的复杂，残酷的高考压力，以及朦胧的两性关系，高中学生的情

---

① 许汝罗：《青年不同时期人生观、价值观形成规律初探》，《思想理论教育导刊》2008 年第 3 期，第 75 页。

② 石晨岐：《思想政治工作对青年价值观形成机制探索》，《邢台职业技术学院学报》2002年第 4 期，第 47 页。

感世界将更为矛盾、复杂而又心潮澎湃，这个阶段的情感教育则重点培养学生正确处理两性情感，树立正确、健康的社会道德意识，防止并矫正学业不良和学业失败者产生消极的情绪体验和反社会人格态度等。

高等教育阶段是个体社会化过程中一个至关重要的特殊阶段，它是个体通往职业生涯的必经之路，是在完成中等教育的基础上进行的专业教育，是培养高级专门人才的社会活动。大学阶段是以前家庭教育、幼儿教育、小学教育、中学教育中学生各种能力或素质的巩固或者说是强化，也是学生之前所进行的各种正规学校教育成果的一次成果检验与修正，因此经过大学教育之后，学生的世界观人生观价值观最终得以形成，社会道德意识显著增强，具有完全适应社会的人际沟通与处理能力，具备了对于家庭、职业以及社会的责任精神，以及应对各种挫折困难的抗挫折能力等其他青年学生应该具备的基本能力与素质。

不过需要强调的一点是，从家庭教育开始，历经幼儿教育、初等教育、中等教育、高等教育，各个时期都有各个阶段必须完成的"发展任务"，但这些"发展任务"并不是孤立的，而是相互衔接、相互影响、相互促进的，一环扣着一环，环环相扣，一个环节发展出现障碍，势必会影响以后各个环节的实效，因此说，青年学生暴力犯罪行为的产生，"第一现场"在高中阶段或大学阶段，但根源并不一定全是高中或大学教育的失败，其社会化失败的根源或许就在初中阶段、小学阶段，甚至是最开始的家庭、幼儿教育阶段。

第 六 章

青年学生暴力犯罪人特征分析及预防

犯罪作为一种复杂的社会越轨现象，受到诸多因素的制约，在这些制约因素中，可以分为个体因素与社会因素两大类。现实中的各种犯罪现象之所以呈现不同的规律，各种犯罪行为在具体的犯罪情节与犯罪过程中之所以表现出较大的差异性，在很大程度上都与犯罪人的个体因素有关，故而，离开对犯罪发生的个体原因的研究，就无法揭示出各种犯罪因素是如何作用于个体并使之成为罪犯的一般规律，就不能全面、彻底地了解犯罪现象的本质，从而也就无法全面了解和说明犯罪产生的原因。[①] 连犯罪的原因都尚未厘清，更遑论构建科学、有效的犯罪预防机制。在整个青年学生暴力犯罪系统预防控制链条中，暴力犯罪的犯罪主体，即暴力犯罪行为人所具有的个体犯罪因素一直都是学术界高度关注的重要课题。

第一节　个体因素对于青年学生暴力
犯罪预防的极端重要性

一　个体因素研究使整个暴力犯罪研究体系更加完整、体系化

犯罪的个体原因是指存在于犯罪人方面的各种不良心理及其他促发犯罪的个体特征。[②] 青年学生暴力犯罪行为的产生不仅仅与个体的家庭环境、学校教育有关，更重要的是暴力犯罪行为人本身所具备的犯罪条件。家庭以及学校的各种易致犯罪因素只有通过个体的心理与行为才能起作

---

① 张旭、单勇：《犯罪学基本理论研究》，高等教育出版社 2010 年版，第 317 页。
② 同上。

用。这就很好地揭示了在同样的犯罪易致环境下，为什么绝大部分青年学生个体都能安分守己、遵纪守法，平平安安过日子，而极小部分个体却走上违法犯罪甚至是暴力犯罪的道路。个体犯罪因素是促发社会越轨行为的内因；而包括家庭、学校、社会在内的外部因素是促发越轨行为的外因。按照马克思唯物辩证法的基本观点，内因是事物发展的源泉，是事物发展的根据，是事物发展的根本原因，决定着事物的性质和发展方向。外因是事物变化发展的条件。外因对于事物变化发展，能够起加速或延缓的作用。事物的发展是内因和外因共同起作用的结果。内因是事物变化发展的根据，外因是事物变化发展的条件，外因通过内因起作用。因此，要想对青年学生暴力犯罪机制进行综合、系统研究与有效构建，犯罪人个体因素是其中重要的环节，解释和治理暴力犯罪现象，不能不研究暴力犯罪行为人的个体因素。

二　个体因素研究有助于快速抑制个体犯罪冲动

《易·既济》有云，"君子以思患而豫防之"。意思是，君子总是想着可能发生的祸害，预先作出防范。研究青少年暴力犯罪现象，根本目的在于有效预防与治理暴力犯罪行为的发生。当然，构筑青年学生暴力犯罪预防机制，是一项长期、复杂、系统的社会工程，它涉及公民个体、家庭、学校以及社会的方方面面。对于家庭预防、学校预防以及社会预防而言，这三个领域的青年学生暴力犯罪预防是一个长期的、潜移默化的培养过程。但对于暴力犯罪行为人个体因素的分析，则可以在短期内达到预防的"速效"效果。通过对于青年学生暴力行为人的群体特征以及个体心理特质描述，家庭、学校乃至社会都可以对于具有明显严重社会越轨倾向的"重点"青年学生进行有效诊治、管理，将潜在的暴力祸患化解于"未然"。2004年5月16日上午，江西医学院临床系2000级学生薛荣华在1小时内持刀砍杀7人，造成2人死亡5人重伤。其实通过媒体新闻报道，我们可以很容易得获知：薛荣华在出事前就出现了明显的精神异常状况，遗憾的是学校对此并没有作出及时有效的处置，最终酿成惨剧。据薛荣华的同班同学孙强回忆，薛荣华出事前给人感觉"怪怪的"，总会产生幻觉，走在路上都会说旁人在骂他。据了解，薛荣华本人曾向年级老师反映此事，老师告诉他这不是真的，要他安心复习。薛荣华所在班的团支书和室友都曾向他解释，没有人会平白无故骂他。① 2005 年 6 月 25 日北大医学部预防医学 2002 级 2 班学生安然杀害同班同学崔培昭一案中，案发前，崔培昭的同学们都向学校反映过安然的种种异常行为，联想到马加爵一案，2004 年 12 月，预防医学 2002 级 2 班学生曾集体写了一封要求安然退学的信给学校，但是学校没有积极采取行动。② 这两起青年学生暴力犯罪事件均为学校对于生活在其中的学生个体精神异常应对处置不力所致，如果学校发现学生精神状况存在严重安全隐患，应及早有效合理处置，可以有效防止血案的最终发生。2015 年 3 月四川大学舞蹈学院大一新生滕刚（化名）因为琐事持菜刀将室友芦海清砍死。据滕母向媒体讲述，滕刚中学期间罹患精神抑郁疾病，在高二时还休过学，并且曾两次自杀，但碍于情面，滕家人并未将滕刚罹患抑郁症的实情告知学校，以至于学校未能作出有效预防措施。从这个意义上讲，对于血案的发生家长应承担更大的责任。对于像这样精神状况异常的青年学生，对于其精神状况的准确掌控，及时采取有效措施，可以最大限度地快速制止个体的犯罪冲动，从而减少暴力犯罪案件发生的概率。这既是对学生个体负责，也是对学生家庭负责，更是对于平安校园乃至整个社会负责任的一种表现。

三　犯罪人个人因素是构建青年学生暴力犯罪预防机制的基础环节

从刑法学上讲，任何一种犯罪的成立都必须具备四个方面的构成要件，即犯罪主体、犯罪主观方面、犯罪客体和犯罪客观方面。其中，犯罪主体是指实施危害社会的行为，依法应当负刑事责任的自然人或单位。犯罪主观方面是指犯罪主体对自己危害行为及其危害结果所持的心理态度。行为人的罪过（包括故意和过失）是一切犯罪构成都必须具备的主观方面要件，有些犯罪的构成还要求行为人主观上具有特定的犯罪目的。犯罪客体，是指刑法所保护而为犯罪所侵犯的社会主义社会关系。犯罪客观方面是指犯罪活动的客观外在表现，包括危害行为、危害结果。暴力犯罪行为人作为犯罪行为的主体要件，对于犯罪行为的产生起着主导作用。从整个暴力犯罪系统预防控制链条来看，家庭预防、学校预防、潜在犯罪人预

---

① 吴学军：《薛荣华：不是马加爵第二》，《新民晚报》2005 年 5 月 24 日。
② 李翔：《北大"安然命案"：并非情杀》，《三联生活周刊》2006 年第总 374 期。

防、潜在被害人预防以及社会预防构成了青年学生暴力犯罪预防的整个系统控制链条。在这条完整的暴力犯罪预防链条中，潜在暴力犯罪行为人的预防对于整个暴力犯罪预防事业而言至关重要，它是整个暴力犯罪系统预防控制链的基础性环节，是整条暴力犯罪预防链的起点，也是暴力犯罪治理工作的根本。而这一切都是从分析青年学生暴力犯罪人特征开始的。

第二节　青年学生暴力行为人
人口统计学特征分析

暴力犯罪加害人个人因素是现代犯罪学研究的重要内容。对于暴力犯罪加害人群体特征的分析有助于整个社会对于潜在的暴力犯罪加害人有一个较为清晰的认知与把握，以便有关单位最大程度有效规避暴力侵害行为，而且明晰暴力犯罪加害人的群体特征对于构建青年学生暴力犯罪预防机制也是不可或缺的重要环节之一。

一　家庭贫困现象显著

通过对青年学生暴力犯罪案件的系统分析，我们发现了一个较为普遍的现象，部分暴力犯罪青年学生的家庭经济状况不容乐观，贫困现象较为明显。在 2000—2014 年新闻媒体报道的青年大学生极端暴力犯罪 42 个典型案例中，有 12 例新闻报道中存在家庭贫困现象的基本描述，占 42 例总体的 28.57%，也就是说接近三成的暴力犯罪青年大学生的家庭存在不同程度的贫困现象。在对 28 名在押暴力犯罪青年学生的访谈中我们也发现了类似的倾向性，28 名青年学生中有 9 名暴力犯罪的家庭经济状况"不好"或"非常不好"，占到在押暴力犯罪青年学生总数的 32.14%，而且这种现象在高职类暴力犯罪学生中尤为明显。在媒体暴力犯罪大学生新闻报道中，2004 年马加爵事件、2004 年渭南董阿瑞绑架勒索案、2004 年江西医学院薛荣华砍杀路人案、2007 年江西中医学院李征杀人案、2009 年绵阳王迅（化名）弑父案、2010 年四川大学曾世杰杀人案、2010 年兴义民族师范学院龙仕绪杀害室友案、2012 年陕西科大张华富杀死班长等案件中都有犯案人员家庭贫困的基本描述。英国著名作家萧伯纳先生曾经说过，当最大的危险，即贫穷萦绕在每一个人的头脑中时，安全——文明的基石是不存在的。印度圣雄甘地也谈到，贫穷是最糟糕的暴力。青年学生暴力犯罪这一特殊特征理应成为政府有关部门甚至整个社会都应该高度关注的现实问题。

二　情绪失控型暴力犯罪突出

通过对青年学生暴力犯罪新闻报道内容以及在押暴力犯罪青年大学生案件的系统分析，我们发现，因情绪突然失控导致暴力犯罪的案件占有较大比重，我们将这种类型的暴力犯罪称为"情绪失控型暴力犯罪"。对于这一典型特征我们将在第七章被害人群体特征中进行更为详细的分析，超过三成的青年学生暴力犯罪是一时冲动之下情绪难以控制所致。这种类型的青年学生暴力犯罪具有情绪性、突爆性以及不计后果的特点。所谓情绪性是指暴力犯罪行为人由于长期负面情绪的累积或者受犯罪情境的一时剧烈刺激而情绪突然爆发所致。这种负面的情绪表现为报复、仇恨、怨恨、不满、愤怒、绝望、心胸狭隘、盲目攀比、精神空虚失去生活的意义、极端个人主义等极度不良心理状态。通过研究我们发现几乎所有的暴力犯罪青年学生，或者是因与被害人长期积怨，抑或是与被害人发生纠纷一时激愤失去理智而犯下暴行。所谓突爆性是指暴力犯罪行为人之所以犯下暴行是因为在犯罪的一瞬间突然失去应有的理智，头脑发热发狂，行为异常而完全不受理性控制。有学者通过对江苏省20个监狱的65名大学生在押犯的犯罪资料研究发现，有近五成的案犯表现出非预谋性，具有犯罪情境下的失控性、冲动性和偶发性的特点。[1] 所谓不计后果性是指暴力犯罪行为人在犯罪时完全不计得失，完全不顾后果，完全失去理性，甚至连失去自己的名声与性命也在所不惜。

三　琐事行凶

在青年学生暴力犯罪案件中，除了一小部分单纯谋财型和性侵犯罪外，几乎所有的青年学生暴力犯罪行为的发生都是因为"琐事"，其实加害人与被害人本身并不存在深仇大恨，有些被害人甚至是一些无辜受牵连

---

① 盛跃明、毕霞、刘江、唐国红：《大学生犯罪的特点、原因及其预防——对江苏省65名在监大学生罪犯调查的思考》，《社会》2004年第1期，第61页。

的他人。行凶的原因无非是"一时口角"，抑或是因平时琐事累积了太多的积怨。据媒体报道，2004年云南大学马加爵杀人的起因是"因为打牌争执"。2004年徐泰来杀人案中，徐泰来因"与同学李某争执谁所在的系好时发生激烈争执，后用菜刀将同学砍死"。2004年北外女生罗卡娜杀人案中，罗卡娜因为一些生活中的小事与同学李春霞产生矛盾，"她俩并没有深仇大恨"，而血案的最终发生仅仅是"因为两人在生活琐事上的不和"。2004年中山大学蓝庆庞杀人案中，蓝庆庞是"口角之中冲动杀人"。2005年北大安然杀人案中，安然与同学崔某"因琐事发生争执后，用事先藏匿的菜刀砍了崔某数十刀，致崔身亡"。2006年江西中医学院李征杀人案中，直接的导火索却是"一袋麦子"。2009年四川音乐学院大学生张浩杀人案中，"因朱某提出恢复恋人关系，双方发生争执。张浩非常反感、厌烦"。2009年王迅（化名）杀人案中，王迅"因琐事将父亲王丙学杀死"。2009年吉大郭力维校内杀人案事件中，郭力维"因觉得被害人赵研打呼噜的影响其休息，曾将赵研晚上打呼噜的视频传到校内网上，二人因此不和"。并且被告人郭力维认为"赵研多次对其进行辱骂"。2010年兴义民族师范学院学生龙仕绪杀害同寝室室友郝某，是因为"郝某和龙仕绪一直有公开化的小口角，而且两个人从来不动手，都是嘴巴不好的"。2012年陕西科大张华富杀人案中，张华富持刀捅死班长宓家庚，因为"三年里的积怨和认定助学金申请的不公"。2013年4月16日，南京航空航天大学金城学院血案中，"袁某在宿舍玩电脑游戏，同宿舍蒋某因未带钥匙敲门，袁某未及时开门，双方发生口角，并发生肢体冲突"。2013年10月19日，在北京某美术培训学校食堂内，两名19岁高三学生小辉和小斌（化名）排队打饭。两人因一句"你怎么插队"发生口角，继而发生斗殴，情急之下小辉用刀将小斌扎死。[①] 2016年3月27日，"因生活琐事"，四川师范大学舞蹈学院大一学生滕刚（化名）将室友芦海清杀害。[②]

---

① 杨凤临：《插队买饭发生口角　高三学生扎死同学》，《京华时报》2014年3月20日，第019版。

② 王佳慧、韩雪枫等：《川师大血案当事人：两个大学生不可逆转的命运》，《新京报》2016年4月18日，第A14版。

四　暴行前后反差大

暴力犯罪加害人，无论是高中生、高职生，还是大学生，其本人并非那种穷凶极恶、心肠狠毒、屡教不改之人，他们中的绝大部分都是一些平时不显山不露水的"老实学生"，甚至有些学生在学校还是些"优等生"，因此当他们犯下暴行之时，与他们关系亲密的人都觉得不可思议，他们所犯的暴行与其平时表现简直判如两人，反差极大。另一方面，青年学生暴力犯罪时通常手段疯狂、激烈而偏执，但事后又表现得后悔不已，一再表示愧对自己的家人，愧对受害人及其家人。即使是被媒体称为"杀人恶魔"、"杀人屠夫"的马加爵也有良心发现、后悔不已的时候，在被《南国早报》记者问及是否后悔时，马加爵说，"我是一时冲动。其实出事后，我马上后悔了"，并"流下了眼泪"。① 在复旦大学林森浩投毒一案中，一审现场中被媒体描述为"始终面无表情"的林森浩，在二审现场数次流泪痛哭，在接受央视记者采访时表示，"从进看守所之前就开始后悔了"②，并在一份声明中，"要向黄洋的父母道歉，我为我做的事忏悔，希望黄洋父母能慢慢从悲伤中走出去"。③

五　男性远高于女性

通过对青年学生暴力犯罪新闻报道以及实际在押的暴力犯罪青年学生的分析结果来看，实施暴力犯罪行为的青年学生中，男性所占比例远远高于女性，在新闻报道的 42 例典型大学生暴力犯罪中只有 5 例女性暴力犯罪，仅占总数的 11.91%，这种不完全统计的事实在在押青年学生暴力犯罪访谈中也得到了证实，在仅有的 28 例在押青年学生暴力犯人中无一例是女性，均为男性。这一特征与暴力犯罪这一特殊类型有关，也与女性的性别社会化特征有关。社会学习理论认为，女性社会化过程与男性是有区别的，或者说女性从小就被教育不能表现出攻击性。Eleanor Maccoby 的研

---

① 黄乒宾：《记者面对面采访　还原真实马加爵》，《南国早报》2015 年 10 月 19 日，第 85 版。

② 《最后会面 2 小时后林森浩被执行死刑》，《北京晚报》2015 年 12 月 12 日，第 11 版。

③ 《复旦投毒案维持原判　林森浩称申诉是奢望》，《京华时报》2015 年 1 月 9 日，第 16 版。

究结论表明，男性与女性习得了不同类型的亲社会行为，并且女性比男性更顺从于社会。而 Anne Campell 则认为女性被要求尽量避免表现出好斗倾向，相反，男性的好斗好胜行为却得到社会的鼓励与支持。[①] 据资料显示，尽管各国人口比例中，男女差不多各占一半，但从男女犯罪比例看，女性较男性少，发达工业化国家中，犯罪女性大致为犯罪总数的 10%—20%，而发展中国家则是 3%—5%，中国的情况基本跟发展中国家差不多。[②]

另外还有学者认为青年学生暴力犯罪具有犯罪年龄低龄化、犯罪手段凶残化、犯罪方法智能化与成熟化、犯罪类型多样化、团伙性、知法犯法性等特点。从我们的研究中未发现上述明显特征或者说未发现青年学生暴力犯罪具有以上完整的群体特征，例如贪利性，这个特征只表现在一些谋财型暴力犯罪行为中；如报复性也只是在一些存在激烈矛盾冲突的暴力犯罪中才表现得明显一些；犯罪手段智能化也表现不出整个青年学生群体的明显特征，有些学者将个别青年学生利用计算机、利用不易买到的毒物进行的犯罪称为"智能化犯罪"则值得商榷。

第三节　青年学生暴力犯罪个体心理因素研究

关于犯罪现象，学术界有一个基本的共识，社会环境因素是犯罪产生的基本的、决定性因素，个体因素是在社会因素起决定作用的基础上对犯罪产生一定影响。[③] 不过我们在强调犯罪发生的社会决定因素的同时，也应该高度关注犯罪的个体因素，尤其是个体的心理因素，因为心态决定行动，而且社会不利于个体正常社会化的障碍因素只有也只能通过个体的犯罪心理以行动的方式表现出来。故此，对于暴力犯罪人个体心理因素的分析是进行有效社会犯罪治理的必要中间环节。

[①] Curt R. Bartol、Anne M. Bartol：*Criminal Behaver：A Psychosocial Approach*，杨波、李林等译，中国轻工业出版社 2009 年版，第 57 页。

[②] 张旭、单勇：《犯罪学基本理论研究》，高等教育出版社 2010 年版，第 334 页。

[③] 王牧：《犯罪学》，吉林大学出版社 1992 年版，第 283—288 页。

一　人生特殊阶段：青春危机期

青年学生正处于人生的一个极为特殊的阶段：狂躁的青春期。这个时期的学生年龄在 20 岁左右，这个时期的青年学生精力旺盛，争强好胜，爆发力强而克制力弱，分辨是非能力差，遇事不冷静不理智，一旦遇到较为强烈的外部不良刺激，很容易头脑发热，感情用事，失去应有的自制力而产生严重的社会越轨行为。与此同时，这个时期的学生是个体世界观、人生观、价值观形成最为关键的时期。如果青年学生在此阶段受外界不良文化的影响，他们的世界观、人生观、价值观很容易扭曲变形而产生强烈的暴力违法犯罪心理，进而转化为现实的暴力犯罪行为。但应该注意的是青春期的青年学生容易滑向暴力犯罪的深渊，但不能因此认定青春期学生特殊的生理、心理特征可作为犯罪的充要因素，因为青春期特殊的生理、心理特征在一般情况下并不直接引发犯罪行为，而仅仅是犯罪青少年出现各种各样问题的自身条件和基础。①

二　错误的犯罪认知

（一）认知存在重大缺陷

认知，又称认识，是指个体认识外界事物的过程，或者说是个体对作用于人的感官的外界事物进行信息加工的过程。它包括感觉、知觉、记忆、思维、想象、言语等内容。20 岁左右的青年学生虽然智力发育基本成熟，知识水平也有了大幅提高，但由于青年学生从小到大基本上都在学校里读书学习，社会关系较为单一，基本上过着宿舍—教室—食堂三点一线式的简单生活，性格单纯，与复杂的社会生活脱节，社会经验明显缺乏，在认知上表现为考虑问题时具有主观性、直观性、简单性、片面性等局限。这种认知存在的缺陷使得青年学生在处理复杂的社会问题时会过于简单、粗暴、武断而且想当然，从而容易激化矛盾，酿成惨剧。2010 年10 月 20 日，西安音乐学院大三学生药家鑫驾驶红色雪佛兰小轿车从长安送完女朋友返回西安，当行驶至西北大学长安校区外西北角学府大道时，撞上前方同向骑电动车的张妙，后药家鑫下车查看，发现张妙倒地呻吟，

---

① 徐健主编：《青少年犯罪学》，上海社会科学院出版社 1986 年版，第 66 页。

因怕张妙看到其车牌号，以后找麻烦，便产生杀人灭口之恶念，遂转身从车内取出一把尖刀，上前对倒地的被害人张妙连捅数刀，致张妙当场死亡。毫无疑问，"怕（受害人）以后找麻烦"成为凶案发生的直接导火索，药家鑫对于车祸现场的认知与处理未免过于武断、简单化了。2010年1月2日，北京科技大学机械工程学院2008级女生赵秋瑞，在距离学校不远处的七天连锁酒店被杀害，凶手是该校2008级女生段晓宇。据警方调查，死者赵瑞秋与凶手段晓宇关系非常要好，段晓宇杀死赵秋瑞，仅仅是因为两人在交往中产生厌世情绪，段晓宇是"受赵秋瑞所托"。很明显，段晓宇之所以犯下如此罪行完全是因为她自己对杀人这一严重越轨行为存在非常严重的认知错误。2002年天津医科大学学生马晓明弑亲案中，马晓明杀死自己的父亲和奶奶的动机更是匪人所思，大学期间，因为太贪玩，马晓明四门功课不及格，被学校劝退。回到家，马晓明始终无法对家人开口提起此事。眼看假期就要过去，他觉得活着没意思，于是想到了自杀，可又觉得自己死了，父母、奶奶会很伤心，于是一个愚蠢而罪恶的计划从马晓明的脑海中闪出，先杀死父母和奶奶，然后再自杀。怕"父母、奶奶会很伤心"就去杀死自己的父亲和奶奶，动机是多么的愚蠢而且幼稚可笑。2015年7月24日上海一著名高校大二学生王某按诈骗电话里"北京朝阳区公安局警官"的要求，抢走了一名女子装有2万元现金的包上交"国家"，竟出现了"为国抢劫"一幕荒唐的闹剧。①

（二）法治观念淡薄

中国是一个法治社会，社会运行的主要控制力量就是法律体系，而科学、健康的法治观念应是全体国民都应该具备的基本公民素质。所谓法治观念是指人们对法律的性质、地位、作用等问题的认识和看法，也就是依靠法律管理国家、管理经济和治理社会的观念。法治观念的实质是指法律至上、以法治国的理念、意识与精神。尽管高中阶段开设了《生活中的法律常识》课程，大学阶段也开设了《思想道德修养与法律基础》课程，但无论是高中生还是大学生对于法律方面的课程都不太重视，加之教学内容多，课时少，授课教师无法系统讲授，致使在日常生活中极其重要的法律意识教育流于形式，很多青年学生的法律知识还仅仅限于书本上学到的

---

① 《"为国抢劫"大学生居然信了》，《贵州商报》2015年8月31日，第B9版。

一知半解，学习的目的也只是应付考试，考试结束后差不多就忘干净了，法律意识与法治思维根本就没有有效培育出来，一旦与人产生纠纷、矛盾、冲突，很多青年学生都不知道运用法律来维护自己的权利，也根本不知道违法犯罪的严重后果或者对应负的法律责任认识不清，甚至有些青年学生根本不懂法，这样的后果则是冲动之下完全不计后果，只图一时痛快，等到酿成惨剧身陷囹圄才后悔不已。一项实证研究表明，青年大学生的法律意识大多还停留在法律心理阶段，是基于自身日常生活对法律现象的一种表面的、直观的感性认识，远没有形成高水平的法律思想体系。只有 30% 的人认为法律应当一律被无条件遵守。被问及能否依法办事时，44.4% 的人称能走捷径就不依法办事。在遇到纠纷时，只有 20% 的人表示愿意通过诉讼方式来解决。① 2004 年陕西渭南高校女大学生勒索案中，犯罪行为人董某在被拘捕后竟然问办案民警："我知道自己错了，什么时候能放我出去？"由此可见犯罪人董某就是一名"法盲"，法律观念与法律意识一片空白。2004 年中山大学蓝庆庞杀人案中，犯罪人蓝庆庞在接受采访时称，让他最后悔的却是两件事：一是他应该早点看心理医生；二是他应该多学点法律知识。2013 年武汉大四学生抢劫案中，犯罪人高某竟然在落网后声称，他以为盗窃比抢劫要严重，所以选择抢劫。由此可见，高某的法律意识是多么的淡薄，多么的苍白。2012 年因犯故意伤害致人死亡的都某在接受我们的采访时，当问到"你在学校上过有关法律方面的课程吗"，都某一会儿说好像学过，一会儿又说好像没学过，最后干脆说忘记了，不知道学过还是没学过，即使学过了也早不记得了。在接受我们访问的所有暴力犯罪的 28 位在押青年学生中，无一例外对法律课程的价值持消极评价，这也从一定程度上说明青年学生在学校接受法律教育的效果有多么不理想。但通过我们对于在校青年学生的问卷调查发现，所有的学校都曾经开设过法律方面的有关课程或讲座，而且在校青年学生对于学校开设法律课程或讲座的价值有较高的积极评价（表 6—1），认为开设法律课程或讲座"非常有用"的占 16.0%；认为"有用"的占 32.3%；认为"有点用"的占 34.3%；认为"没有一点用处"的占

---

① 卢以品：《大学生法律意识状况调查与分析——兼谈高校法律基础课教学应注意的两个问题》，《理论月刊》2003 年第 7 期，第 131 页。

7.9%；认为"不清楚"的占 9.6%；也就是说有超过八成的在校青年大学生认为在校学习的法律课程或讲座对自己的未来生活有价值。虽然在押暴力犯罪的青年学生与在校大学生的数据对比不能完全有效，但至少说明在校青年大学生对于法律课程的重视以及理解程度要远高于在押暴力犯罪的青年学生。

表 6—1   高校法律课程的价值统计表

项目	频次	有效百分比（%）
非常有用	115	16.0
有用	233	32.3
有点用	247	34.3
没有一点用处	57	7.9
不清楚	69	9.6
总计	721	100.0

三　不良个性倾向性

心理，一般是指人的头脑反映客观现实的过程，包括感觉、知觉、思维、情绪等内容。心理因素包括心理过程与个性两个方面。心理过程是由认识过程、情绪过程和意志过程所构成。个性包括个性倾向性与个性心理特征。个性倾向性是指人对客观现实的态度，是人进行活动的基本动力，主要包括需要、动机、兴趣、理想、世界观、人生观、价值观等内容。所谓不良个性倾向性，通常是指能够促发个体实施违法犯罪行为的心理倾向性，它是介于健康状态与病态之间的一种状态。

（一）极端精神空虚

随着社会经济的迅速发展，家庭提供给子女的物质条件极大改善，但物质生活水平的提高，并未带来精神层面的同步发展，甚至出现物质文明与精神文明的严重"错位"，精神上的贫困现象愈演愈烈，这种社会不良现象在青年学生当中也有所体现。一部分青年学生没有远大的人生理想与坚定的信念，也没有具体的人生追求与生活目标，精神空虚，思想颓废，整天碌碌无为，意志消沉，醉生梦死，失去生活的意义与价值。这些精神空虚的青年学生很容易为了钱财，为了享受，为了性刺激而铤而走险走上暴力犯罪的道路。2013 年 4 月青岛发生一起大学生绑架前女友勒索钱财的刑事案件，犯罪人赵某是一名在读高校大学生，学习成绩优秀，感觉碌碌无为，看到影视剧中的绑架案，就想模仿一下，自己导演一回"绑架案"，弄到钱后跟家人说是自己挣的。有了这一想法后，赵某联系上了待业在家的表哥董某以及朋友张某、王某帮助绑架。三人一拍即合。随后，赵某将绑架目标锁定为自己的前女友、某高校商学院在读大学生刘某，并与董某、张某、王某实施了绑架勒索行为。2015 年 12 月湖南省衡阳市雁峰公安分局刑侦大队破获系列持枪抢劫案，犯罪嫌疑人为系衡阳某大学大三在校学生王某。据媒体报道，王某抽高档香烟穿名牌服装，经常挥金如土。又沉迷于网络赌博，两个月时间输掉了 10 余万元，家人寄来的钱远远满足不了需求。面对纸醉金迷的生活与巨额金钱缺口的现实，该大学生迷失了方向，开始蒙面持枪抢劫多家宾馆。①

（二）自尊心过强

自尊，是指尊重自己，维护自己的人格尊严，不容许别人侮辱和歧视的心理状态。自尊心是每一个个体都有的一种心理品质，但在程度上存在个体差异。自尊心体现在自信、自爱、自负、自卑、偏执狂。前两者是自尊心强的积极方面，后三种情况就是自尊心强带来的消极方面。自负是一种极端的自信；自卑是自尊消极的一种普遍表现形式；偏执狂是自尊心达到了一种无法控制的程度而表现出来的反社会倾向。有自尊心是好事，但自尊心过强就未必是好事，很可能会走向自负、自卑、偏执的极端。青年学生，无论是高中生，还是大学生，风华正茂，特别关注自己体貌及外在形象，具有较强的自尊意识，特别是对自己人格尊严的维护。但也有些学生由于家庭、相貌等外在原因导致产生了过高的自尊意识，从而出现自卑或偏执的严重不良心理状态。在自己的人格底线被一再突破，自己的人格尊严屡被践踏的情况下，有些青年学生会恼羞成怒作出极端报复行为。《暴力男人》（*Violent Men*）一书的作者 Hans Toch （1969）认为，羞辱性

---

① 阮占江等：《雁峰警方破获大学生蒙面持枪抢劫宾馆系列案》，2015 年 12 月 24 日，法制网（http://www.legaldaily.com.cn/index/content/2015 - 12/24/content _ 6415176. htm? node = 20908）。

冒犯和对名誉、地位的威胁是暴力行为产生的主要因素。那些缺乏解决冲突和争执技巧的个体，在自尊受到打击时可能使用暴力。① 2004 年马加爵锤杀四名同学，是因为马加爵在与邵瑞杰等几个同学打牌时，因邵瑞杰怀疑马加爵出牌作弊两人发生争执。曾被马认为与其关系较好的邵瑞杰说"没想到连打牌你都玩假，你为人太差了，难怪龚博过生日都不请你……"，马认为他的这番话伤害了自己的自尊心，转而动了杀机。2009 年吉大郭力维校内杀人案事件中，被告人郭力维认为被害人赵研多次对其进行辱骂，伤害了其自尊心而动了杀机。

四　不良个性心理特征

个性心理特征，就是个体在社会活动中表现出来的比较稳定的成分，包括能力、气质和性格。不良个性心理特征是指个体自身存在的气质类型、性格缺陷以及某些基本能力上的缺失或不足导致容易产生社会越轨行为的个性心理特征。

（一）易致社会越轨的气质

所谓气质是指个体具有的典型和稳定的心理活动的动力特征，它不以人的活动目的和内容为转移。② 由于后天环境的熏陶，每个个体都表现出与众不同的气质特征。气质特征本无好坏之分，只不过特定的气质类型在导致社会越轨行为产生的影响力有所不同而已，有些气质类型在特定情境下容易引发社会越轨行为。按照传统的分法，气质包括四种类型：多血质、胆汁质、黏液质和抑郁质。有学者通过对在押的 119 名男性暴力罪犯进行社会心理问卷调查显示，暴力犯罪者多为胆汁质、多血质。他们好冒险，行为鲁莽、轻浮蛮干。即使少数黏液质、抑郁质类型的人，也突出表现出认识能力低下、行为盲目、从众、胆怯、屈服恶势力的特点。③ 一项对云南省少年管教所 60 名青少年犯罪的调查显示，胆汁质和抑郁质者在青少年罪犯中居多数，尤其是属胆汁质的青少年罪犯人数最多，已占总调

---

① Curt R. Bartol、Anne M. Bartol：*Criminal Behaver：A psychosocial Approach*，杨波、李林等译，中国轻工业出版社 2009 年版，第 274 页。

② 梁建宁主编：《基础心理学》，高等教育出版社 2005 年重印版，第 257 页。

③ 诸慰祖、徐玉明等：《暴力罪犯的社会心理调查及生理测试》，《警学研究》1993 年第 1 期，第 22 页。

查人数的 58.3% 左右。[1] 肖文、杨明瑞、陈湘宜等人通过对犯罪少年与正
常少年各 100 例进行了家庭因素、气质类型、性格倾向、血型等因素的病
例——对照回顾性研究结果表明，胆汁质和胆汁混合型者犯罪危险度分别
是多血质和多血混合型的 3.9 倍，黏液质的 16.5 倍，抑郁质的 18.1 倍。[2]
尽管个体的气质类型对犯罪行为的产生有一定的有影响，但不是主要影
响，更不能因此走上气质类型犯罪论的极端。

（二）性格存在重大缺陷

性格是个体对现实的稳定态度和与之相适应的习惯化了的行为方式的
个性心理特征。[3] 性格在个性心理特征中占据核心地位，是个性的外显表
现，是显露的气质的外形。性格有时候也称为个性或人格。大量的调查和
实验研究都发现，犯罪人的性格大多存在某种缺陷，这种具有缺陷的性格
特征，既是促进犯罪心理产生的重要因素，也是犯罪心理，特别是犯罪不
良习性的重要表现。[4] 有学者认为，导致个人极端暴力犯罪的原因是主体
不良因素与主体外不良因素相互作用的结果，其中主体不良因素中性格起
了决定作用。这种性格的犯罪人在认知层面表现为片面与褊狭，他们以自
我为中心，思维缺乏灵活性与变通性，心胸狭隘，多心、多疑；在情绪层
面上表现为冲动与仇恨，这种人的情绪易躁、易怒，冲动性强；在意志层
面上表现为薄弱与固执，大多耐受挫折的能力差，意志薄弱，不善于调节
控制自己的不良欲望和情绪，易激惹，加之固执己见，不良的刺激或障碍
就可能导致其激烈的攻击行为。[5] 有人甚至断言，性格决定成败，一个人
的性格特点决定其日后的命运走向。好的性格成就你的一生，坏性格毁掉
你的一生。[6] 性格可以分为多种维度，其中最常用、最具影响力的是瑞士
心理学家卡尔·荣格（Carl Gustav Jung，1875—1961）提出的内向型与外

---

[1]　杨予：《浅析气质类型差异对青少年犯罪产生之影响》，《云南大学学报法学版》1989 年
第 4 期，第 39 页。

[2]　肖文、杨明瑞、陈湘宜：《武汉市百例少年犯有关因素回顾性研究》，《湖北医学院学
报》1991 年第 1 期，第 56 页。

[3]　梁建宁：《基础心理学》，高等教育出版社 2005 年重印版，第 257 页。

[4]　张保平、李世虎编著：《犯罪心理学》，中国人民公安大学出版社 2006 年版，第 119 页。

[5]　彭科莲：《关于个人极端暴力犯罪者的性格特征分析》，《法制博览》（中旬刊）2013 年
第 12 期，第 301 页。

[6]　杨紫薇主编：《性格决定成败》，北方妇女儿童出版社 2011 年版。

向型分类法。有学者认为消极内向型性格者自我封闭，不仅给自己心理发展和生活带了非常消极的影响，而且与犯罪行为的发生有一定的关系。[①]据我们长期的研究发现，在暴力犯罪的青年学生中有相当比例的犯事学生存在某种程度的性格障碍问题，内向性格的青年学生较多。2010 年川大学生曾世杰"因丑杀人"，事后，不管是他的自述还是其父曾贵安的说法，都显示出一个信息：他的性格暴躁、敏感。2004 年 5 月 16 日，江西医学院大四学生薛荣华在 1 小时内持刀砍杀 7 人，造成 2 人死亡 5 人重伤。据薛荣华的同学蔡勇介绍："薛荣华性格较内向，不善表达。"2004 年中山大学蓝庆庞杀人案中，据蓝庆庞自述说，他"性格内向、沉默，脾气一旦爆发就很冲动"。2006 年江西中医学院李征杀人案中，李征留给众人（包括当地审讯警察）最大的印象就是，"李征太内向了"。2007 年中国矿业大学常宇庆铊盐投毒案中，在常宇庆高中时班主任姜涛以及常宇庆大学同班同学眼里，常宇庆"内向，有些孤僻，不善于与人交流和沟通"。2009 年杭州大四学生袁某抢劫案中，袁某在法庭自述时，把自己的作案动机归结为"自己内向的性格"。2012 年陕西科大杀人案中的张华富"性格显得十分孤僻"，"很少与同学们交流，彼此间的关系也处理得比较紧张"。2014 年 2 月 18 日复旦投毒者林森浩在接受《面对面·林森浩：投毒者自白》（20140223）主持人董倩首次独家采访时谈到自己的性格问题，说自己"思维有点太直，不懂得拐弯"，在短短半个小时的采访中曾至少四次谈到自己"做事不计后果"。

但也有学者得出另外不同的两种结论：一是外向型性格的人更容易暴力犯罪。诸慰祖、徐玉明等人以"EPQ"人格问卷测试了在押 21 名暴力罪犯，得出一个基本结论：这些暴力犯罪行为人性格基本外向，喜欢冒险；思维不成熟；情绪极不稳定，易怒、易焦虑和紧张；对各种刺激的反应都过于强烈，情绪激发后又很难平复。因此：他们易冒火、激动、进攻。[②] 二

---

① 杨恒毅、王媛：《消极内向型性格致罪机制研究》，《辽宁公安司法管理干部学院学报》2012 年第 3 期，第 21 页。

② 诸慰祖、徐玉明等：《暴力罪犯的社会心理调查及生理测试》，《警学研究》1993 年第 1 期，第 22 页。

是性格倾向与犯罪并无显著关联。① 从以上分析中，我们可以发现，个体性格的某些缺陷可能会导致他们较之性格正常的个体更容易滑向社会越轨的泥潭，但存在某种性格上的缺陷并不一定会发生暴力越轨行为，两者并没有直接因果关系，其中应该是有其他的中介因素的介入导致了社会越轨行为的最终产生。

通过我们对在校青年学生的问卷调查发现，个体性格与是否是独生子女、父母严厉程度与否、学科、年级等因素并无显著影响（χ^2 值分别为 0.246、10.732、3.990、9.108；双侧检验 P 值分别为 0.884、0.097、0.407，P 值均大于 0.05），但性格因素与城乡生源地、性别、家庭经济状况、情绪控制能力存在显著差异（χ^2 值分别为 9.664、12.179、28.579、23.811；双侧检验 P 值分别为 0.008、0.002、0、0，P 值均小于 0.05）。研究发现，自来城市的学生性格外向型居多，来自乡村的学生性格内向型居多。就性别而言，男性学生多为外向型，而女性学生则内向型居多。从家庭经济状况而言，生长在家庭条件较差以及经济状况非常糟糕家庭里的学生性格偏内向，家庭条件中等的学生性格类型有差异，但不明显；出身富裕家庭的学生性格并不存在差异性。就性格与情绪控制能力而言，性格内向型的青年学生较之性格外向型的青年学生自我情绪控制能力更强一些。情绪的控制能力对于暴行的发生与否关系重大，尤其是对于那些故意伤害型、过失杀人型、厌世杀人型的暴力犯罪。既然家庭经济状况与性格有关联，而性格又与情绪的控制能力有着显著差异，我们感兴趣的是家庭经济状况、性格与情绪控制能力三者之间是否存在某种关联性？如有关联，又是一种怎样的关联？将家庭经济状况作为一个控制变量导入之后，性格与情绪控制得到了部分阐明。引入家庭经济状况变量之后，出身富裕家庭以及家庭经济状况非常糟糕两种类型的大学生的性格与情绪控制能力之间的关联性消失，而家庭经济状况属于中等以及较差的学生的性格与情绪控制能力之间的关联性得到了证实。研究假设 C1 基本得到证实，经济压力只是青年学生暴力犯罪的一个诱致因素，它通过个体的性格因素发生效力，家庭贫困并非暴力事件产生的充要条件。这也在某种意义上解释了

---

① 肖文、杨明瑞、陈湘宜：《武汉市百例少年犯罪有关因素回顾性研究》，《湖北医学院学报》1991 年第 1 期，第 56 页。

为什么在暴力犯罪这种特殊的犯罪形式中，以来自农村、家庭经济条件一般或较差的、性格内向的青年学生居多。那些家在农村，家里条件一般或较差的青年学生，他们的性格一般过于内向，不善或者不愿与人交流沟通，一旦家庭经济或者自己出现重大变故导致经济困难之时，或者恋爱受挫，这些学生的经济压力以及情感压力就会非常大，他们对于自己负面情绪的控制力会严重下降，负面情绪会突然失控，最终导致凶案的发生。马加爵、曾世杰、龙仕绪、蓝庆庞、李征、张华富、2013 年武汉大学生绑架案中的陈某等人就是典型。

(三) 负面情绪自控能力差

青年学生作为一个特殊的青年群体，生理已经或接近成熟，但心理却尚未达到成熟阶段。这个时期的青年学生情绪起伏极大，具有不稳定性、极端性、敏感性、脆弱性等缺陷。他们年轻气盛，自负又自卑，当遇到重大挫折或困境或者负面情绪累积过多强度过大时，倘若自控能力差，他们的情绪很容易一下子跌入谷底，理性急剧降低，甚至失去理智，极容易采取极端手段解决问题，从而导致暴力行为的发生。在几乎所有的青年学生暴力犯罪中，我们都能发现由于负面情绪失控导致暴行发生的"线索"，无论是对于金钱财富不可遏制的贪欲，还是无法控制的性侵冲动，以及处理矛盾纠纷时的一时冲动，所有这些情形都与负面情绪的爆发而又失去应有的自控能力有关。学者赵永清认为，自我控制系统的缺陷是造成青少年犯罪的直接的、必然的、内在的原因。[1] Edwin Megargee （1966） 认为高攻击性的群体中存在两种不同的攻击性人格：控制不足型与过度控制型。在心情沮丧或遇到挑衅时，控制不足型人格者 （undercontrolled personality） 很少能够抑制住自己的攻击行为，常常作出暴力行为。相反，长期过度控制型人格者可以很好地抑制攻击行为，严格恪守这一行为准则，即使面对挑衅也是如此。他们知道暴力行为可能导致的后果。此类过度型个体属于过度社会化的那一类人。然而，Megargee 也认为，很多时候失望和挑衅可能战胜过度控制。如果发生这种情形，过度控制的人也可能作出暴力

---

[1] 姚建龙主编：《中国青少年犯罪研究综述》，中国检查出版社 2009 年版，第 89 页。

行为，而且与控制不足的人相比，其后果可能更为严重。[①] 由此可见，控制能力不足者与过度控制者都会因为情绪的突然失控而发生暴力攻击行为。关于负面情绪失控导致暴力犯罪的案件比比皆是，我们在家庭预防、学校预防以及被害人研究等章节都有详细论述，在此不再赘述。

（四）抗挫折能力差

挫折是个体在从事有目的的活动过程中，由于遇到阻碍或干扰，致使个人动机不能实现、需要不能满足时产生的消极情绪状态。[②] 它也就是我们平时说的"碰钉子"。人生在世，并非永远一帆风顺，总会遇到无数的坑坑坎坎，这就是古人说的"人生不如意事十之八九"。但人生之中经历些挫折也不完全是件坏事，美国著名社会心理学家亚伯拉罕·马斯洛曾经说过，挫折未必总是坏的，关键在于对待挫折的态度。法国大文豪巴尔扎克曾经这样讲过，"苦难对于天才是一块垫脚石，对能干的人是一笔财富，对弱者则是一个万丈深渊"。故而，抗挫折能力（或者说耐挫力）是人生之中每个人都应具备的一种基本生存能力。所谓抗挫折能力是指当个体遇到挫折或困境时，能积极自主地摆脱困境、超越困难并使其心理和行为免于失常的能力。这种抗挫折能力或耐挫力，也就是美国职业培训师保罗·斯托茨所说的"逆商"（Adversity Quotient，AQ）。在成功学上，IQ、EQ、AQ 并称 3Q，成为人们获取成功必备的不二法宝，有专家甚至断言，100% 的成功 = 20% 的 IQ + 80% 的 EQ 和 AQ。心理学家认为，一个人事业成功必须具备高智商、高情商和高挫折商这三个因素。在智商都跟别人相差不大的情况下，挫折商对一个人的事业成功起着决定性的作用。

多数学者认为当今的青年学生存在耐挫力不强的普遍现象。[③] 一项调查研究表明，青年大学生心理耐挫力的总体水平偏低，心理耐挫力较差的

---

① Curt R. Bartol、Anne M. Bartol：*Crimimal Behaver：A psychosocial Approach*，杨波、李林等译，中国轻工业出版社 2009 年版，第 275 页。

② 梁建宁主编：《基础心理学》，高等教育出版社 2005 年重印版，第 252 页。

③ 董晓倩：《当代大学生心理耐挫力状况调查与对策探讨》，郑州大学 2005 年，第 8 页。持此相同观点的代表性文章有：刘成：《大学生挫折承受力的心理社会因素研究》，南京医科大学 2007 年，第 53 页；陈炯波：《大学生抗挫折能力现状及培养途径研究》，西南政法大学 2014 年，第 19 页；韦春北：《当代大学生耐挫力现状研究》，《中国成人教育》2006 年第 6 期，第 113 页。但也有少数学者提出相反的观点，认为大学生耐挫力水平偏高，代表性文章如：刘欢、戴晃、胡瑜：《大学生耐挫力状况调查研究》，《渭南师范学院学报》2014 年第 23 期，第 63 页。

占 4.6%，心理耐挫力在一般水平的占 45.9%。按照挫折—攻击理论的观点，当人的一个动机、行为遭到挫折后，就会产生攻击和侵犯性反应，从而引起犯罪。经受的挫折越大，攻击的强度也越大。当然，一般挫折并不都引起攻击行为。重大挫折转为攻击行为，还需要环境中存在着引起攻击的重大导火索。青年学生正值青春年少，缺乏人生经验，抗挫折能力与调控能力较差。个别学生面对社交、恋爱、升学、贫困等重大困境与重压时，容易陷入负面情绪的泥潭而不能自拔，长期出现焦虑、失眠、抑郁、恐惧、愤怒、仇恨等不良症状。一旦不能及时调控自己的负面情绪而长期累积或突然爆发，攻击性行为就会迸发出来。2007 年 2 月 12 日，新疆石河子市某大学的在校大三学生李海洋，因为"感情上的纠葛"，将认识仅6 个月的 23 岁的女友杨某活活掐死在出租屋内。2008 年 10 月 28 日晚，中国政法大学政治与公共管理学院大四学生付成励，携刀进入学院教室内，将正在准备上课的老师程春明砍成重伤，程春明随后不治身亡。付成励被控制后，称杀死程春明的原因，是程"潜规则"了自己读研究生的女友，并导致女友与他分手。2003 年 4 月 3 日，浙江大学农业与生物技术学院农学系应届毕业生周一超因为没有收到体检合格通知书，遂对公务员录用工作的公正性产生怀疑，并迁怒于负责招录工作的经办人干根华，起意进行报复而杀人。无论是恋爱受挫，还是考公务员受到了不公待遇，都不应该成为杀人的正当理由。

（五）人际关系处理能力差

1996 年联合国教科文组织"国际 21 世纪教育委员会"公布《教育——财富蕴藏其中》教育报告指出，未来社会教育有四大支柱，即学会认知、学会做事、学会生存和学会共同生活，指出了未来社会教育的基本方向以及青年学生应该具备的基本素质，其中"学会做事"特别强调了处理人际关系能力、交际能力以及管理和解决矛盾的能力。当前我国青年学生人际关系处理能力、交际能力以及解决矛盾冲突能力不容乐观。青年学生的人际关系主要涉及同学关系、师生关系以及与父母等人的家庭关系，囿于学生的特殊身份，青年学生在学校里最主要的人际关系是同学关系、师生关系以及两性恋爱关系。据有关调查数据显示，当前青年大学生人际关系日趋"荒漠化"与"疏离化"，有 30%—40% 的青年大学生人际关系及人际交往存在较大障碍。1999 年袁庆濮、周武君等人通过对河南省四所本科院校、三所专科院校 1036 名大学生人际关系问卷调查显示，29.38% 的青年学生认为自己与同学关系一般化；有 2.87% 的学生自感与同学们关系比较紧张。[①] 2010 年景庆虹通过对北京市 30 所高校 1500 份问卷调查也显示，39.1% 的青年大学生觉得自己的人际关系一般；有 4.1% 的青年大学生认为其人际关系很差。[②] 2013 年 1 月武汉长江工商学院新闻专业学生针对大学生寝室关系，在华中师范大学、华中农业大学等 12 所高校做问卷调查，结果显示，仅 43% 的青年大学生对寝室关系表示满意。[③] 我们对于在校青年学生的同学关系调查结果显示（见表 6—2），七成六的青年学生对于自己与同学的关系持积极评价，34.4% 的学生认为自己与同学关系"很好"；有 42.0% 的人认为与同学关系"较好"；20.6% 的学生认为自己与同学关系"一般"；另有 1.2% 的学生认为自己与同学关系"不好"或"非常不好"。尽管我们的调查数据中认为与同学关系一般以及关系很差的学生比例较之袁庆濮、景庆虹等人的调查数据小一些，但也是一个非常值得重视的重大现实问题。

　　除了人际关系存在较大问题外，青年大学生的人际交往能力也同样存在较大问题。中国青少年心理卫生专业委员会副主任、华中师范大学心理学院教授郑晓边表示，一些大学生缺乏人际交往能力是高校死伤事件频频出现的一个重要原因。[④] 2004 年冯宗侠通过对北京理工大学 500 份问卷调查显示，有 40% 的大学生人际交往能力一般或较差。[⑤] 另据 2010 年周同磊通过对重庆三所高校 300 份问卷调查的数据显示，人际交往有一定困扰者占 28.7%；人际交往有较大困扰者占 10.3%。[⑥] 这样的情形在高中生之

---

　　① 袁庆濮、周武君、张建伟、马华山：《大学生人际关系问卷调查与分析》，《河南大学学报》（社会科学版）1999 年第 6 期，第 72 页。

　　② 景庆虹：《大学生人际关系危机的调查分析及对策》，《中国青年研究》2010 年第 12 期，第 97 页。

　　③ 《高校学生死伤事件频发　大学生寝室关系引发关注》，2013 年 4 月 19 日，中国广播网（http://china.cnr.cn/xwwgf/201304/t20130419_512401517.shtml）。

　　④ 同上。

　　⑤ 冯宗侠：《大学生人际交往能力现状调查研究》，《北京理工大学学报》（社会科学版）2004 年第 4 期，第 57 页。

　　⑥ 周同磊：《大学生人际交往现状调查与分析》，《重庆广播电视大学学报》2010 年第 3 期，第 39—40 页。

中也同样存在，一项关于高中生人际关系状况调查显示，有 25.9% 的高中生认为自己的人际关系不好，有约 12% 的高中生人际关系存在严重困扰。[①] 青年学生本身就处于狂躁的青春期，有些学生人际关系状况不佳，与同学、老师、恋人等关系紧张，再加上其人际交往能力较差，对于人际矛盾冲突处理能力欠缺，在矛盾冲突激化到一定程度时，很容易因情绪失控导致诸多不理智行为，甚至是暴力犯罪行为的发生。2010 年 3 月 30 日，因被人嫌弃样貌丑，曾经的县高考状元、四川大学公共管理学院学生曾世杰在江安校区明远湖边将同校女生彭某杀死，并将另两名同校男生砍伤。曾世杰的辩护律师姚飞说：“曾世杰自尊心很强，独自一人在学校不能很好处理自己与同学的关系，加之自身心理因素等，最终导致悲剧发生。”2009 年四川大学生王迅（化名）弑父案中，据王迅称，他父亲喜欢喝酒，脾气渐坏，经常辱骂家人，特别是骂母亲，还动不动就威胁让他退学。日积月累，父子之间的关系很紧张，一时冲动犯下罪行。犯罪行为人郭斌（化名）与被害人胡某某均系民乐县第一中学复读班学生，2011 年12 月 16 日，同宿舍王某出门倒洗脚水时，胡某某将王某推了一把，致盆里的水倒在郭斌的铺上，郭斌知道后心里不悦。此后胡某某无故骂脏话，郭斌认为是针对他，二人产生隔阂。同年 12 月 21 日郭斌想起平日积怨遂产生报复之念，趁胡某某不备先是用钢管击打胡某某头部，后又用折叠刀捅死胡某某。对于该案，一位法律界人士坦言，被告人没有养成正确的人生观和价值观，不能正确处理与同学之间的矛盾隔阂，因与同学不和产生报复恶念，最终导致了其持械杀人恶果的发生。[②]

表6—2　　　　　　在校青年学生同学关系自我评价统计表

项目	频次	有效百分比（%）
关系很好	251	34.4
关系较好	306	42.0
关系一般	150	20.6

① 蒋国权：《高中生人际关系状况和特点研究》，《运动》2012 年第 7 期，第 60—62 页。

② 曹勇：《一盆洗脚水"冲走"两名高中生的青春年华》，《兰州晨报》2012 年 10 月 12 日，第 AⅡ04 版。

续表

项目	频次	有效百分比（%）
关系不好	8	1.1
关系非常不好	1	0.1
不清楚	13	1.8
总计	729	100.0

除了以上详述的个体认知、个体不良心理倾向以及个体不良心理特征外，个体世界观、人生观、价值观的扭曲，道德沦丧，极端个人主义，严重的报复心理，极端膨胀的不法金钱欲以及性需求，不正确不成熟的恋爱观，严重的自卑心理，缺乏对于家庭乃至社会应有的责任感，精神异常，极强的嫉妒心理等也会对青年学生暴力犯罪行为产生一定程度的影响力。

当然，我们在强调青年学生暴力犯罪的个体因素的同时，一定要把研究的着眼点和重点放在起决定性作用的社会环境因素上。

第四节　暴力犯罪的青年学生个体预防

暴力犯罪的个体预防环节是构建青年学生暴力犯罪预防机制的着眼点及落脚点。如果说家庭对于个体良好德性具有基础的"培育"功能，学校教育体系对于个体良好德性兼具"培育"与"扶正"的功能，但对于个体良好德性的培养关键还是在于个体的"践行"，只有个体在实际生活中身体力行地去践行、落实人的品德内容，个体才能养成良好的个人品性，构筑起违法犯罪预防的坚实堤坝。如果个体不在生活中"力行""德行"，不能把"孝悌忠信礼义廉耻仁爱和平"落实在生活中，即使外部环境多么优越，教育的手段多么高明，教育者如何尽心竭力，个体终将不能成人成才。这也就是古代圣贤书《弟子规》中说的，"不力行，但学文，长浮华，成何人"。故而，青年学生暴力犯罪的个体预防最为关键。

一　提升青年学生的容忍底线

忍让谦和自古以来都是中华民族做人做事的基本信条。忍，意味着内心坚毅而决绝，能忍人所不能忍。忍，是一种能力，也是一种韬略。忍让与宽容并非怯懦胆小,而是关怀体谅。法国思想家卢梭说过,忍让是痛苦的,但它的果实却是甜蜜的。《忍经》云,忍乃胸中博阔之器局,为仁者事也,为宽恕二字能行之。颜子云,"犯而不校"。《书》曰:"有容,德乃大,皆忍之谓也。"① 《增广资文》里劝人说,"忍一时风平浪静,退一步雨过天晴"。孔夫子也对自己的弟子说,"小不忍则乱大谋"。古之圣贤、名士、良将、贤相以忍谦终成大器者比比皆是。韩信忍一时胯下之辱成旷世良将,张良沂水圯桥头拾履终成一代谋臣;苏武北海牧羊十九年,持节不屈,名留麒麟阁;蔺相如回避忍让廉颇,终成将相和佳话;越王勾践卧薪尝胆忍辱负重终复国;文华殿大学士张英"让他三尺又何妨",桐城"六尺巷"美名扬;吕蒙正不记人过,度量如海,三登相位辅太宗成大业。

处于青春期的青年学生,精力旺盛,感情浓烈,热情奔放,情绪起伏极大,争强好胜,勇而好斗,脾气火暴,易冲动,对外界刺激的容忍力较低,一时忍不住而暴力犯罪的案件屡屡发生。在问及"与他人发生纠纷矛盾冲突时,你首先考虑采取的解决办法是什么"时(表6—3),有86.6%的在校青年学生会考虑采取"克制忍让";有4.9%的人考虑采取"武力解决";3.8%的人会考虑"找人帮忙";有2.5%的人考虑会采取"法律手段解决";"秋后算总账"的占0.4%。从以上数据中,我们可以看出在校青年学生在与人发生纠纷矛盾冲突时,绝大部分同学首先考虑到的解决方式是克制忍让以息事宁人,不至于使矛盾激化到不可收拾的地步。这一点与吴殿朝博士的研究结论基本一致,在与人发生纠纷之时,47.9%的在校大学生选择"忍耐一下",居第一位;22.9%的人选择"通过法律途径解决",居第二位。而违法犯罪大学生选择"武力解决"的比例则高达50.4%。② 这说明违法犯罪的青年大学生更倾向于使用武力强硬解决问题。2014年10月21日,笔者在学校食堂用餐,正好目睹了一场不大不小的冲突,两位学生因为插队买饭的问题发生冲突,原因很简单,一位同学去迟了,恰好看见自己的同学排在前面,然后他就插到了自己同

① (元)吴亮、许名奎:《忍经》,诚举等注,云南大学出版社2003年版,前言、第2页。
② 吴殿朝:《中国当代大学生违法犯罪原因研究》,中国社会科学出版社2010年版,第141页。

学的身边，不料后面一位同学说了一句"什么人啊，没看见都在排队吗，什么×素质"，于是插队的同学听后火冒三丈，径直冲到发牢骚同学面前，"插队怎么了，关你屁事，骂我！""你没看见大家都在排队吗？你要遵守秩序！"插队者的同学赶紧上前劝架，旁边的同学也在劝说，打饭的师傅也在喊别搞事，最后插队的同学被他的同学拉走了。事后我在食堂门口拦住了发牢骚差点被打的杨姓同学，我问他当时是你有理，你怎么就那么算了，他说："我不是怕他，当着那么多人的面打起来大家都不好看，都是大学生了这点基本素质还是有的。"我又问："你是不是有点怕他？""我说话也有点儿过了。"杨姓同学答非所问。我想杨姓同学之所以息事宁人，一方面对方人高马大，又是两个人，有些害怕，尽管他不承认；另一方面，他自己也有错，说话过于刻薄，才激起对方的怒火；再一方面是大庭广众之下打架有失面子。最终还是选择了"息事宁人"。但选择采取"武力解决"、"找人帮忙"以及"秋后算总账"来解决问题就存在很大的冲突升级的巨大风险。采取武力方式解决问题极有可能会进一步激化矛盾导致暴力行为；找人帮忙也很可能会越帮越忙，反而使矛盾一发不可收拾；秋后算总账也不是一种理性解决问题的方式，不满情绪一再累积也容易一触即发，最后弄得不可收拾。

表 6—3　　　　　　　在校青年学生发生纠纷后解决途径统计表

项目	频次	有效百分比（%）
武力解决	35	4.9
克制忍让	613	86.6
找人帮忙	27	3.8
法律手段解决	18	2.5
其他方式	3	0.4
总计	708	100.0

为了测量青年学生达到暴力的容忍程度，我们引入"容忍底线"，也就是引发暴力行为的容忍极限。当然这个"容忍底线"因人而异，差异很大。在问及"在何种情形下你会产生暴力行为"时，在所有回答问题

的青年学生中，有 33.6% 的学生直接回答"任何情况下都不会发生"；18.8% 的学生回答当"自己人身财产受到严重威胁"的时候；14.6% 的学生回答当"亲友人身财产受到严重威胁"时会产生暴力行为；6.0% 的学生回答当"自己人格尊严遭到严重践踏"的时候，2.6% 的学生认为当"忍无可忍"或"突破自己的底线"时；2.5% 的学生认为"自己亲友遭到严重侮辱"时；1.8% 的学生认为当"对方以极端方式对待自己"的时候；1.2% 的学生认为当"无力控制自己的情绪"时；1.0% 的学生认为当"惹自己生气"或"被逼得走投无路"之时，其他回答的比例均低于1%，包括：极度郁闷，对方对自己犯下严重罪行，自己的另一半背叛自己或被别人抢走，遭陷害求告无门，被极端蔑视等情况。当自己或亲友的人身或财产安全受到严重威胁、在自己的人格或亲属的人格被人任意践踏侮辱、忍无可忍、对方以极端方式对待自己、被逼得走投无路、遭陷害求告无门、对方对自己犯下严重罪行之时任何人都会奋起反击从而可能导致暴力行为的产生，这些情形我们都可以理解。但"惹自己生气"、"极度郁闷"的情形就有点匪夷所思了。这也从另一个侧面说明，社会焦躁情绪以及社会暴戾之气已经逐渐侵染到了青年学生身上，有极小部分青年学生导致暴力行为的容忍底线较低，也很脆弱，很容易被外界不良刺激所激发从而突破其容忍底线，产生不该有的暴力冲突。2014 年 11 月 19 日，在呼和浩特市某高考补习班的一个学生宿舍里，因为在别人听来很平常的一句玩笑话引发一起命案。一名李姓学生用刀捅伤 3 名学生，两名学生重伤，一名轻伤。① "你们看，那个人长得那么矮，走起路来那么矬！""越矮越矬！" 2013 年 8 月 29 日，江西某技师学院学生刘士被路过的 2013 级新生陈卫和杨江等人嘲笑，十分气愤。由此引发学生群殴行为，最后导致一名学生重伤死亡。②

学校教育，无论是小学、初中、高中，还是大学，都应该进行容忍谦让品德教育，使学生明白容忍谦让的含义及现实价值，使学生明白在什么情况下应该容忍谦让，什么情况下不应该容忍谦让，使青年学生明白只要

---

① 《呼和浩特—高考补习班发生命案　一句玩笑一死两伤》，《呼和浩特晚报》2014 年 11 月 23 日。

② 欧阳晶、黄璜、夏添：《一句玩笑引发惨案》，《检察日报》2014 年 5 月 7 日，第 08 版。

不是面临着人身安全方面的极大危险，其他的任何情形都应该容忍谦让，至少不采取使局势严重失控的过激手段。同时结合大量不忍酿成大祸造成失败的经典案例，使学生明白不忍的极端危害性，激发学生的"免疫效果"，让容忍谦让的优良传统一代一代传承下去，去除弥漫社会的暴戾之气，维护社会秩序和谐、稳定。

二 合理宣泄负面情绪

在心理学上一般会把焦虑、紧张、愤怒、沮丧、抑郁、悲伤、痛苦、仇恨等情绪统称为负面情绪（negative emotion），有时也称为负性情绪，人们之所以这样称呼这些情绪，是因为这些情绪体验是不积极的，身体也会有不适感，甚至影响工作和生活的顺利进行，如若这些不良的、负面情绪长期累积而得不到合理有效的疏通宣泄，一旦遇到剧烈外界诱因刺激，这些负面情绪便会一发不可收拾造成严重社会后果。

培育学生的容忍谦让品德，提升学生的容忍底线，旨在教育学生学会容忍谦让，以避免不必要的祸端。但一味克制忍让而不知宣泄势必如"鱼游于沸鼎之中，燕巢于飞幕之上"，危矣。人生在世不可能事事如意，困难挫折在所难免，常有焦虑、紧张、愤怒、沮丧、悲伤、痛苦、仇恨之情累积心中，这些负面情绪需要及时、合理、有效地宣泄出去，才能保持心理的健康。当个体长期处于负面情绪之中时，就会造成免疫系统功能下降，影响正常的学习与工作，使人际关系严重受损，导致心理疾病的困扰，甚至产生反社会的暴力倾向及行为。人就像一个满装负面情绪的罐子，随着负面情绪的压力越积越大，如果不及时打开阀门减压，总有一天会爆炸，毁灭了自己，也毁灭了别人。有人说负面情绪就像一片流沙，你越挣扎，就越陷越深而无力自拔，但相反，如果你能泰然处之，下陷的速度反而减慢，生还的机会更大。其实，我们每一个人都需要美国社会学家刘易斯·科塞（Lewis Coser）所说的"解压阀"。

青年学生由于学业的压力、人际关系的困扰、两性恋爱关系的挫折、未来就业的焦虑、家庭的贫困等诸多原因会产生和累积大量的负面情绪，如果不能正确、及时地处理这些负面情绪，势必会产生心理障碍，导致过激举动。根据天津市高校统计，在该市5万名大学生中，16%以上的大学生存在不同程度的心理障碍，主要表现为恐惧症、忧虑症、忧郁症和强迫

症等。据大连市某高校调查显示，在该校 34.33% 心理状况不良的学生
中，抑郁问题尤其严重，占 75.69%。另据北京大学心理治疗咨询中心统
计显示，来中心求诊的大学生中主诉抑郁的占 37.9%，列第一位，其余
依次为自卑、焦虑、恐惧等。① 还有一项调查研究表明，大学生中抑郁发
生率为 26.57%，焦虑的发生率为 15.55%，均随年级升高而升高；在抑
郁的学生中，感觉学习压力大、自尊心受伤害、学校不理解的比例随年级
的升高而增大，具有显著性差异。② 通过我们的问卷调查数据显示
（表6—4），有 63.9% 的在校青年学生自称能够控制住自己的情绪，另有
15.6% 的学生自己认为无法控制情绪。这 15.6% 无法控制自己情绪的学
生群体就是一个巨大的火药桶，稍不留神就可能引爆，这部分学生的情绪
问题是学校应该高度重视、需要下大功夫治理的严峻课题。统计数据还显
示，有 63.6% 的学生知道或者听说过什么是情绪控制；另有 35.7% 的学
生不清楚什么是情绪控制。对于负面情绪的宣泄方式，66.0% 的回答者选
择了"找朋友聊天"；65.2% 的学生选择了"看电影听音乐"；42.5% 的
学生选择通过"散步、跑步、打球等运动"的方式宣泄负面情绪；
38.7% 的学生选择"向家人诉说"；30.5% 的学生选择"寻求同学帮助"；
27.3% 的学生选择"找个无人的地方发泄一下"；12.2% 的学生选择"上
网玩刺激游戏发泄"；8.1% 的学生选择"向老师寻求帮助"；有 7.5% 的
学生选择"进行心理咨询"；有 1.0% 的学生选择了极端的"找弱小的动
物或他人发泄"；另有 5.9% 的学生"根本不去管它"。以上数据说明，绝
大部分的在校青年学生在有大量不良情绪累积的不利情况下选择了较为理
性的宣泄方式。但也有极小部分可能会采取对无辜弱小发泄的极端方式。
这种非理性不良情绪发泄方式，极容易造成心理的扭曲、变态，甚至导致
更为严重的社会后果。一项实证研究表明，在心理疾病发生率上，负面情
绪组研究对象的心理疾病发生率（54.35%）显著地高于非负面情绪组
（15.22%）。③ 近几年关于大学生虐猫事件时有发生，引起了社会关于大

---

① 刘媛媛：《高校学生情绪管理探析》，《硅谷》2009 年第 12 期，第 132 页。

② 咸丽玲、马莹华：《大学生的情绪障碍特征》，《中国临床康复》2004 年第 36 期，第
8184 页。

③ 万玲玲、陈捷：《负面情绪对大学生心理疾病发病率影响的研究》，《实用预防医学》
2015 年第 1 期，第 444 页。

学生心理问题的极大担忧。2015年4月两名四川农业大学动物科技学院大一学生石某和李某因退猫款协商不成恼羞成怒"一时气不过"竟然在宠物市场内当街虐杀一只2个月大的小猫。社会学家胡光伟对此事评价说，像这两名大学生，首先他们没有对生命的敬畏，对待生命持无所谓的态度，随意虐杀小动物，这就是一种走极端的方式。① 无独有偶，仅仅过了半年，2015年10月广东财经大学三水校区两名大二学生用热铁烫猫下体和嘴巴，让猫下油锅，把猫舌头穿孔等残忍暴力手段将小猫虐待致死。21世纪教育研究院副院长熊丙奇认为，出现该问题可能基于两个原因，一方面可能是这些大学生本身缺乏保护动物的意识；另一方面则是心理扭曲，无处发泄，将小动物当成发泄对象。②

有了负面情绪并不可怕，可怕的是任由负面情绪的摆布。人人都有负面情绪，关键在于有效管控情绪，合理宣泄宣泄负面情绪，以求得心理的健康与平衡。对于负面情绪的合理宣泄问题，除了对弱小者施暴或者根本不去管它之外，看电影听音乐、运动、寻求外界帮助、进行心理咨询等手段均有积极意义。在负面情绪宣泄方面除了个体积极主动地合理合法宣泄外，寻求心理专业人士的积极治疗将是最佳方式，例如，学校都普遍设立的心理咨询室（中心），这里的心理辅导诊治专业人士能够采取有效的治疗方式彻底清除负面情绪，纠正各种不良心理。但问题是目前的学校心理咨询室（中心），采取面对面治疗方式，青年学生对此存有心理障碍，利用率并不高。原因是，有些学生不敢咨询，担心看了心理咨询后，会被同学和老师认为"脑子有病"；有的只知道心情非常不好，并不知道这就是抑郁、焦虑心理，更不明白应该寻求心理援助；也有学生根本就不知道还有这个渠道来解决心理问题。不仅是在校青年学生，就连孩子的家长也大都有这种"讳疾忌医"的想法，一般也大都采取自欺欺人式的"鸵鸟心态"，将病情隐藏起来。2016年3月川师血案中的暴力犯罪行为人滕刚（化名）的父母就是个典型。据滕母称："2009年2月与2012年9月，滕

---

① 《大学生宠物店虐猫致死　称就是学这个专业的》，2015年10月12日，光明网（http://legal.gmw.cn/2015-10/12/content_17312552.htm）。

② 林斐然等：《大学生虐猫被人肉　虐猫群按数量晋级》，《新京报》2015年10月14日，第A13版。

刚曾自杀两次。第二次割腕后，失血过多以致休克。""儿子中学期间患精神抑郁疾病，高二时还休过学。毕竟有精神病让人知道了对孩子的未来影响不好，我们没有告诉大学里。""我们不愿儿子将来背上一个精神病的标签。"[1] 为了解决这种困境，我们建议是否可以将心理咨询室（中心）改名为"情感宣泄室"，采取类似于西方告解室告解的方式，只听其声不见其人，避免了诊治人员与青年学生直面相对时的尴尬、拘谨、胆怯与羞愧。这种做法既顾及了学生的脸面，保护了当事人的心理隐私，又可以提高专业诊治的有效性。

表6—4　　　　　　　　在校青年学生负面情绪管控与宣泄统计表

问题	选项	频次	百分比（%）
能否控制情绪	能	466	63.9
	不能	114	15.6
	不知道	149	20.4
是否知道情绪控制	知道	464	63.6
	不知道	260	35.7
负面情绪宣泄方式	找朋友聊天	481	66.0
	看电影听音乐	475	65.2
	散步、跑步等运动	310	42.5
	向家人诉说	282	38.7
	寻求同学帮助	222	30.5
	找个无人的地方发泄	199	27.3
	上网玩刺激游戏	89	12.2
	向老师寻求帮助	59	8.1
	心理咨询	55	7.5
	不去管它	43	5.9
	找弱小的动物或他人发泄	7	1.0
	其他方式	43	5.9

---

[1] 王佳慧、韩雪枫等：《川师大血案当事人：两个大学生不可逆转的命运》，《新京报》2016年4月18日，第A14版。

三　不法欲求的正常移转

在心理学上，欲求一般是指欲望和需求。欲望是由人的本性产生的想达到某种目的的要求。需要是指人体组织系统中的一种缺乏、不平衡的状态。而需求则是需要产生的要求。无论是欲望，还是需求，本无善恶之分，但从法律的层面上讲，满足欲求的手段却有合法与非法之分。需要金钱的欲求人人都有，通过合法经营、勤奋工作获得金钱就是合法的，而通过盗窃、敲诈勒索、诈骗、抢夺、抢劫等手段获得金钱的欲求就是非法的。

通过我们的系统研究发现，青年学生暴力犯罪基本分为两大类型：一类是因情绪失控导致的暴力犯罪，如激情杀人、厌世杀人等，一时情绪失控，或者因长期负面情绪累积，负面情绪失去控制而从事暴力行为。另一类则是因为自己的不法欲求失控所致，如非法的性侵欲求，因缺钱而实施抢劫、敲诈勒索等。2013年4月14日，武汉某高校大四学生高某（化姓）接连两次入户抢劫未遂，经群众举报落网。据高某交代，"铤而走险是因为缺钱花"。高某说，他读大学每年学费要1万元，住宿费1000元，每个月生活费1000元，几年下来花了家里不少钱，如今大四了，他在一家房产中介做兼职，便决心不再跟家里要钱。"可是我在公司上了两个月班，只拿到800元钱，根本不够开支。"2009年12月6日，杭州一大四学生袁某因无钱交学费持刀进入一酒店抢劫前台服务员。审判长问小袁为什么要这么干时，小袁供述说，2009年9月底是大四最后一个学期，工作比较难找，打算开网店，结果被人骗走3000多块，这些钱是父母给我交学费的。没钱交学费，只好用信用卡透支，银行又来催……实在是走投无路了，家里本来就没钱，妈妈身体不好有心脏病。2011年1月14日为凑钱请同学吃饭，淄博某大学大学生吴某和王某竟在公园内抢了一对情侣300元钱。经审讯，这两名嫌疑人分别是在校大一和大二的学生，春节之前，两人想请同学吃饭，但身上又缺钱，便临时起意合伙出门抢点钱花。而抢劫当日，王某刚刚过了自己的18岁生日。2012年3月24日陕西某高校在校大四学生孙晶磊"因缺钱"绑架并杀害了同校大二女学生倪某某。[1] 江西一所高校的20岁在校大学生

---

[1]　广文革、王勇等：《省高院二审公开审理在校大学生绑架杀害人质案》，《陕西日报》2013年11月26日，第2版。

黄某看"黄片儿"引发强烈性冲动，两次强奸同学获刑六年。①

当然个体有了不法欲求也不是造成青年学生暴力犯罪的必要条件。有了不法的欲求也并不可怕，有些不法的欲求也只是在头脑中一闪而过，并不一定会产生社会越轨的严重后果，关键在于不法欲求的有效控制和正常移转。谋财型的青年学生暴力犯罪主要是由于家庭的贫困以及过度追求浮华享乐所致。性暴力犯罪主要是由于个体对于强烈的性侵冲动无法有效抑制并正常移转出去所致。因此，有效治理青年学生暴力犯罪的一个基本策略就是教育学生养成有效抑制以及正常移转不法欲求的基本素质。当问到"当你产生非法欲求如缺钱花、性侵犯罪冲动时你会如何处理"时，在参与回答的在校青年学生中，有6.6%的学生直接说"不会出现这种情形"；有29.9%的学生会"克制或控制"；14.3%的学生说"通过正当途径解决"；7.5%的学生会"转移注意力"；5.9%的学生选择"冷静"；5.6%的学生选择"忍着"；5.2%的学生选择"寻求帮助"；4.8%的学生选择"控制情绪"；其余的回答依次是："想想后果"（3.2%），"听音乐"（3.0%），"自己打工挣钱"（1.6%），"睡觉"（1.5%），"想想父母"（1.1%）等。以上各种做法都是正常移转不法欲求的有效手段，也会对产生的不法欲求产生积极有效的抑制作用，从而避免了社会越轨行为的产生。

对于可能因不法欲求抑制、移转失败而导致的青年学生暴力犯罪行为的治理，需要青年学生个人、家庭、学校以及社会力量齐抓共管，标本兼治，才能降低青年学生因不法欲求失控导致暴力犯罪的风险。学校教育体系应该对于贫困青年大学生提供尽可能多的经济支持，助学金发放的学生比例以及金额应以能够帮助贫困学生完成学业为宜，勤工助学岗应最大限度向贫困青年学生开放，使贫困青年大学生不至于因外出打工而荒废学业，而且要改变贫困助学金公开评选的错误做法，避免某些贫困青年大学生因自卑而放弃助学金的申请。家境贫困的学生也应摈弃自卑羞怯心理，充分利用学校提供的各种政策申请助学金、助学贷款及助学岗，由此获取完成学业所需费用。学校还应该对于青年学生进行系统、严肃、扎实的青

---

① 胡振艺、刘媛：《看"黄片儿"引冲动 大学生两次强奸同学获刑》，2013年9月9日，新华网（http：//news.xinhuanet.com/legal/2013–09/09/c_125352331.htm）。

春期性教育，使学生明白性暴力犯罪的严重后果，防患于未然。与此同时，青年学生也应该学会采取无害、合法的方式自己解决一时"性"起的性冲动。政府应该采取有效措施对雇佣贫困青年学生的企业、工厂提供税收等政策扶持，或者给予一定的经济补偿，同时对于损害贫困打工学生权益的用人单位给予严惩，切实保护贫困学生的合法权益，使其不至于产生社会仇视心理。国家应该制定相关政策鼓励社会保险机构参与到贫困学生的信用贷款专项业务中，为贫困学生的未来保驾护航。对于贫困大学生家庭而言，父母不仅应尽最大可能保证子女的教育费用，而且要同在外就读的青年学生保持经常性联络，及时了解学生的情感情绪变化，防止青年学生产生心理异常问题。

四　建立青年学生对于家庭的责任意识

中国人历来就有重视家庭的传统观念。受传统社会"孝道"、"传宗接代"、"养儿防老"观念的影响，中国人家庭观念特别浓厚。家庭是联结个体与社会的重要纽带。作为构成社会的基础细胞，家庭的和谐、稳定、运转正常将是社会稳定的根本所在。家庭的破裂，亲情的沦丧，势必影响青少年的健康成长，增大个体违法犯罪的风险，也会对社会秩序的稳定造成巨大冲击。

青年学生尚处在求学阶段，经济上没有独立，感情上还未完全"断奶"，对于家庭父母存有强烈的依赖。这种强烈的家庭依赖将有助于降低青年学生暴力犯罪的概率。学者杨静慧在研究青少年犯罪预防问题时，创新性地提出了一种"发展型家庭政策"，其中强调了预防犯罪的家庭成员责任问题。她认为，负责任的家长会将资产用于孩子的教育和培养，这种责任心大大地降低了青少年犯罪的发生率。家庭的亲情使其成员更加清晰地明确自己的责任，积极完成社会化任务，从而有效减少了消极越轨行为，维护了社会的有序与和谐。[①] 重视亲情，强调对家庭应承担的责任是青年学生的一项优秀品质，这项优秀品质对于在校青年学生和暴力犯罪青年学生都同样适合，区别就在于重视程度以及践行的结果存在巨大差异。

---

① 杨静慧：《发展型家庭政策：预防青少年犯罪的有效切入点》，《国家行政学院学报》2013 年第 5 期，第 90 页。

在校青年学生是"事前重视",而暴力犯罪青年学生则是"事后强调"。在问及"你觉得人生意义的追求是什么"时（表6—5），有86.7%的在校青年学生回答"家庭幸福"。这说明了家庭在在校青年学生心目中应有的分量。可能正是由于这份沉甸甸的家庭责任心才有效避免了违法犯罪等社会越轨行为的发生。据吴殿朝博士研究发现，在校大学生在实施某一行为时，把"父母培养的艰辛"放在首位，比例为32%，他们行为前考虑更多的是"父母培养的艰辛"、"行为后果"、"与人生前途的关系"等因素。而超过一半的违反犯罪大学生在实施行为前考虑更多的则是"违法犯罪行为如何得逞"，近三成的违法犯罪大学生是在一种"说不清楚"的心态下实施了违法犯罪行为。[①] 暴力犯罪的青年学生一般都是在"事后"才幡然醒悟，表现出极强的"后悔之心"或"悔恨之心"，自觉对不起含辛茹苦抚养自己二十年的父母，并表示出对于未能尽到应尽孝道的愧疚之情，大有"早知今日，何必当初"之悔意，但这人世间从来就没有后悔药可卖。《论语》有云："一朝之忿，忘其身以及其亲，非惑欤？"意思是说，由于一时的气愤，以至于忘记了自身以及自己父母的安全，这不是糊涂做法吗？[②] 即使如马加爵那般犯下滔天罪行，他还是表现出人性的一面，表现出对自己父母以及自己亲戚的愧疚之情。学校在教育教学过程中要注意培养青年学生的责任意识，特别是青年学生对于家庭的责任意识，利用父母的养育之恩激发起青年学生对于家庭应尽的责任，对于父母的赡养义务，对于整个家庭的扶持义务。青年学生也应时时提醒自己：在与他人发生纠纷矛盾冲突时，要约束自己的行为，注意自己的言辞，控制好自己的情绪，避免严重社会越轨行为的产生。一旦控制不好自己的情绪与欲望产生极端暴力犯罪行为，轻则身陷囹圄，重则失去年轻的生命，白发人送黑发人，那才是父母在人世间最大的不幸，也是孩子对于父母最大的不孝。这是对父母负责，对整个家庭负责，同时也是对自己的人生负责。

---

① 吴殿朝：《中国当代大学生违法犯罪原因研究》，中国社会科学出版社2010年版，第94—96页。

② （元）吴亮、许名奎：《忍经》，诚举等注，云南大学出版社2003年版，第4页。

表6—5　　　　　　　　　在校青年学生人生追求统计表

项目	频次	百分比（%）
金钱财富	210	28.8
出人头地	292	40.1
家庭幸福	632	86.7
长寿	181	24.8
奉献社会	159	21.8
随遇而安	148	20.3
其他	23	3.2

　　提升青年学生的容忍底线，合理宣泄自己的负面情绪，将不法欲求正常移转，提醒青年学生对于家庭应尽的责任，这些措施更多的是关注"时下"越轨行为的预防，但更多的是要关注青年学生早期诸如性格、正确人生观价值观、良好品性的培育等构成的"早期"社会越轨预防。

第七章

青年学生暴力犯罪之被害人研究

作为青年学生暴力犯罪行为侵害的客体之一，被害人一直是青年学生暴力犯罪研究的薄弱环节，素有"一个被忽视的群体"之说。正因为如此，长期以来，关于暴力犯罪案件中被害人研究应具有的重大价值也一直被有意无意地"忽略"了，但作为青年学生暴力犯罪预防中重要的链结，被害人研究对于构建青年学生暴力预防控制机制应有的价值不言而喻。

第一节　被害人研究的重要意义

一　有利于健全青年学生暴力犯预防机制

青年学生暴力犯罪构成的共同要件包括了暴力犯罪主体、暴力犯罪客体、暴力犯罪的主观方面以及暴力犯罪的客观方面，青年学生暴力犯罪被害人和暴力犯罪侵害人属于犯罪行为的两个最基本的对立面。以往的研究对于青年学生暴力犯罪侵害人、暴力犯罪的社会危害、暴力犯罪的动机研究比较多，但对于青年学生暴力犯罪的犯罪被害及其与犯罪侵害之间关系的研究却较少，原因无非有如下几个方面：一是青年学生暴力犯罪被害人难以搜寻。这些暴力犯罪的被害人不像侵害人那样被羁押在监狱或管教所，易于实地采访，这些被害人不是死亡，就是难以查询到被害人确切地址，这是被害人研究的难点之一。二是出于对于被害人的保护。对于那些青年学生暴力犯罪中的在世的被害人，社会普遍存在一种同情的社会意识。在刑事犯罪事件中，被害人常常被看作无辜和值得同情的对象，是弱者，人们从内心里不愿再次揭开被害人及其亲属的惨痛经历，尤其像那些因为暴力犯罪造成严重伤残的受害人，或者那些性暴力犯罪的女性受害人,"重回犯罪现场"无疑是对受害人身体以及心理上的"二次伤害",社会有意无意地将被害人隐藏起来施以道义以及法律上的保护。三是被害人不愿接受访问,无法获得第一手资料,这对于被害人研究也是一个不小的挑战。基于以上三点原因,学术界对于青年学生暴力犯罪中的被害人研究并不多。但对于青年学生暴力犯罪预防机制的构建来说,如果缺少了潜在被害人的环节,那么青年学生暴力犯罪预防控制的有机链条就不够完整,实施的效果也会难尽人意。

二 有利于公正、辩证地看待青年学生暴力犯罪现象

由于社会刻板印象的影响,社会对于青年学生暴力犯罪案件中的被害人过错会出现一定程度的认知偏差,有下意识"减轻被害人过错"的不良认知倾向。有时候被害人明显存在重大过错,人们也会出现"晕轮效应",不管三七二十一将大棒全都抡向侵害人,恨不得一棒子将其打死,大有"不杀不足以平民愤"之意味。这种受害人存在重大过错的青年学生暴力犯罪案件也不在少数,以色列律师门德尔松早在1947年就提出了"被害人有责性理论",1948年亨迪格在其名著《犯罪人及其被害人》一书中提出一个重要观点,即在特殊情况下,犯罪人及其犯罪行为是被害人促成的。在校园暴力犯罪案件中,被害人存在的一些自身因素对侵害人的犯罪动机形成或强化有互相的关联,例如部分被害人在与侵害人接触过程中存在情感纠纷、使用了言语挑衅或者有财产外露等等因素。在校园暴力犯罪中,有的学生受害人存在恶语相激、非难或者武力挑衅等诱发性因素,刺激和强化了侵害人;有些被害人表现为轻信他人、大意或者贪利等自身因素强化了侵害人形成犯罪动机等。[①] 因此,对于被害人的系统研究有利于厘清侵害人与被害人的过错与责任,辩证、公正地看待青年学生暴力犯罪现象,对于司法系统公正、公平司法也是大有裨益的。

三 被害人研究在司法刑事侦查中具有重大理论与实践价值

"二战"前的刑事科学完全专注于刑事犯罪人,但是犯罪状况通常是

---

① 李洛云、李文超:《从潜在被害人角度考虑解决校园暴力》,《人民法院报》2016年1月30日,第2版。

由犯罪行为者和犯罪被害人两方面构成，因此，当犯罪学只研究犯罪行为人而忽略犯罪的被害人时，它是不完整的。从这个意义上说，正在走向成熟的被害人研究，纠正了过去犯罪学片面的罪犯本位理论，充实了现代犯罪学对犯罪事件的动态关系研究，增强了犯罪科学的统合性研究，促进了犯罪学成为一门完整的学科。并且，随着犯罪被害人研究的成熟，它对于现代司法刑事侦查也具有重大实践价值。它不仅有利于查清犯罪原因，有助于全面认识犯罪的发生过程和深化犯罪原因的研究；而且有利于准确推断出犯罪嫌疑人的作案动机、惯技和标记等，从而确定排查范围，及早锁定犯罪嫌疑人，查明犯罪事实，最终确定犯罪性质。

四　有助于充分关注并保障被害人的权利

长期的被害人学研究表明，犯罪行为的后果通常不是单一的，而是多层次、全方位的综合后果，尤其是那些遭受暴力犯罪的受害人，其所遭受的暴力行为的后果将更可怕、更严重、更难以修复。犯罪行为损害的不仅仅是被害人的身体、财产、乃至生命，更有可能是被害人精神上长久难以平复的创伤，由此导致犯罪行为受害人在工作方式、生活方式以及社交方式上的重大变异，使受害人终生生活在羞愧、恐慌、疼痛之中。因此，被害人研究应特别关注被害人权利保障问题。当然，受受害人界定的拘囿，关于犯罪被害人一般是指生命、身体、财产等权益遭受犯罪或其他社会越轨行为侵害的危害后果的承受者。① 这里的"危害后果的承受者"不仅包括被侵害的自然人，还应包括被侵害的单位、国家等社会组织形式。受研究经费以及被害人的复杂性，本研究的被害人仅指受青年学生暴力犯罪直接侵害的自然人及被侵害自然人的家庭直系亲属。随着社会观念的进步，经济的发展，被害人的内涵和外延都会有所拓展。被害人权利不仅包括受害人物质损失的补偿或赔偿，还应包括被害人因暴力犯罪导致的精神赔偿；不仅要重视被害人的法律地位与权利，还要动员社会力量采取各种更人性化的措施来救助、帮助受害人，恢复其被暴力犯罪行为侵害的社会关系。对于受害人进行金钱或物质救济，只是受害人研究的表征，更深层次的救济应是受害人精神和社会关系的修复。目前，中国对于青年学生暴力

---

① 张旭、单勇：《犯罪学基本理论研究》，高等教育出版社 2010 年版，第 217 页。

犯罪受害人权利的伸张更多的是关注受害人的经济或物质权利的救济，对于受害人的精神救济研究则关注不够，方法不多。因此，受害人研究对于青年学生暴力犯罪受害人权利伸张意义重大。

五　有助于最大程限地消除潜在青年学生暴力犯罪风险

通过系统的被害人研究，社会能够对青年学生暴力犯罪被害人基本特征有一个较为清晰、科学的认知，对于"潜在被害人"身上所具有的一些潜在被侵害特质进行有效"提示"，以便使这些"潜在受害人"能够关注到自身这些潜在被侵害特质，采取有效措施及时规避那些潜在的侵害风险，减少、消除各种易致被害因素，增强对青年学生暴力犯罪的辨别力、免疫力和抵抗力，只有这样才有助于提升潜在青年学生暴力犯罪被害人的自救能力，预防被害，减少被害，并最终有利于解决我国日益突出的青年学生暴力犯罪问题。

总之，作为青年学生暴力犯罪系统预防控制链条上的重要一环，对于青年学生暴力犯罪被害人的系统研究不仅是必要的，而且对于青年学生暴力犯罪预防机制构建意义重大。

第二节　被害现象的理论解释

被害现象是指在特定时空条件下被害人、被害事件所担受、表现、反映的与犯罪发生有关的诸多经验事实。在狭义被害人学中，被害现象是指自然人或社会组织所遭受犯罪侵害的事实和状态，其实质是一种被害者遭受犯罪行为侵害的事实。对于被害人为什么能够成为被害人，而其他人却没有成为被害人这一特殊现象，学术界一直非常困惑。那种认为被害人天注定的看法实属无稽之谈，充满了宿命论的格调。20 世纪 40 年代随着被害人学的兴起，大量关于被害人及被害现象的理论解释如雨后春笋般迸发出来，概括起来主要有以下几个方面。

一　生活方式暴露理论

美国学者迈克尔·欣德朗（Michael J. Hindelang）等人于 1978 年提出"个人被害——生活方式暴露理论"（A Lifestyle Model of Personal Victimization）。该理论认为一个人之所以被侵害，是因为其本身所具有的某些特性导致被害概率显著增加，甚至成为犯罪被害人。即一个人之所以成为犯罪被害人是因为其生活方式增大了他与犯罪行为人接触、互动的概率。由于被害人的生活习性、家庭背景、文化差异等显著特征会影响到被害人的生活方式及其日常活动，并进一步决定了其会暴露于危险中的时间、地点，进而影响到其成为犯罪被害人的可能性。生活方式暴露理论通常用于解释犯罪被害的模式。[1]

生活方式的差异将导致个体社交情境的不同，这种不同的社交情境决定了个体卷入犯罪事件的危险性的概率不同，具备某些特殊的工作、生活方式的个体遭受不法侵害的可能性较其他人会更高。不同的生活方式其中蕴含着不同的被侵害概率。那些居住在贫民区、环境治安恶劣地区的人，那些从事夜间工作的人，像夜班出租车司机、上夜班工人、摆夜摊的小商贩、各种娱乐场所的从业人员、性工作者以及流浪汉、吸毒者、穷困者、女性衣着过于奢华暴露等，这些人遭受侵害的风险较之平常人要高得多。

二　被害人诱发理论

被害人诱发理论（Victim Precipitation Theory）认为，犯罪之所以发生与被害人有很大关联，在特定的时空情境下，被害人的行为引发争端，并在某种程度上刺激、诱发、催化了犯罪行为的发生，最后导致自己被侵害。"被害人诱发"这一概念最早是由美国犯罪学家马文·沃尔夫冈（Marvin E. Wolfgang）于 1958 年在研究杀人犯罪形态时首先提出的，"被害人诱发"是指被害人直接、积极引发杀人犯罪。[2] 该理论强调，在某些犯罪案件中被害人并非全部完全是无辜的，有时有些暴力案件的发生与被害人过度的言行举止有直接关系，也就是说是被害人直接"诱发"或"催化"了加害者的犯罪行为。

被害人诱发犯罪的因素很多，如在纠纷、争执中被害人对加害人首先

---

① Hindelang, Michael S., Michael Gottredson and James Garofalo. 1978. Victims of Personal Crime. Cambridge, MA: Ballinger. 转引自张乐宁、罗瑞芳：《生活方式暴露理论和日常行为理论对自行车盗窃被害的应用研究——基于天津的调查数据》，《江苏警官学院学报》2010 年第 2 期，第 108 页。

② 张旭、单勇：《犯罪学基本理论研究》，高等教育出版社 2010 年版，第 211 页。

动手攻击、过重攻击；胁迫威逼利诱；恶毒挑拨、谩骂；随意侮辱；态度强硬蛮横无理；与他人通奸或包养情人；诬陷别人等。当然，这些诱发性因素不一定对犯罪发生起决定性作用，但在某些犯罪案件中具备了对于犯罪行为发生的"诱发"、"催化"效果是显而易见的。美国犯罪学家沃尔夫冈根据他对费城警察管区四年内发生的杀人案进行调查发现，有诱发行为的被害人占被害人总数的26%。[①]

被害人诱发理论对于分清犯罪责任，公平确定罪犯罪名以及罪罚，合理分摊赔偿份额有重要司法价值。并且，该理论对于每一个个体在处理个人矛盾冲突时，避免对矛盾方过度刺激以免激化矛盾，使事态进一步升级，最终导致惨剧发生有显著警示作用。

三 日常活动被害理论

日常活动理论（Routine Activity Theory）是美国印第安纳大学社会学教授、犯罪学家劳伦斯·科恩（Lawrence E. Cohen）和得克萨斯州立大学社会学教授马科斯·费尔逊（Marcus Felson）于1979年提出的一套用以解释犯罪被害几率的理论，它是犯罪机会理论的一个分支，是新古典主义犯罪学的重要组成部分。该理论主要关注犯罪的情境问题（situations of crimes），认为人们的生活方式与犯罪行为的潜在被害具有关联性，认为潜在的被害人的惯常行为模式为犯罪人的侵害行为的发生提供了更多的犯罪机会，并且通过控制或消除这些潜在被害机会，增强社会的整体防卫能力，就可以减少犯罪的发生，从而实现有效降低社会犯罪率，维护正常社会秩序的终极目标。

日常活动理论始于科恩和费尔逊于"二战"后对美国家庭的观察，他们在研究中发现，当经济发达，双亲家庭更见普遍时，妇女在家的时间减少，犯罪率便会上升。同时，当科技越来越发展，货品设计越来越轻巧及方便时，犯罪率也会有所增加。基于以上研究，他们提出人们的活动模式与犯罪有密切的关系。他们在理论中提出三个诱致犯罪的要素，分别是有犯罪动机的人、合适的目标及缺乏有能力的监管人，当这三个要素共同出现时，犯罪的概率就会显著上升。人们特别是那些具备易致害倾向的潜

---

① 张旭、单勇：《犯罪学基本理论研究》，高等教育出版社2010年版，第221页。

在被害人的日常生活具有一定规律性，这些规律性容易被犯罪分子察觉善并加利用，把被害人从普通人群中"挑选"出来，成为最佳犯罪目标，如果再加上当时的环境缺乏足够的犯罪抑制因素，犯罪行为就会随之发生。1996 年费尔逊在其力作《犯罪与本质》中又添加了三个要素，分别是对犯罪动机者有约束力的操纵者、负责保护合适目标的监护者及负责看管物业场地的地点管理者，以上六项因素成了犯罪者的推力及反推力。

社会上总是存在着大量具有犯罪动机的潜在的犯罪人，他们在寻找着犯罪的目标，而具体的犯罪等非法活动的实际发生，还需要在时空关系上与日常生活合法活动相配合。正是被害人的日常活动方式契合到犯罪的时空中为犯罪发生提供了一定的机会。① 这样的直接接触机会包括早出晚归、居住在犯罪高发区、单身独居、生活过于暴露奢华等"生活形态"。

四　被害者一般系统理论

按照一般系统论创始人贝塔朗菲的观点，所谓系统是相互联系相互作用的诸元素的综合体。被害者一般系统理论从系统论视角出发将犯罪看作一个完整的系统，在这个大系统中包含着犯罪人子系统、受害人子系统、情境子系统等众多子系统。其中被害人子系统由被害人个人因素、学校因素及社会因素等部分构成，这些组成部分相互联系、相互影响、相互制约。被害者一般系统理论认为，一个人之所以成为被害者是由构成被害人子系统的各种相关因素有机组合而成，而非单一因素引发犯罪行为及犯罪结果。而被害人子系统又与犯罪人子系统等其他子系统相互联结、相互影响、相互沟通。

被害人一般系统理论的学术贡献在于在整合各种被害及被害人因素的基础上，将被害现象看作一个系统，抑或说是在系统的视角下看待被害现象。

五　可防卫空间理论

如果说上述理论均是站在被害人之被害视角来观察被害现象，那么可

---

① 张乐宁、罗瑞芳：《生活方式暴露理论和日常行为理论对自行车盗窃被害的应用研究——基于天津的调查数据》，《江苏警官学院学报》2010 年第 2 期，第 109 页。

防卫空间理论则是站在潜在被害人自我预防的视角来处理犯罪问题，着眼于城市犯罪的空间环境与犯罪行为之间的联结关系。可防卫空间理论并非单一理论表述，而是主要由简·雅各布斯（Jane Jacobs）的"街道眼"理论、奥斯卡·纽曼（Oscar Newman）的可防卫空间理论以及杰弗瑞（C. Ray Jeffrey）的环境设计预防犯罪理论三个理论构成。

　　1961年，美国记者简·雅各布斯发表专著《美国大城市的死与生》，用社会学方法探讨街道空间的安全，据此发展了"街道眼"的概念，主张保持小尺度的街区和街道上的各种小店铺，用以增加街道生活中人们相互见面的机会，从而增强街道的安全感。1968年，美国纽约大学规划与住宅学院院长奥斯卡·纽曼开始为期三年的住宅防卫安全问题的全面研究。1972年，纽曼在《可防卫的空间》一书中系统地提出了"防卫空间"的概念和理论。他力图通过对建筑环境的设计与改造减少犯罪，其核心思想是通过增强视觉可达性提高对地点的非正式监视和观察度。该理论认为，城市高层住宅社区是犯罪的温床，单纯依靠强化警力不能完全解决问题，防范犯罪的根本措施是通过环境设计手段创造出犯罪的"可防卫空间"。纽曼确定了四项基本的防卫空间因素：预防的区域、自然性观察和监视空间、居住区建筑的物理性状、具体环境。这四项因素是影响某一社区犯罪的基本因素，通过对这些因素的注意、认识及其调控，能有效地减少某一社区的犯罪和控制犯罪。纽曼提出了"可防卫空间"的设计原则：一是明确界定居民的领域，增强控制力；二是提高居民对环境的监视机会，减少犯罪死角；三是社区应与其他安全区域布置在一起，以确保安全；四是应该促进居民之间的互助、交往，避免使之成为孤立的、易受攻击的对象。1971年，佛罗里达州立大学犯罪学教授C. 雷·杰弗瑞出版了《通过环境设计阻止犯罪》一书，认为预防犯罪应考虑犯罪发生环境与犯罪人的互动关系，通过设计和建设不利于犯罪活动的环境，减少犯罪的机会。①

　　可防卫空间理论一反以往研究主要针对犯罪人、被害人，过度纠缠于犯罪原因的研究拘囿，变被动应对为主动预防，另辟蹊径将研究视角放在

---

　　① 徐大慰：《国外城市犯罪的空间理论综述》，《山东警察学院学报》2015年第5期，第79—80页。

犯罪预防的空间设计上，从空间环境设计入手防控城市犯罪，弥补了传统犯罪学各领域忽视犯罪载体的缺陷，展现出一片清新、充满创意的学术领域。①

一言以蔽之，上述对于被害现象的理论解释均各自从被害现象的不同研究视野出发获得诸多关于被害现象的规律性结论，但必须清醒地认识到没有任何一种理论可以解释一切被害现象，也不可能包治百病，每一个理论仅对某一特定被害现象具有解释力，而且我们在关注被害人及被害现象时，也应对犯罪人及犯罪行为保持高度理论警惕，万不可因为关注被害人，而忽视对于罪犯以及犯罪行为的预防与惩治，两者并行不悖。

第三节   被害人的基本特征及预防保护

所谓特征，是指一事物区别于他事物的特别显著的征象、标志。被害人的特征，就是对被害人的身份、性别、年龄、心理、个性等特点以及在"犯罪—被害"这一互动过程中所起的作用、自身责任程度等所作的抽象概括。② 在刑事犯罪案件中，被害人通常被刻板地认为是完全无辜的、被动的、值得同情的，而将对被害人的同情人为地转化为对加害者的谴责、愤怒甚至仇恨心理。但现代犯罪被害人学研究表明，犯罪人和被害人之间不是一种简单的侵害与被害、主动与被动的静态关系，而是一种动态的、互相影响、彼此作用的互动关系。被害人不仅是犯罪行为的承受者和被害者，在某些犯罪中，他（她）也可能是招致自己被害的积极主体。在很多情况下，犯罪的发生和升级都是犯罪人与被害人相互作用的结果。犯罪行为不完全是犯罪人单方所决定的，被害人在犯罪行为中也起着重要的影响、制约和推动作用。③ 也就是说，在所有犯罪案件中有些犯罪被害人是完全无辜的，自身没有任何责任。有些被害人自身存在某些容易促成犯罪发生的因素，但被害人对犯罪的发生不负责任，我们称之为有过错不担责

---

① 王发曾：《我国城市犯罪空间防控研究二十年》，《人文地理》2010 年第 4 期，第 27 页。

② 苏方元：《被害人的特征论》，《行政与法》2006 年第 7 期，第 121 页。

③ 杨向华：《论犯罪被害人的过错》，《山西经济管理干部学院学报》2006 年第 2 期，第 67 页。

的犯罪被害人。但现实社会中也有大量的犯罪被害人自身存在相当程度的过错，对实际犯罪行为的发生起着诱发、强化的作用，我们把这类犯罪被害人称为过错担责被害人。有学者研究调查数据表明，将近四分之一青少年犯罪含有被害人行为过错的成分。[①] 因此，梳理廓清被害人的基本特征，对于违法犯罪尤其是暴力犯罪的预防、减少与消除具有重要理论与实践价值。

一　青年学生暴力犯罪被害人人口学统计特征

较之其他类型的社会暴力犯罪，青年学生暴力越轨行为的发生有其独特的显著犯罪特征。青年学生暴力犯罪人由于其特殊的学生身份，长期居住在学校这一特殊的较为封闭的环境中，以及思想的单纯性，人际关系的单一性，青年学生暴力犯罪的加害人与被害人也与其他的社会暴力犯罪受害人存在明显特征差异。

1. 关涉暴力犯罪类型集中，以被杀为主

在对 2000 年 1 月 1 日至 2014 年 6 月 30 日所有新闻媒体报道的青年学生极端暴力犯罪案例进行仔细判断遴选甄别之后获得的 42 例有代表性的样本中，牵扯到故意杀人或过失致人死亡的被害人有 30 例，占 42 例的 71.43%；牵扯到敲诈勒索的有 3 例；牵扯到抢劫、投毒与放火的各 2 例；牵扯到绑架、性犯罪、故意伤害的被害人各 1 例。由此可见，青年学生暴力犯罪的受害人以被侵害个人生命、身体为主，死亡比例很大。

2. 因情被害现象凸显

所谓因情被害在本研究中是指因为两性情感关系矛盾冲突导致的暴力犯罪被害现象。2000 年 1 月 1 日至 2014 年 6 月 30 日在新闻媒体报道的青年学生极端暴力犯罪 42 个案例中，因为两性情感关系导致情杀的被害人有 8 例，占全部 42 例的 19.02%，也就是说有近两成的青年学生暴力犯罪被害人是因为两性情感原因导致被害。青年学生暴力犯罪中因情被害案情不一，有因感情纠葛难以自拔杀害女友的；有受威胁、受虐待、情急之下杀死同居女性的；有因女友与其分手产生报复心理杀死第三者的；也有

---

① 张宝义：《青少年犯罪中被害人特征及过错责任》，《江苏公安专科学校学报》，2001 年第 4 期，第 62 页。

财产纠纷情急之下混乱之中错手杀死情人的等等诸多情形。青年学生因情被害现象的普遍存在说明青年学生在处理两性情感关系时不够理智，不够冷静，缺乏对于两性情感的正确把握与处理，两性情感过于专制与强烈，大男子主义严重。

3. 激情犯罪被害增多

激情犯罪是英美国家刑法中的概念。英美刑法规定该罪的成立需要满足四个要素：行为人在极端冲动的情况下实施了行为；这种冲动是由足够的挑衅所引起的；行为人没有合适的机会冷静下来；挑衅、冲动与杀人之间必须有实质上的联系。[①] 被称为"犯罪学之父"的意大利犯罪学家龙勃罗梭在《犯罪人》一书中将激情犯罪称为"因冲动的犯罪"。这种激情犯罪也就是我们通常说的冲动之下犯下的罪行。一般被认为是当事人在某种外界因素强烈刺激下因心理失衡、情绪失控而产生的犯罪行为。但我国法律并没有专门对激情杀人设有专门罪名。我国有学者将激情犯罪定义为"在一种强烈、迅速和短暂的难以控制的情绪冲动下实施犯罪"。[②] 2000年1月1日至2014年6月30日新闻媒体报道的大学生极端暴力犯罪42个案例中，具有明显激情杀人色彩的案例就有13例，占总数的30.95%，也就是说超过三成的青年学生暴力犯罪是一时冲动之下情绪难以控制所致。浙江公安高等专科学校犯罪心理学副教授杨持光说："激情犯罪即情绪型犯罪，在成人犯罪中，激情犯罪约占30%，而在青少年犯罪中，激情犯罪约占70%。"[③] 2001年大学生史辉杀人一案中，史辉"受威胁"、"受虐待"、"情急之下"用剪刀捅死前女友刘某某。2004年中山大学蓝庆庞出租屋内捂死女友，是因为"口角之中冲动杀人"。2007年石河子某大学李海洋出租屋内掐死女友，是因为"争吵、推搡、一气之下"。2009年绵阳大学生王迅（化名）杀死父亲，也是因为"琐事"，"日积月累"，"一时冲动"误杀父亲。2013年武汉某高校陈某劫持女医生，是由于"情绪失控""一时冲动"。

---

① [美] 约书亚·德雷斯勒：《美国刑法精解》（第四版），王秀梅等译，北京大学出版社2009年版，第492页。

② 曲新久：《刑法的精神与范畴》，中国政法大学出版社2000年版，第226—227页。

③ 杨雪梅：《大学生犯罪现象的分析及对策思考》，华东政法学院2006年，第5页。

4. 危险的"熟悉的陌生人"

由于青年学生生活环境的相对封闭性，生活方式的单调性，青年学生暴力犯罪的侵害对象大部分是其"熟悉的人"，主要是其同学、恋人、校友、邻居等与其社会关系较为紧密的"熟人"。2000 年 1 月 1 日至 2014年 6 月 30 日新闻媒体报道的青年学生极端暴力犯罪 42 个案例中，发生在"熟人"之间的青年学生暴力案件有 29 起，占总数的 69.05%，即近七成的青年学生暴力犯罪是发生在"熟人"之间，这些熟人之中，存在恋人关系的被害人 5 起，占熟人被害案例的 17.24%；具有同学关系的被害人18 起，占熟人被害案例的 62.07%；具有亲人师友关系（亲人、老师、朋友）的 4 起，占熟人被害案例的 13.79%；具有邻居关系的被害人 2 起，占熟人被害案例的 6.90%。故此，青年学生暴力犯罪在恋人、同学中发生的概率较高。另外除了熟人犯罪之外，另有 13 起青年学生暴力犯罪属于"陌生人"犯罪，即青年学生暴力犯罪的被害人属于与加害人毫无关系的"陌生人"，"陌生人"犯罪占全部总数的 30.95%，这种类型的犯罪完全属于随机的，毫无规律可循。司法部 1994 年的调查显示，暴力犯罪中被害人与犯罪人认识的比例高达 60.7%，侵财犯罪中被害人与犯罪人存在一定人际关系的比例为 39.5%。日本学者的研究表明，在杀人犯罪中，被害人与犯罪人相识的比例高达 73%。发生在"熟人"之间的、基于社会互动过程的犯罪，较之发生在陌生人之间的犯罪具有更大的危险。[①] 2013 年关于高校凶案的报道接二连三：复旦大学投毒案闹得沸沸扬扬；南航金城学院一男生因敲门引争执被室友捅死；南昌航空大学一宿舍发现一具腐烂男尸；江苏科技大学一校区发生一起凶案；武汉某高校陈某劫持女医生；广州某大学黄某厌世街头持刀砍伤五人；武汉某高校大学生高某入室抢劫；等等。有网友调侃：惹谁都不要惹舍友！真心感谢我曾经所有的同学们，谢谢你们的不杀之恩！虽是戏谑调侃，但也从一个侧面暴露出熟人伤害给整个社会造成的巨大心理震撼。有学者调查表明，大学生群体的同学关系呈现出日渐疏离的趋势，而且这种疏离趋势具有普遍性，

---

① 张旭、单勇：《犯罪学基本理论研究》，高等教育出版社 2010 年版，第 249 页。

不受性别、年龄、年级、生源地等因素的影响。① 也有学者对大学宿舍同学关系进行系统调查发现，舍友之间经常发生矛盾冲突，但这些矛盾冲突大都由一些琐事引起；有少部分同学难以融入宿舍生活，平时易与同学产生矛盾，且这些矛盾不易化解；室友关系融洽但不亲密。②

二　被害人个体特征

青年学生暴力犯罪案件中完全无辜的被害人，如无辜的亲人、路人、街边玩耍的小孩、同学、邻居、医院的医生、地铁中的旅客、负责招考的工作人员等，这些被害人之所以成为青年学生暴力犯罪的被害人，纯属偶然，是在特定的时间"恰巧"出现在"犯罪现场"的人，毫无规律可循。除此之外，那些对暴力犯罪的发生具有某种程度责任的被害人身上所具有的被害倾向非常值得我们关注、归纳、总结，以便我们能够警示那些潜在被害人，尽可能避免惨案的再次发生。

1. 说话刻薄，得理不饶人，屡屡践踏他人自尊

受青年学生身份所限，青年学生暴力犯罪大多发生在校园内，被害人也大多为犯罪人的同学（同班同学或同校同学）。在这些被害人中有一个基本的被害特征就是这些被害人说话刻薄，得理不饶人，毫不顾及犯罪人的情绪，多次伤害犯罪人的自尊心，有时无意中会进行人身攻击，犯罪人暴怒之下情绪失控导致惨剧发生。在 2004 年云南大学马加爵杀人案中，被害人之一的邵瑞杰怀疑马加爵出牌作弊两人发生争执。他说"没想到连打牌你都玩假，你为人太差了，难怪龚博过生日都不请你……"，马加爵认为他的这番话严重伤害了自己的自尊心，转而动了杀机。在 2009 年吉林大学郭力维杀人案中，犯罪行为人郭力维认为被害人赵研多次对其进行辱骂，伤害了其自尊心，遂于 2009 年 11 月 14 日凌晨 3 时 30 分左右，用事先准备好的尖刀扎熟睡的被害人赵研胸部、背部数下，致使赵研因左胸部刺创致心脏破裂造成失血性休克死亡。2010 年兴义民族师范学院学

①　邓雅丹、吴建平：《论大学生同学关系疏离的普遍性》，《当代青年研究》2014 年第 6 期，第 42 页。

②　张晶、吕婷：《大学生宿舍同学关系情况的调查研究》，《教育教学论坛》2014 年第 41 期，第 106 页。

生龙仕绪杀害室友一案中，据称被害人郝某与龙仕绪一直有公开化的小口角，而且两个人从来不动手，都是打嘴仗。舍友说："尤其是郝进，不说话则已，只要是什么事情不顺他的意，他就要说些脏话，也不是直接说，就是嘴里不干不净地一直絮叨。我们都不喜欢他，我们宿舍经常出去吃饭，几乎没有带郝进去过。"从以上三个典型案例中，我们可以看出，三个被害人均是"祸从口出"，屡次伤及侵害人自尊心所致。有学者调查数据显示，被害人"言语过激"占28.2%，"侮辱"犯罪人或其家人、朋友占10.1%[1]，两者比例合计超过三成。从中我们可以看出，恶劣、粗暴、尖锐的言语刺激对于犯罪行为所具有的消极"催化"作用。故此，我们每个人都应注意自己的言行举止，切不可用刺激性、侮辱性言辞冒犯攻击他人，尤其不能侮辱他人及其家人的人格尊严。不然表面上虽能逞一时口头之快，但实际上却有可能反遭他人的侵害，其结果是害人又害己。

2. 侵略攻击性强

犯罪学研究表明，在特定的情境下，被害人的心理状态以及当时对于犯罪人的应激反应有时会对犯罪行为人的暴力行为起到"诱发"、"激起"、"加剧"或"催化"的效果，这种"诱发"或"催化"作用突出表现在被害人应对矛盾冲突危机时具有的较强侵略攻击性上。具有较强侵略攻击性、脾气急躁暴躁的人在个人摩擦冲突中容易产生攻击行为或攻击性言语，其结果很可能会"诱发"或进一步"催化"对方突然爆发出怒不可遏的敌意而遭到反击、伤害或杀害。2009年8月26日四川省绵阳市某大学广播电视新闻系大学生王迅在大足县郊家里因琐事将父亲王丙学杀死。血案的导火索就是王迅父亲的"蛮横无理"。当晚，一家人干完农活在院坝吃饭，父亲王丙学却突然发飙，大骂家人，说是稀饭煮得不好。饭后，王迅和母亲张珍继续"车"谷子，父亲则在一边喝酒，边喝边骂，还说要一把火将房烧了。晚上10点后，全家人上床睡觉，但父亲却不关灯。姐姐王霞去劝说，招来一通大骂。又过了10分钟，他实在睡不着，便跑去将灯关了，不想这惹恼了父亲。"造反了？电费是我缴的，不想关就不关！"王丙学大骂："连你学费都是我拿的，我不准你再去上学，读

---

① 张宝义：《青少年犯罪中被害人特征及过错责任》，《江苏公安专科学校学报》2001年第4期，第62页。

这么多书也没得用!"说完,王丙学准备下床修理儿子。王迅称,看到父亲蛮不讲理,他气急了,先是抓起一把斧头砍向父亲左腿,随后不顾母亲、姐姐劝阻,跑到堂屋外取下一把篾刀,与父亲扭打。打斗中,王丙学头中数刀而死。① 2004 年 5 月 10 日北京某管理学院国际贸易系大学生徐泰来杀死同学何某,当晚,徐泰来与同校文法系学生李某在一同喝酒时,因谈论文法系与国际贸易系学生的好坏而产生摩擦。李某在离开饭桌后,与在该饭店附近的同学高某说起此事。高某和李某回到饭馆找徐泰来理论,双方发生争执。在争执过程中,李某、高某等人将徐泰来头部打伤。徐泰来从餐厅厨房拿来一把菜刀追赶李某和高某,在餐厅东侧 20 米处遇到李某纠集来的何某(22 岁,文法系学生),并用刀猛砍何某的头部两下,导致何某颅脑损伤死亡。② 从报道中我们无法看出被害人何某是否动手,但报道中提及"纠集来的何某",我们可以推断出何某是给李某"帮架"的,而且李某与高某等人动手在先,并将犯罪人徐泰来头部打伤,导致犯罪人怒火中烧作出不理智行为,最终酿成凶案。

3. 风险防范意识差

当今世界早已进入德国著名社会学家乌尔里希·贝克所说的"风险社会","人类面临着威胁其生存的由社会所制造的风险",而且这种"人为制造出来的不确定性"大增,"当代社会发展导致越来越多的不确定性因素和一些始料未及的风险或者说强大的'副作用',预示人类在未来的若干年内将面临更加激烈的社会矛盾和严峻的社会危机"③,每个社会成员生活与生存面临的各种风险剧增。世界如此,中国也不例外。贝克曾对中国作出类似论断,"当代中国社会因巨大的变迁正步入风险社会,甚至将可能进入高风险社会"。④ 日益泛滥成灾的暴力犯罪问题就是风险社会的具体表现之一,其中也当然包括日益严重的青年学生极端暴力犯罪。面

---

① 王明、罗玺、马弘:《在校大学生刀弑父亲》,《重庆晚报》2010 年 3 月 2 日,第 21 版。

② 范红萍:《为争论同学好坏 大学生引发命案》,2004 年 10 月 15 日,北京法院网(http://bjgy.chinacourt.org/article/detail/2004/10/id/827961.shtml)。

③ 刘岩:《风险社会理论视野中的和谐社会议题》,《吉林大学社会科学学报》2007 年第 5 期,第 154 页。

④ 薛晓源、刘国良:《全球风险世界:现在与未来——德国著名社会学家、风险社会理论创始人乌尔里希·贝克教授访谈录》,《马克思主义与现实》2005 年第 1 期,第 48 页。

对频发的高度社会风险，那些风险意识差的社会成员很容易被卷涉到犯罪活动之中而成为犯罪行为的被害者。2013 年 6 月 10 日武汉市一高校在读学生王某抢手机强奸杀人一案中的被害女生就是一个典型个案，从新闻报道中我们可以推知被害女生的风险防范意识极差。案发当晚，她"戴着耳机，独自在一间自习室里学习"，被犯罪人"立马锁定目标"，而同一晚"王某准备在另一个教室对另一个独处的女生下手，但那个女生看到他拉窗帘后，就收拾书包离开了"。"另一个独处的女生"危险防范意识明显高于被害女生，因而及时化解危机，避免了被害惨剧的发生。2011年广东省东莞东莞理工学院敖翔猥亵、故意杀人案中，据广东省东莞市中级人民法院（2012）东中法刑一初字第 76 号刑事附带民事判决书显示，被害人梁某及另外一名女厕受害者均为晚上独自一人去空荡荡的女生厕所上厕所，心里毫无防备之心。上述两案被害女生可能觉得校园很安全，放松了警惕之心，因而给了犯罪分子以可乘之机。但一个残酷的事实是最近十几年来校园暴力犯罪居高不下，青年学生暴力犯罪案件屡见报端，尤其是 2004 年云大马加爵事件的发生震惊了全国上下，这也给了社会一个血的警示：校园也不是绝对安全！害人之心不可有，但防人之心不可无，虽有些偏激，但也不无道理。

对于被害人特征的分析有助于社会上潜在的暴力犯罪受害人能够认清自身的被害倾向性特征，及早采取有效预防措施克服或消除被害因素，从而有效避免惨剧的发生。不过我们强调的是，对于被害人被害特征的关注，并非有意为犯罪人的罪行开脱，而是惩前毖后，治病救人，警示世人，防"被害"于未然。

三　潜在被害人预防与保护

前面分析的被害人是现实的被害人，即已然的被害人，是现实生活中遭受过犯罪行为侵害的个人或单位、组织。但现实被害人并非天生或者命中注定就是被害人，而是由一部分潜在的被害人转化而来。故而，现实的被害人固然要研究，潜在的被害人也同样具有极为重要的研究价值。犯罪人与被害人是构成犯罪的两个基本要素，在社会犯罪预防体系中，预防犯罪与预防被害同等重要，只有将犯罪预防与被害预防紧密、有机结合起来，才能标本兼治，有效地打击、治理社会犯罪现象。这里的"被害预防"包括了现实的被害人以及潜在的被害人，但主要是指潜在被害人的预防。

从世界历史发展进程看，是否重视潜在被害人的预防与保护，直接反映了一个国家执政阶层的民本主义之基本价值取向，反映了一个国家或一个社会对待公民的基本态度，彰显了一个国家或一个社会对于公民基本权利的终极关怀。

中国学术界关于潜在被害人研究并不充分，也不成熟，长期处于较为薄弱状态。关于什么是潜在的被害人，在被害人学上，一般是指已经步入或正在步入被害情境，由此具有受害的现实可能，但尚未真实被害者；或者是并非纯粹由于一时的偶然原因，而主要是因其本身的性格、素质或行为的某些倾向性而具有持续的、现实可能的潜在被害倾向者。① 有研究显示，在相同的条件下，潜在的被害人被害的可能性要比其他人高4倍。因此，潜在的被害人是被害预防的重点对象。

既然潜在被害人是被害预防的重点对象，那么，如何正确区分潜在被害人将是问题的关键所在。有学者的研究表明，潜在的被害人将具备以下基本特征：性格存在明显缺陷，如易怒，孤僻，执拗，心胸狭隘，懈怠等；有较突出的不良品行，如极端自私，傲慢，贪婪，爱挑拨离间，嫉妒心强，逞强好斗，背信弃义，贪图私利，语言污秽下流等；处于同他人的某种感情或经济纠葛之中，不善于用法律手段和道德手段正确处理人与人之间的矛盾和纠纷，感情重于理智的人；举止轻浮，行为不检，交友不慎，轻信和疏忽等；有严重的社会越轨行为；本身参与流氓斗殴的犯罪团伙；等等。② 现实被害人所具有的一些典型特征同样是潜在被害人所具有的，并且应引以为戒极力规避的易致害倾向。正确认识潜在被害人的基本特征是预防被害的基础，而采取切实有效的预防措施才是预防潜在被害的关键所在：

1. 进行广泛的社会被害教育

所谓被害教育，就是通过对被害人和潜在被害人采取一定的教育手段和措施，使他们对自身存在的"被害性"有一个清醒的认识，最大限度

---

① 许章润主编：《犯罪学》，法律出版社2004年版，第130页。

② 赵可：《试论潜在的被害人》，《甘肃社会科学》1991年第3期，第49页。

地减少与消除"使人能成为被害的那种特性"，从而有效地预防被害。①
政府或社会有关部门、社会团体、犯罪专家通过报纸、广播、电视、网站
等大众传播媒介对广大市民或特定社会阶层、社会群体进行被害知识普
及，使广大市民对犯罪人、犯罪行为特征以及犯罪现象有一个较为清晰的
认知，对一些基本的犯罪预防方式、方法、措施有一个科学的把握，使广
大市民在媒体的"耳濡目染"中逐渐树立起被害防范意识，具备基本的
被害防范心理，掌握必要的被害防范技能。只有这样才能在全社会筑起坚
实的被害预防大坝。据报载，中南大学在 2012 级新生报到之际适时推出
针对大一女生的《大学生活安全手册》，其中特别指出 10 类女生需要特
别防范性侵害，这 10 类女生包括长相漂亮，打扮时髦者；文静懦弱，胆
小怕事者；作风轻浮，有性过错者；身处险境，孤立无援者；体质衰弱，
无力自卫者；怀有隐私，易被要挟者；不加选择，易交朋友者；贪图钱
财，追求享乐者；意志薄弱，难拒诱惑者；精神空虚，无视法纪者。中南
大学安全委员会提醒要注意社交性强奸，并提出了遭遇性侵害时的应对策
略。② 中南大学在潜在被害人预防方面走在了其他高校的前面，相当具有
前瞻性与创新性。

2. 进一步规范个体的行为举止，培养良好公民品行习惯

潜在的被害人之所以能成为现实被害人，一个很重要的原因是潜在被
害人的个人品行以及行为习惯存在瑕疵。故而，广大市民也好，潜在的被
害人也罢，应该注意养成良好的个人品行以及个人行为习惯，在与人交往
中要规范自己的言行举止，减少被害的诱发性和易感性。在与人交往中应
尊重他人，言行举止得体；与人产生矛盾冲突纠纷争执时，要保持冷静，
尝试相互沟通协调，尽量以平和、理性的方式处理矛盾纠纷与争执，切不
可逞一时口头之快，态度粗暴，言辞激烈，更不能随意地对他人进行人身
攻击，侮辱对方及其家人的人格尊严，更不能动手打人，以免激化矛盾使
事态不可控制，造成不必要的伤害。在社交场合饮酒要适量，不酗酒，更

---

① 董士昙：《被害教育初探》，《山东行政学院山东省经济管理干部学院学报》2006 年第 5
期，第 77 页。

② 胡力丰、王轩、沈艳宇：《女生注意：提防"社交性"强奸》，《潇湘晨报》2012 年 9 月
12 日，第 B04 版。

不能酒后闹事。女性着装不宜过透过露，举止应当优雅得体。同时，潜在的被害人应谨慎防范、不可轻信他人，应克制贪欲与虚荣，减少被害的易感性。外出活动时要克服麻痹心理，在阴暗偏僻或封闭无人场所要注意个人人身安全及财产安全。在生活中要树立正确的价值观和消费观，不贪慕虚荣、自觉抵御不良物质诱惑；适度消费、量力而行、不铺张浪费；日常活动避免暴财露富、好大喜功；等等。

3. 身涉险境，自救措施得当

一旦不幸身处险境，直接面对犯罪侵害时，恰当的自救知识和自救措施才是使自己脱离险境唯一的、最实用的途径。

面对不法侵害，首先应尽量降低或克服恐惧心理。因为人在极度恐惧下，头脑混乱，手足无措，很难在短时间内冷静下来，作出理性的、最佳策略判断，其结果是容易贻误脱险良机，最终被侵害。克服紧张恐惧心理是设法自救的前提。当然，短时间内克服恐惧心理的基本素质需要平时长期过硬的心理素质培养过程。

其次，要尽可能准确判断犯罪行为人的犯罪意图。短时间内准确判断出犯罪人的犯罪意图对于后面的自救措施的制定至关重要。不同的犯罪意图自救方式也有所差异。面对持刀歹徒进行抢劫，如果你准确判断出他只是想抢劫你的财物，并无伤人意图，而且犯罪人是临时起意，目光飘移不定，说话结结巴巴，显得非常慌张，那么大声呼救，奋起反抗，可能是最佳自救策略。如果准确判断出犯罪人是蓄意劫财，而且对方身强力壮，眼光凶狠而坚毅，头脑异常冷静，大有不达目的不罢休之意，那么舍弃钱财保命可能就是最佳自救策略。所以，短时间内准确判断犯罪意图对于能否成功自救非常关键。

最后，选择最佳自救策略，展开行动。在准确判断犯罪意图的基础上，快速制定有效自救策略，并行动起来将是实现成功自救的最后一步。制定最佳自救策略一个大的指导原则是"保命原则"，依据当时情境采取最佳行动策略将伤害降到最低，极端情况下以保存生命为第一要务。例如遭遇穷凶极恶的抢劫歹徒，在无法获得外界帮助的情况下，将金钱等财物扔向对方，自己朝相反的方向逃跑，可能比死拽着钱包不放更为理性、更为有效。再例如在性暴力犯罪中，女性在反抗彻底失败面临巨大生命危险时，保存生命无疑是最理性的选择了，毕竟生命比财色更具价值，钱没了可以再挣，但命没了就什么都没了。

在面对性侵时，中南大学《大学生活安全手册》中的应对策略对于广大女性有效预防被害提供了很好的借鉴价值。首先当然要保持冷静，临危不惧。镇静既可以使自己临阵不乱，又可对罪犯起到震慑作用；要坚强，要有信心。与犯罪分子软磨硬泡，拖延时间，顽强抵抗；选择适当机会和方式逃脱；创造机会，乘其不备，实施反抗。利用日常用具如发卡、鞋跟等攻击案犯的要害部位（眼睛、太阳穴、阴部等），使其丧失攻击能力；记住犯罪分子特征，及时报案。万一受害，要记住案犯特征，尽量在其身上留下你反抗的痕迹并及时报案，协助公安机关破案。[①]

4. 加强社会治安威慑力

对于打击、惩治犯罪、预防被害而言，各级政府永远是"主角"，是主要依靠力量和第一责任人。被害预防是犯罪预防体系中最为弱势的一环，力量弱小，不足以对抗强势的犯罪，而各级政府作为社会治安的维护者，可以凭借其手中强大的国家专政工具，整合社会各方力量，充分发挥装备与技术优势，进一步强化社会巡逻以及惩罚打击力度，从而有效威慑犯罪分子。例如加大对于严重暴力犯罪的惩处力度，使暴力犯罪成本增大，使暴力犯罪分子不敢铤而走险；增派警力，加大街道（农村）治安巡逻力度，使犯罪分子没有足够的犯罪时间和场地去实施犯罪行为；安装更多更先进的摄像头，全方位监视犯罪易发区域，及时出警，减少被害；等等。新加坡的严刑峻法机制、社区警务预防机制、快速高效警察反应机制[②]就对中国的犯罪预防体系构建具有较强的启发与借鉴价值。

---

① 胡力丰、王轩、沈艳宇：《女生注意：提防"社交性"强奸》，《潇湘晨报》2012 年 9 月 12 日，第 B04 版。

② 吕美琛：《新时期新加坡治安管理机制探析》，《广州市公安管理干部学院学报》2015 年第 3 期，第 29—31 页。

第 八 章

青年学生暴力犯罪与新闻媒体责任[①]

　　在青年学生暴力犯罪预防机制中，社会因素被视为除个体因素、家庭因素、学校教育之外所有青年学生暴力犯罪因素的统称，是青年学生暴力犯罪的外部因素，也是青年学生暴力犯罪预防体系中重要环节。以往的青少年犯罪社会因素的研究，主要集中在社会转型、文化、传媒、社会风气与社会道德、社区、不良场所和同伴交往等几个变量上。[②] 研究成果数量十分客观，其中不乏真知灼见。上述内容在本研究中，我们将不再赘述。我们把研究的重点放在新闻媒体与青年学生暴力犯罪的关联上。

　　新闻媒体作为传媒的重要组成部分，不仅承担着信息传播的基本功能，还承担着重大议题设置的重要职能。一个社会性重大议题，或者说一个社会性重大问题的形成与引导离不开新闻媒体的广泛参与。那么，在青年学生暴力犯罪的议题化过程中，新闻媒体在其中究竟起了什么作用，背后存在哪些玄机，又该肩负怎样的媒体责任？这些才是我们关注的重点。

一　媒体价值：促成青年学生暴力犯罪社会问题化

　　传播学创始人威尔伯·施拉姆曾经将传媒比作一架高度精密的"雷达"，监视着社会的一举一动。把社会上发生的重大新闻及时、准确、客观地告知受众，是新闻媒体承担的基本职责。每当有重大青年学生暴力犯罪事件发生之时，新闻媒体都会"亲临现场"，不遗余力地进行连续跟踪

---

　　① 滕继果:《大学生暴力犯罪与新闻媒体责任》，《青年记者》2015 年第 29 期，第 107—108 页，有增删。

　　② 姚建龙主编:《中国青少年犯罪研究综述》，中国检察出版社 2009 年版，第 139 页。

报道。新闻媒体的这种"环境监视"功能，引起一些专家、学者对于案件的高度关注，形成了强力的社会舆论，引发社会民众的广泛共鸣，从而获得社会执政集团的支持与认可，最终完成了社会现象的社会问题化"认定"过程。

青年学生暴力犯罪现象研究肇始于 2004 年云南大学发生的那起校园惨案，云南大学学生马加爵用锤头残忍杀害了 4 名室友，新闻媒体将之描绘成一个"杀人屠夫"、"杀人恶魔"。一石激起千层浪，一些大学教授、学者、专家开始"进场"，在强烈谴责暴行的同时，从犯罪人个性、心理、家庭背景、人际关系、学校教育与安保等方方面面进行深度解读，在媒体的推动下形成强大社会舆论压力，为青年学生暴力犯罪社会问题化奠定了舆论基础。高校及政府部门高度重视，组织专家、学者进行专项研究，青年学生暴力犯罪现象社会问题化最终形成。在此过程中，新闻媒体的价值就在于通过对青年学生暴力犯罪的连续深度报道，激发了社会舆论，并在媒体的推动下，促成了青年学生暴力犯罪社会问题化的最终完成。

二 媒体失范：青年学生暴力犯罪社会问题化中的媒体责任

失范，字面意义为"没有或失去社会规范"。法国社会学家迪尔凯姆首次将这一概念引入社会学，意指社会行为规范处于非常模糊不清或基本失效的一种社会反常状态。我们常说的媒体失范是指媒体背离自身应尽职责和义务的非规范性行为。新闻媒体在促成青年学生暴力犯罪问题化的同时，也累积了诸多的媒体失范行为。

1. 过度报道渲染，造成民众媒体恐慌

青年学生暴力犯罪之所以令整个社会如此紧张，很大程度上应归咎于大众传媒的不当报道引起的道德恐慌。所谓道德恐慌，是指大众传媒通常以社会偏离来定义某个（某些）群体或某种行为，并且到了只将注意力集中在社会偏离的措辞表述之上而不考虑其他任何事情的地步所形成的大规模的恐慌。在此过程中，媒体充当了"道德提倡者"，个别暴力犯罪青年学生则被媒体描述为"民间魔鬼"。由于传媒的公共性与放大效应，部分青年学生的个体行为被人为扩大到整个青年学生群体，形成一种对于当代青年学生的负面刻板印象。原来高高在上的"天之骄子"被狠狠地摔进"地狱",成为万人所指无恶不作的"魔鬼",青年学生整个群体形象出现了严重的"污名化"迹象。2004年2月发生的云南大学马加爵杀人案就是明证,马加爵连环杀人案,经过全国媒体一致、反复炒作,最终成为一个全国性的"青年学生暴力犯罪议题",而马加爵本人则被形塑成一个"杀人恶魔",连马加爵的通缉照也被精心置换成一张肌肉发达、面目狰狞的照片,这张照片使很多人以为马加爵本来就是一个头脑简单、性情暴戾的人。随后发生的江西医学院杀人案中的薛荣华被新闻媒体称为"南昌马加爵",吉林农业大学杀人案中的郭力维被新闻媒体称为"吉林马加爵"。正是由于新闻媒体的过度报道渲染,引发了社会公众对于青年学生道德素质下降的过度恐慌。

2. 媒体密集报道,"涵化"了民众受害危机意识

学术界普遍认为,大众媒体特别是电视、网络媒体上的暴力文化导致了犯罪行为的发生。关于媒体上暴力凶杀色情等不良内容与社会犯罪率之间的关系研究,西方早在20世纪60年代后期就开始了。1976年宾夕法尼亚大学教授格伯纳等人通过调查发现,"电视节目中充斥的暴力内容增大了人们对现实环境危险程度的判断,电视媒介接触量越大的人,这种社会不安全感越强",同时表明"除了在一些事例中发现电视暴力内容对青少年犯罪具有'诱发效果'外,在整体上没有发现两者之间的必然联系"。[1] 在国内的文献中也没有确切证据证实媒体上的暴力凶杀色情力内容与社会犯罪率之间存在必然因果关联。新闻媒体针对个别青年学生暴力犯罪事件,通过自身的"议程设置"功能,对事件反复炒作,经由格伯纳所说的媒体"涵化"效果,直接增大了人们对于社会现实中暴力犯罪比率的判断。"尽管在现实生活中人们遭遇或卷入暴力犯罪事件的概率在1%以下,但许多人认为这种可能性在10%以上。"[2] 每次发生重大青年学生暴力犯罪事件,新闻媒体总会将以前发生的类似案件翻检整理出来进行叠加式报道,这进一步增大了青年学生乃至社会民众的校园被害危机情绪。

3. 媒体过度犯罪报道,诱发潜在犯罪模仿

班杜拉的犯罪社会学习理论认为,犯罪攻击行为并非与生俱来,而是

---

① 郭庆光:《传播学教程》,中国人民大学出版社1999年版,第225页。
② 同上书,第225—226页。

后天习得，是在社会环境中通过观察后天模仿习得。这种习得主要通过以下三种途径：一是家庭中暴力行为的习得；二是暴力亚文化群体内部习得；三是符号示范作用，即那些影视书刊等传媒所提供的范例，给人们提供了一种"坏事"的榜样作用。[①] 一些新闻媒体为了充分发挥其舆论监督功能，或为了吸引受众眼球从而提高发行量、收视率，对一些涉及色情、暴力、凶杀等严重暴力犯罪案件的新闻报道过度细节化、故事化、悬念化处理，事无巨细、绘声绘色地描述犯罪行为的全过程，包括犯罪前准备工作、如何购买凶器、作案时机的挑选、作案细节、犯罪现场处理、事后如何逃脱追究等犯罪相关细节。这种过度的犯罪细节新闻报道在某种程度上成为了潜在罪犯活灵活现的"犯罪教材"，成了渲染暴力的文化机器。

一个日本知名青少年犯罪专家曾说过，"现代传媒是青少年犯罪的最大恶源"[②]，尽管有些言过其实，但也从另一个侧面说明了现代传媒的"坏事"教唆消极影响。据央视中文国际新闻报道，2014 年 9 月 22 日台大硕士生张彦文当街 47 刀砍死女友案中，张彦文接受审讯时供称，他的行凶方式是模仿"5·21"台北捷运地铁杀人案中的郑捷，他甚至一度试图使用跟郑捷同款刀具行凶。而模仿电视剧情节实施犯罪行为的中外新闻报道更是不胜枚举。在读大学生赵新上大学后感觉高中成绩优秀的自己碌碌无为，竟模仿电视剧情节，导演绑架前女友，拍裸照勒索钱财，结果自毁前程。[③] 2011 年合肥大四学生持刀性侵案中，犯罪行为人李军（化名）被捕后对警察供认，其作案手法他说是从电视上学来的。[④]

三 媒体规制：青年学生暴力犯罪新闻报道应尽义务

1. 秉持青年学生暴力犯罪适度报道原则

在进行青年学生暴力犯罪新闻报道之时，新闻媒体应坚守适度报道原则。青年学生暴力犯罪之所以成为新闻媒体热炒题材，一个最基本的新闻

[①] 张保平、李世虎编著：《犯罪心理学》，中国人民公安大学出版社 2006 年版，第 43 页。

[②] 王临平：《社会转型期青少年暴力犯罪行为泛滥的心理学解析及应对》，《教学与管理》2001 年第 2 期，第 44 页。

[③] 贾富斌等：《大学生自导自演绑架案　不务正业毁前程》，《检察日报》2008 年 8 月 5 日，第 4 版。

[④] 陈晓峰：《四学生持刀性侵两女子》，《新安晚报》2011 年 9 月 8 日，第 A32 版。

卖点就是"青年学生"的特殊身份。在"晕轮效应"影响下，"青年学生"身份被媒体无限放大，并被机械地在青年学生身份与高素质高能力之间画了等号。因此，新闻媒体在涉及青年学生暴力犯罪新闻报道时，尽可能减少对细节的过度解读，坚守青年学生暴力犯罪适度报道原则，既报道了新闻事实，又避免社会陷入道德恐慌的危险境地。

2. 坚守客观、系统报道原则

"真实、客观、公正、准确、及时"报道新闻是媒体人秉持的基本报道原则。新闻媒体在报道青年学生暴力犯罪案件时，除了及时、真实、准确、公正报道外，应特别注意新闻报道的客观与系统报道原则。新闻媒体不能绑架民意肆意对案件当事人进行媒体道德审判，乱贴标签，挑起社会阶层对立、仇视情绪。云南大学马加爵未经司法审判，就被媒体冠以"杀人屠夫"、"杀人恶魔"的标签，使社会民众刻板地认为马加爵就是一个毫无人性、杀人如麻的穷凶极恶之徒。2004 年江西医学院发生薛荣华杀人案中，薛荣华被媒体称为"江西版马加爵"；2009 年吉大郭力维则被冠以"吉林版马加爵"。新闻媒体在报道青年学生暴力犯罪案件时，还应遵守系统解释的原则。报刊的社会责任论要求，报刊要"供给真实的、全面的、理智的关于当天事件的报道，它要说明事件的意义"，应把新闻事件放在一个特定的社会背景中，综合分析其产生的原因、社会影响、后果。因此，新闻媒体在报道青年学生暴力犯罪时，应把侧重点放在社会背景上，而不能一味地凸显侵害人的个人因素，毕竟个体无法选择家庭，也无法选择社会环境，整个社会化过程的某个链条或某些链条出现故障最后导致犯罪行为的发生，社会应负大部分责任，"不道德的社会制造了不道德的个人"还是具有一定的理论解释力的。

3. 遵循当事人权利保护原则

新闻媒体在对青年学生暴力犯罪事件进行报道时，务必严守新闻报道当事人权利保护原则。这里的当事人不仅包括案件的受害人、受害人家属以及与受害人关系密切的其他"重要他人"，还应包括案件侵害人、侵害人的家庭成员以及与侵害人关系密切的其他"重要他人"。新闻媒体不能因为侵害人的侵害行为而肆意曝光与侵害人关系密切的"重要他人"的个人隐私、肖像、名誉等。鉴于青年学生的特殊身份，新闻报道应区分青年学生重大刑事犯罪与一般青年学生违法犯罪的界限，除犯罪情节特别恶劣、社会影响力特别重大的案件外，新闻媒体报道应尽可能使用化名，新闻报道图片应尽可能利用技术手段屏蔽（遮盖）受害人明显个体身份特征，并尽可能避免使用过于血腥、过于暴露的当事人现场图片。新闻采访时应尽可能避免对于案件当事人及其家人亲戚朋友的过度采访，以免产生对于当事人以及当事人家属的"二次伤害"。

　　总之，新闻媒体在青年学生暴力犯罪议题社会化过程中起到了最为关键的推动引发作用，但我们也应注意到以电视、网络为主体的新闻媒体对于青年学生暴力犯罪所起到的"诱发"消极作用。

第 九 章

研究结论及反思

第一节　青年学生暴力犯罪的原因

至此，我们综合运用定量分析与定性分析相结合的分析策略，主要从家庭、学校、暴力犯罪行为人、暴力犯罪受害人、社会大环境①五个方面系统分析了青年学生暴力犯罪问题产生的原因，并在此基础上提出构建青年学生暴力犯罪预防机制的基本框架。

通过以上的分析，我们将青年学生暴力犯罪原因方面的规律性认识概括如下：

一　原生家庭发展障碍是导致青年学生暴力犯罪的根本原因

家庭作为青年学生早期社会化的起点，其早期社会化充分与否将对于青年学生暴力犯罪行为的发生至为关键。个体经过了较为充分的早期社会化，逐渐形成良好的品性，可以极大降低未来暴力犯罪的概率。若个体家庭早期的社会化程度较低，个体缺乏形成良好品性的土壤，加之外界各种不良因素的影响，个体暴力犯罪的概率将成倍增长。北京大学犯罪学专家白建中教授认为，个体犯罪行为的出现与他们自身的经历有很密切的关系。他们幼年可能有一些很特别的、不正常的经历。②

---

① 关于社会环境因素，我们主要讨论了新闻媒体与青年学生暴力犯罪的关联性。
② 贾舒：《大学生缺乏挫折承受力和道德焦虑》，《中国青年报》2002 年 3 月 20 日。

1. 原生家庭中个体在幼年时期的心理滋养不充分，为潜在社会越轨种下了暴力的种子

青年学生暴力犯罪的"第一现场"尽管是在高中阶段或大学阶段，但暴力犯罪的"种子"却是深深埋藏在个体生命早期的原生家庭环境中。通过对在押暴力犯罪的青年学生的访谈以及对于媒体关于高中生、大学生暴力犯罪新闻报道的分析，我们得到一条基本的规律性认识：这些暴力越轨的青年学生在其生命早期的原生家庭生活中存在较大的心理滋养障碍。或者家庭过于贫困，个体难以获得较为充裕的物质滋养，以至于后来个体产生对于物质财富或者金钱的极端渴望；或者在个体早期的原生家庭中，个体与父母长期分离，个体缺乏情感滋养，以至于性情孤僻、内向、冷漠；抑或在早期原生家庭中，父母与个体关系紧张，个体长期受到指责、挖苦、谩骂、殴打，甚至虐待，导致个体心灵扭曲。这些物质以及情感滋养上的严重缺失为以后的暴力犯罪埋下了罪恶的种子，也就是说的"现在"的暴力越轨行为是为早期家庭滋养缺失"还债"。

2. 异地求学造成青年学生与家庭情感疏离，父母对青年学生的管控日渐式微，这种情感疏离以及管控力式微在一定程度上造成青年学生对于他人生命的漠视

通过我们长期的媒体观察以及对于在押暴力犯罪青年学生的访谈，我们了解到这些异地求学的暴力犯罪行为人一般都与父母家庭长期"失联"，父母失去对于个体的管控力，也就是说父母基本已经失去了对于子女的管教能力，这种情感上的疏离以及管控力上的式微在某种程度上造成青年学生个体对于他人生命的漠视，所以这些暴力越轨者做起事来毫无顾忌，任意妄为，轻视生命，漠视死亡，对于生命与死亡无所敬畏。

二　行为人自身负能量管理失控是导致青年学生暴力犯罪的直接原因

无论是何种类型的暴力犯罪，故意伤害，故意杀人，过失杀人，投毒，放火，抢劫，强奸，这些暴力行为的产生都与个体负能量管理失控直接相关。综观所有的青年学生暴力犯罪行为的产生，无非源于两种负能量管理失控：一是暴力犯罪行为人自身负面情绪管理失控；二是暴力犯罪行为人不法欲求管理失控。那些所谓的"激情杀人"行为的产生是受当时情势所激发情绪突然失控所致，而抢劫、强奸、绑架勒索等暴

力行为的发生又与行为人不法欲求管理失控直接相关。不论是负面情绪管理失控，还是不法欲求管理失控，都是因为暴力犯罪行为人负能量管理失控所致，这种负能量管理失控是导致青年学生暴力犯罪行为发生的最直接原因。

三　经济困境是青年学生暴力犯罪的一个诱致因素，而非暴力事件产生的充要条件

以往的研究大多把个体家庭经贫困作为青年学生暴力犯罪现象的解释"常量"来看待，但我们认为家庭的贫困并非导致青年学生暴力犯罪行为产生的充要条件，它只是青年学生暴力犯罪的一个诱致因素。家庭的贫困可能会通过其他中介变量对青年学生暴力犯罪行为起作用，例如家庭的经济状况会通过个体的性格对于个体的情绪控制起到某种诱发暴力犯罪的作用。这也从另一方面解释了为什么绝大多数的贫困学生并未走上暴力犯罪的道路。但因经济上的贫困导致青年学生暴力犯罪日渐增多也是不争的事实，理应引起学术界乃至全社会的高度关注。

四　学校对于学生的权威性与吸合力严重下降是导致青年学生暴力犯罪的重要原因

无论是初等教育、中等教育，还是高等教育，都面临着学校教育权威严重削弱以及对于青年学生的吸合力急剧下降甚至丧失的严重危机，而这种危机在高等教育阶段将更为严重、更为明显，这种学校教育权威力及吸合力严重下降的危机将使得学校对于青年学生思想品德教育的影响力下降，教育的效果更为不确定。由于高校扩大招生规模，高校生源质量降低，再加上2008年以来经济危机的影响，高校学生就业压力增大，就业预期一降再降，甚至有些专业的就业待遇与农民工的水平相差无几，这也在某种程度上成为压垮高校高权威高吸合力的"最后一根稻草"，高校正逐渐丧失对于青年学生的高权威性以及高吸合力，部分青年学生丧失了对于学校教育以及学校生活的兴趣与热情，使高校的道德社会化功能进一步弱化，难度进一步增大，成效不佳。正如学者吴殿朝博士所言，大学阶段

的道德教育"有名无实"。① 在高校教育对于学生吸合力、管控力严重下降的情况下，少数青年学生产生暴力越轨行为也就不足为奇了。

第二节　青年学生暴力犯罪的预防措施

在对青年学生暴力犯罪原因进行科学、细致分析的基础上，我们提出以下解决潜在青年学生暴力犯罪问题的意见与建议。

一　良好的原生家庭环境是青年学生暴力犯罪预防的根本

习近平总书记高度重视家庭在维护社会稳定方面所起的重要价值，在2015 年春节团拜会讲话中用了大约三分之一篇幅，阐述了"家"的意义，传递出中华民族自古以来重视家庭、重视亲情的人伦理念。"家庭是社会的基本细胞，是人生的第一所学校。不论时代发生多大变化，不论生活格局发生多大变化，我们都要重视家庭建设，注重家庭、注重家教、注重家风，紧密结合培育和弘扬社会主义核心价值观，发扬光大中华民族传统家庭美德，促进家庭和睦，促进亲人相亲相爱，促进下一代健康成长，促进老年人老有所养，使千千万万个家庭成为国家发展、民族进步、社会和谐的重要基点。"② 由这番话我们可以清晰地看出，社会的稳定重在家庭。家庭的稳定与良好的家教家风对于一个社会的稳定与和谐发展至关重要，原生家庭良性发展既是社会稳定的出发点，也是最终的归宿。对于青年学生暴力犯罪这样严重破坏社会稳定的社会问题的预防与治理，原生家庭的社会化功能最为关键。

1. 种下一颗爱的种子

在孩子幼小的心灵中种下一颗爱的种子，精心呵护，最终它将成长为一棵善的参天大树。在原生家庭的早期社会化过程中，父母应在幼儿的心中播下一颗爱的种子，从小就爱父母，爱兄弟姐妹，爱自己，也爱他人。从小教导小孩子爱护动物，也要爱护植物。爱家人，孩子就有了一份对于

---

① 吴殿朝：《中国当代大学生违法犯罪原因研究》，中国社会科学出版社 2010 年版，第 137 页。

② 习近平：《在 2015 年春节团拜会上的讲话》，2015 年 2 月 17 日，新华网（http://news. xinhuanet. com/2015 - 02/17/c_ 1114401712. htm）。

家庭的责任；关爱他人，孩子就有了一颗谦恭礼让之心；珍爱动植物，孩子就有了一份沉甸甸的对于生命的敬畏之心。而这些爱心与善心将是孩子未来预防暴力犯罪最为坚固的"心灵堤坝"。

2. 培养孩子对于负面情绪的自控力

青年学生之所以犯下杀人等暴行，一个非常重要的方面就是对于自己负面情绪失去应有的控制力。这种对于负面情绪的自控力并非一朝一夕就能完成，它需要父母从小就开始有意识地对孩子进行培养，再辅以学校教育的"接棒"培养，方可最终完成。

3. 培养孩子对于不法欲求的自制力

对于不法欲求失去应有的控制力也是导致青年学生暴力行为发生的重要原因。欲求没有好坏之分，但满足欲求的手段却有合法与非法之别。对于青年学生发生的以获取金钱为目的的抢劫、绑架勒索，或者以发泄性侵欲望为目的的强奸均属于个体对于不法欲求失控所致。个体对于不法欲求的自制力，父母也应该从小就开始对子女进行有意识的培养教育。

对于自身负面情绪的自控力以及对于不法欲求的自制力是每一个社会成员都应具备的基本公民素质，这也理应成为一个社会文明与进步的显著标志。《易·损卦》有云，"君子以惩忿窒欲"，意思是君子应该抑制自己的愤怒，控制自己的欲望。[1] 故而，作为一个有修养有道德的谦谦君子理应具有控制自己的负面情绪以及不法欲求的基本能力或素质。只要具备了这两项基本的能力或素质就可以有效地预防个体违法犯罪行为的发生。

4. 培养个体良好品性

一个人应具备的良好品性主要是在家庭中通过父母的精心培育以及个体在日常生活中的耳濡目染习得后逐渐形成，这种良好的品性特征将是规避个体违法犯罪的重要道德屏障。一名合格的父母有责任也有义务从小培养孩子良好的品性。中国传统蒙学三大读物之一的《三字经》对于子女的品性教育极为重视，"人之初，性本善。性相近，习相远。苟不教，性乃迁"，意思是说，人生下来的时候本性都是善良的，善良的本性彼此都很接近，只是由于成长过程中，后天所处的环境和学习环境不一样，性情也就有了好与坏的差别。如果从小不好好教育，善良的本性就会随环境的

---

① （元）吴亮、许名奎：《忍经》，诚举等注，云南大学出版社 2003 年版，第 3 页。

影响而改变。台湾著名女作家龙应台对于父母对子女教育的针对性问题，提出了子女教养的"父母有效期"概念，她认为父母跟食物一样，都是有效限期的。在孩子最依赖的十年里用心教养，提供依靠，一旦孩子长到青春期，父母再怎么努力，也再无法提供实质性的影响。孩子在小的时候，父母对他们来说是万能的，是完全可以依靠的。这就是父母对孩子教育的黄金时期。等孩子一到了青少年时期，父母的有效限期就快到了。过期后的父母再怎么努力，也比不过十年前（七八岁）来得有效了。① 心理咨询专家发现一个"怪圈"：大学生的心理问题源自中学，中学生的问题源自小学，而小学生的问题源自幼儿园。许多孩子出现的心理问题和学习障碍都与他们婴幼儿时期的不良行为习惯有关，而且越是小的时候不重视，长大以后的问题就越多。孩子的很多问题都是父母没有及时发现和纠正而逐渐累积而成的。②

二　学校教育是青年学生暴力犯罪预防的基本保证

从学前教育开始，个体就进入了长达二十年的正规学校教育阶段。较之家庭教育的早期性、零碎性、不规范性，学校教育则具有专门性、专业性、全面性和组织严密性的特点。学校教育是对家庭教育成果的"固本"，是对不良习性的"修剪"，是对新素质新能力的"再培育"过程。在青年学生暴力犯罪的学校预防措施中，除了要加强青年学生的世界观、人生观、价值观教育；提高学生的法治意识；加强青年学生的心理健康教育，切实开展心理干预，提高青年学生心理调控能力；对青年学生进行必要的生命教育；培养青年学生健康人格；加强校园管理，活跃校园文化外，还应该注重做好以下几个方面的工作。

1. 重塑学校教育的神圣性、高权威性与高吸合力

随着工业文明的全球扩展，现代性的日益加深，教育"祛魅化"过程进一步加快，传统教育的神圣性被无情地消解，传统教育失去了其本身

① 龙应台：《有效期内，才是父母》，《中国新闻周刊》，转引自 2016 年 2 月 20 日腾讯网（http：//edu.qq.com/a/20150223/005836.htm）。
② 阚兆成：《父母的教养在"有效期"内一定要保质保量》2015 年 8 月 12 日，中国教育新闻网（http：//www.jyb.cn/opinion/pgypl/201508/t20150820_ 634470.html）。

所具有的神圣性以及高度权威性，并进一步商品化，庸俗成一种可怕的买卖关系，学校所代表的教育体系的高权威性被急剧消解后，学生不再对着教育顶礼膜拜，再加上学校教学质量、教学水平的下降，教学内容与社会严重脱节，造成毕业生就业形势恶化，新"读书无用论"趁机，学校教育逐渐失去对于青年学生的高吸合力，青年学生社会越轨逐年增多。因此，目前的学校教育体系最主要的工作就在于采取各种有效手段重塑学校教育的神圣性、高权威性以及高吸合力。具体措施如：重塑社会尊师重教优秀传统；提高教师职业素质与道德水准；增加教学科目的实用性，提高学校教育的社会适应力等。

2. 切实采取有效措施，提升学校思想品德教育的实效性

由于学校教育长期以来受到行政化、功利化的强力挤压，道德社会化的目标逐渐偏离学生自身道德建设的根本要求，使得学校道德教育的成效差强人意，道德教育课程有沦为"鸡肋"课程的巨大现实风险。小学阶段学校忙于完成国家布置的素质教育任务，无暇顾及学生的思想品德发展。进入初中，学校为了追求高升学率，不得不牺牲似乎可有可无的思品课。进入高中，青年学生不得不面临残酷的高考压力，思品课又一次被大量占用。进入大学后，进入青年期的大学生德化难度陡增，加上高校德育课程设置不合理，教学内容脱离生活实际，导致高校德育工作陷入形式主义的泥淖，实效甚微。因此，作为暴力犯罪预防的重要环节，各级学校应切实采取各种措施以提升学校思想品德教育的实效性。具体措施如：激发学生学习思品课的兴趣；提高思品课授课教师的专业水准；增强思品课的实践性等。

三　青年学生良好品性的习得是青年学生暴力犯罪预防的关键

家庭在早期社会化过程中，为孩子播下爱的种子，并不总能收获到善的大树。学校教育的"谆谆教导"与"不断修剪"，也不能保证每棵大树都能成材。社会成员要想顺利、成功地完成社会化，关键在个人，在于个人良好品性的践行。中国有句俗语，"师傅领进门，修行在个人"。无论是在家庭，还是在学校，都在不遗余力地教导学生做人做事的基本道理，但这些道理能否内化为个体的良好品性，还是在于个体的"修炼"。个体要在家庭、学校的帮助下自觉完成个人良好品性的修行过程。一个人具有

了良好的品性，就能做到诚实守信，善良大度，遇事沉着从容，矛盾冲突面前忍让谦和，做起事来谦虚谨慎。英国作家塞缪尔·斯迈尔斯（Samuel Smiles，1812—1904）曾经说过："良好品格是人性的最高表现。好的品性不仅是社会的良心，而且是国家的原动力；因为世界主要是被德性统治。"一个人具备了良好的品性就能有效抵御负面情绪失控、不法欲求无限膨胀的风险，而不至于出现违法犯罪的不端行为。良好的个人品性体现的是一个人的综合素质，不仅包括了个人健全的人格特征，还包括了健康的心理，抗挫折能力，人际关系处理能力，法治思维，负面情绪控制力，不法欲望自制力等一系列公民应具备的基本能力与素质。

四　努力消除暴力犯罪易致情境是青年学生暴力犯罪预防的重点

青年学生之所以会产生暴力犯罪行为，内因是个人社会化出现严重偏离、障碍，外因是社会存在诸多诱发青年学生暴力犯罪的易致因素，正是由于内外部因素的共同作用、共同影响最终造就了青年学生暴力犯罪这一严重社会问题。社会是一个万分复杂的复合体，是由政治、经济、文化等大的系统构成，这些大系统内部又存在诸多的子系统，子系统内部又存在更细小的子系统，这些系统环环相扣共同构成了错综复杂的人类社会有机体。在这个复杂的社会有机体中存在着太多容易诱发青年学生暴力犯罪的社会易致因素，例如：经济危机造成经济发展速度减缓，就业岗位增长幅度收窄，大学毕业生就业预期跌破底线，大学生就业压力山大；社会存在诸多不公现象，收入差距进一步拉大，个体相对剥夺感明显，社会仇视情绪不断高涨；社会贫困现象形势依然严峻，对于贫困青年学生的社会支持体系还不健全，仍很脆弱；社会风气恶化，社会道德出现滑坡；大众传媒暴力文化泛滥成灾，社会戾气弥漫；社会治安综合措施不到位；等等。这些暴力易致因素的现实存在本身就为青年学生提供了暴力犯罪的"温床"。因此，努力消减青年学生暴力犯罪易致情境才是预防青年学生暴力犯罪的根本出路，也是今后构建青年学生暴力犯罪预防机制的重点方向。

第三节　青年学生暴力犯罪预防机制的构建

青年学生暴力犯罪现象是一个非常复杂、非常严重的社会问题，青年学生的暴力犯罪预防也将是一个长期的、复杂的系统工程，它涉及小到个体与家庭，大到整个社会的方方面面。对于青年学生暴力犯罪的预防，我们关注的不仅是"当下"，还应着眼于"未来"，更应该追溯到"以前"。关注"当下"目的在于引起全社会对于青年学生暴力犯罪现象的高度关注与重视，着眼于"未来"意在"减少"青年学生暴力犯罪发生概率，而关注"以前"才是最终有效治理未来青年学生暴力犯罪的关键所在。

一 构建青年学生暴力犯罪预防控制链

综上，我们可以看出青年学生暴力犯罪的发生是由于个体、家庭、学校及社会各个因素的发展出现严重障碍所致。不管青年学生暴力犯罪的"第一现场"是在高中阶段，还是大学阶段，但其发生的最初根源都是存在于"以前"的一个或几个暴力犯罪易致因素中。只要青年学生暴力犯罪易致因素存在，无论是哪个环节出现严重问题，都将最终引发暴力行为的发生。心理学界有个著名的"墨菲定律"，其主要内容是：任何事都没有表面看起来那么简单；所有的事都会比你预计的时间长；会出错的事总会出错；如果你担心某种情况发生，那么它就更有可能发生。简单地说就是，如果事情有变坏的可能，不管这种可能性有多小，它总会发生。1949年，美国爱德华兹空军基地上尉工程师爱德华·墨菲（Edward A. Murphy）和他的上司斯塔普少校参加美国空军进行的 MX981 火箭减速超重实验。这个实验的目的是测定人类对加速度的承受极限。其中有一个实验项目是将 16 个火箭加速度计悬空装置在受试者上方，当时有两种方法可以将加速度计固定在支架上，而不可思议的是，竟然有人有条不紊地将 16 个加速度计全部装在错误的位置。于是墨菲作出了这一著名的论断，如果做某项工作有多种方法，而其中有一种方法将导致事故，那么一定有人会按这种方法去做。墨菲定律并不是一种强调人为错误的概率性定理，而是阐述了一种偶然中的必然性。同理，安全学上存在一个"事故链"原理。该原理认为事故的发生都有其原因，而原因存在于事故相关的各个环节，有时事故被认为是一系列事件发生的后果。青年学生暴力犯罪现象也是如此，只要存在导致青年学生暴力犯罪的易致因素，那么青年学生暴力犯罪行为就无法避免。既然如此，我们要做的就是采取切实有效的措施"减少"或"预防"青年学生暴力犯罪事件的发生。

通过我们长期的观察与研究发现，青年学生暴力犯罪预防其实就是一条完整的事故预防链条。在这条青年学生暴力犯罪系统预防控制链条中包含着诸多暴力犯罪易致环节，而潜在加害人因素、家庭因素、学校因素、潜在被害人、社会大环境因素是其中最重要的五大环节。这五大环节构成了一条完整的青年学生暴力犯罪预防控制链条。这五大环节中的任何一个部分或几个部分单独或一起出现严重发展障碍，都会引发青年学生暴力犯罪预防链条断裂的"多米尼诺骨牌效应"①，最终可能的结果就是暴力事件的发生。归根结底，青年学生暴力犯罪预防就是暴力犯罪系统预防控制链条上五大环节的联合、充分预防。

二 青年学生暴力犯罪预防机制设置

青年学生暴力犯罪预防机制是一个有机联系的系统，这个大系统是由潜在暴力犯罪加害人、家庭、学校、潜在暴力犯罪受害人以及社会易致情境这五个子系统构成的。这五个子系统既各自独立运行，又相互联结，相互影响，相互制约。这五个子系统起作用的时间不同，发生作用的影响力不同，在整个预防机制中的地位也会有所差异。

1. 就子系统的相互关系而言，五大子系统相互联结

家庭是青年学生暴力犯罪预防的最初点，也是未来潜在青年学生暴力犯罪预防的出发点。公民个体的良好品性是青年学生暴力犯罪预防的第二环节，公民个体的品性如何直接决定了未来暴力犯罪行为发生的概率大小。学校教育体系将是青年学生暴力犯罪预防的第三个环节。公民良好品性最终将由家庭与学校来共同完成，父母以及学校老师应该在各自的"有效期"内各自完成对于青少年个体良好品性培养的"发展任务"。潜在暴力犯罪被害人的被害教育将是青年学生暴力犯罪预防中的第四个环节，正是因为暴力犯罪被害人自身存在易致害因素才容易被加害者"选中"，成为现实的被侵害对象。社会易致情境作为一个相对独立的环节，同时对家庭、学校以及加害人、被害人施加影响，正是由于社会上暴力犯罪易致因素的存在，加上引发暴力犯罪的直接导火索，暴力犯罪行为一触

① 在一个相互联系的系统中，一个很小的初始能量就可能产生一系列的连锁反应，人们把这种现象称为"多米诺骨牌效应"或"多米诺效应"。

即发。

2. 就子系统的地位而言，五大子系统的地位各不相同

原生家庭环境预防是"未来"潜在的青年学生暴力犯罪预防的根本，同时，原生家庭环境预防也是未来整个青少年群体暴力犯罪预防的根本所在。学校预防是青年学生暴力犯罪预防的基本保障，学校预防既是"当下"青年学生暴力犯罪预防的基本保障，也是"未来"青少年群体健康成长的基本保障。学校预防既是家庭早期预防的延续，也是对家庭早期预防成果的"固本"、"修剪"与"再培育"。良好品性的习得是青年学生暴力犯罪预防的关键点。突出青年学生的良好品性既要关注"当下"，更应强调"以前"。关注"当下"可以有效地防止目前"新"的青年学生暴力犯罪行为的发生，而关注"以前"则可以防止未来新一代青少年违法犯罪行为的出现。努力消除暴力犯罪社会易致情境是青年学生暴力犯罪预防的重点。消除社会暴力犯罪易致因素要同时兼顾"当下"与"未来"。关注"当下"，尽最大可能消除目前在校青年学生暴力犯罪的易致因素，可以最大限度地减少青年学生暴力犯罪的发生概率；关注"未来"，尽最大努力消除可能会引起暴力犯罪的社会易致因素，可以有效保证青少年群体的正常社会化过程。一言以蔽之，青年学生暴力犯罪预防的五大子系统应立足"当下"预防，着眼"未来"预防，同时兼顾"以前"预防，三者相互联结，相互作用，相互影响，共同起作用。

3. 就子系统的培养重点而言，五大子系统各有侧重点

原生家庭早期预防重在小孩子爱与自制力（自控力）的培养，父母应为孩子播下爱的种子，引导孩子养成向善、从善之心，自觉培养孩子的负面情绪自控力以及面对各种诱惑的自制力，培养孩子良好的品性。学校重在学生规矩意识以及抵御暴力犯罪的能力素质培育。这里的"规矩意识"既包括了纪律意识，又包括了法律意识，还可包含广泛意义上的责任意识。"抵御暴力犯罪的能力素质"则包括了学生的健康心理素质、耐挫折能力、人际关系处理能力、团结协作能力、交际能力、管理和解决矛盾的能力、危险防范能力等基本能力与素质。公民个人预防重在践行，与家庭与学校相互配合，自觉内化各种道德准则，自觉"修炼"各种抵御违法犯罪的"本领"，通过践行使自己成为一个品性纯良、能力素质均衡发展的社会人。社会预防则重在消除各种暴力犯罪易致因素，化解各种社会戾气，扫除社会不良文化，大力发展经济，为个体正常社会化提供制度保障与经济、文化支持。

三　青年学生暴力犯罪预防机制构建的现实困境

通过各章节的分析，我们已经探明青年学生暴力犯罪预防机制中的五大构成要素，即潜在暴力犯罪加害者因素、家庭因素、学校因素、潜在暴力犯罪受害者因素以及社会暴力犯罪易致因素。在现实中，这五大构成要素基本上是各自独立运行，彼此近乎割裂，都是各吹各的号，各唱各的调，无法形成合力。在个体早期社会化时，家庭所起的作用至关重要，父母有责任也有义务培养孩子的良好品性，但这一社会化过程将是长期的，在家庭教育阶段可能无法单独完成，这就需要其后到来的学校教育的"接力"，但很多家长将孩子送进学校就当了甩手大掌柜，将培养孩子良好品性的重任完全甩给学校和老师，学校由于承担较重的教学任务与升学压力，主要精力放在教学与升学上，再加之学生众多，老师也无暇顾及每一位学生，这里面既包括每一个学生的学业，也包括了每一个学生的品性培养。这种状况对潜在加害者与潜在被害者都会产生直接或间接的消极影响。况且，学校本身也存在诸多管理缺陷与漏洞，这也无形中加大了青年学生暴力犯罪预防的难度。社会是一个比学校更为复杂千万倍的人类有机体，它的管理对象是全体社会成员，各种社会问题、社会矛盾丛生，对于青年学生暴力犯罪的预防也是鞭长莫及，力有不逮，基本还是头疼医头，脚疼医脚，照着玉米茬子下锄。故而，对于青年学生暴力犯罪预防机制构建本身而言，目前最重要的任务在于进一步整合五大子系统资源，统一步调，形成青年学生暴力犯罪预防联动机制。

第四节　关于本研究的几点说明

相较于以前的研究，本课题研究具有较高的创新性。但由于主客各种条件的诸多羁绊，本研究在研究方法和研究内容方面还存在一些不足之处，尚待将来进一步深入探讨。

一　本研究创新之处

1. 研究方法创新

本研究采取定量研究与定性研究相结合的混合研究策略，以定量研究为主，以定性研究为辅。对于在校青年学生的问卷调查采用定量分析方法，对于监狱在押青年学生我们采取个案访谈的方式，对定量资料进行验证与补充。定量研究与定性研究相结合的混合研究策略既保证了研究资料的完整性与准确性，又使研究结论更为科学、严谨。

2. 研究视角创新

以前的研究大多采取社会控制的研究路径对青年学生暴力犯罪现象进行理论关照，被动地对青年学生暴力行为与过程施加影响力。本研究在社会控制理论、社会系统理论的基础上，融合事故学上"事故链"基本原理，创新地提出"暴力犯罪系统预防控制链"的核心概念，并以此理念为基本架构来建构青年学生暴力犯罪预防机制，变社会被动控制为各要素自身主动调整，被动治理与积极主动调整相结合，增强了暴力犯罪预防机制的社会适应力，颇有理论启发价值与实践推广意义。

3. 研究内容创新

以往的研究仅仅拘囿在对于青年学生暴力犯罪原因、特点及措施的经验总结上，对于青年学生暴力犯罪预防机制以及预防机制的作用方式研究缺乏足够理论关注。本研究在借鉴以往文献的基础上，在重点研究家庭预防、学校预防、潜在暴力犯罪人预防以及社会预防的同时，将研究关注点也投向以往研究的薄弱地带（或者说是研究的空白点），即青年学生暴力犯罪被害人领域，关注现实的青年学生暴力犯罪被害人所具有的明显易害特质，并在此基础上提出了预防潜在暴力犯罪被害人现实侵害的必要预防措施，从而进一步丰富了青年学生暴力犯罪的研究内容。

4. 研究架构创新

本研究克服了以往研究只注重青年学生暴力犯罪的"当下"研究，将青年学生暴力犯罪"当下"与青年学生经历的"以往"结合起来，强调青年学生"以往"的经历对于"当下"暴力犯罪行为的重大影响力，将研究视野更多地投向暴力犯罪青年学生的生命早期社会化过程，从而有效构建出完整的暴力犯罪系统预防控制链条，加深了课题研究的深度和广度。青年学生暴力犯罪系统预防控制链的构建，既可以有效预防当前青年学生群体的暴力犯罪，又可以对整个社会成员预防暴力犯罪提供更广层面的借鉴意义。

5. 研究结论创新

研究结论的创新，既表现在青年学生暴力犯罪预防联动机制的总体构建上，又表现在具体的研究分观点上，诸如青年学生暴力犯罪预防是一条完整的系统预防控制链条，其上的任何一个链结或几个链结发生断裂都会导致悲剧的最终发生；青年学生暴力犯罪的根本原因是个体负能量管理失控，主要是个体负面情绪管理失控以及个体对于不法欲求管理失控；原生家庭对于个体充分的心理滋养是预防个体暴力犯罪的根本所在；青年学生暴力犯罪预防的关键在于个体良好品性的早期培养等一系列较为新颖的观点。

二　研究方法修正

按照原先研究设想，本研究主要采取规模样本调查问卷的方式对在校青年学生与在押暴力犯罪青年学生进行对比性数据分析，以判明青年学生暴力犯罪的相关因素，以此作为构建青年学生暴力犯罪预防机制的基础。但经过后期的实地调研我们发现，潍坊市以外的监狱难以协调，始终无法成行。潍坊本地的潍北监狱以及潍坊监狱关于青年学生暴力犯罪的实有样本量较少，无法进行在校青年学生与在押暴力犯罪青年学生的规模样本对比性研究，于是我们将研究方法调整为在校青年学生采取规模科学抽样，而在押暴力犯罪青年学生则采取典型个案的质性研究方式，通过典型个案的案卷资料以及实际访谈，结合个案的生活背景调研，对问卷实证资料进行辅助性比较研究，这样定量分析与定性研究研究相结合的混合研究策略也基本保证了研究的科学性与严谨性，结论也能较为准确地反映出青年学生暴力犯罪的实际状况。

三　实地调研困境

2014 年之前前往监狱进行在押暴力犯罪青年学生的个案访问时，本地监狱方面较为配合，也获得了一些实地访谈资料和问卷资料。但 2014 年黑龙江省延寿县看守所在押人犯高玉伦、王大民、李海伟暴动越狱、故意杀害狱警事件发生后，本地监狱方面收紧了外来人员进入监狱的审查力度，调查人员只能让监狱工作人员充当"中间人"，将需要访问的资料交由监狱方面工作人员，由他们进行实地访问，这中间可能会存在信息的遗漏或误读，这也给典型个案资料的准确收集带来一定影响。我们采取的补救方案是多次访谈，以确保典型个案资料的准确性与真实性。这也留给我们的研究人员一个基本的教训：计划永远不如变化快，任何科学研究都应该提前做好发生突发事件的各种预案。

四 变量之间的因果关系难以辨明

在本研究中已经判明构成青年学生暴力犯罪预防机制的五大子系统因素，即潜在暴力犯罪侵害人个体因素、家庭因素（包括加害者与被害者）、学校教育因素、暴力犯罪被害者个体因素以及社会暴力犯罪易致因素。但关于这五大子系统因素在青年学生暴力犯罪预防机制中所产生的影响力比重，本研究还无法直接判明。而且这五大子系统因素具体的联结方式，或者说这五大子系统因素中相互之间是通过哪些中间变量对犯罪个体起实质性影响作用，在本研究中也无法探明。这些未解决的问题需要课题组成员将来持续关注，加深研究。另外本研究结论仍需要在社会实践中加以验证、修正及推广。

附

关于青年学生严重社会越轨预防的
问卷调查（在校大学生卷）

　　我们此次进行的该项问卷调查，均为匿名形式，只做学术研究之用，请你结合自己的实际情况如实填答。我们将对每一位被调查者严格保密，资料使用完毕立即销毁。

　　请在最符合的选项上画"√"（除特别注明的答题外，其余均为单选），或者予以简要回答。谢谢你的合作与支持！

一　基本信息

1. 性别：A. 男　　　　　　　　B. 女

2. 来自：A. 城市（包括县城）　　B. 农村（包括乡镇）

3. 所在的学科：

　　A. 文科（包括管理）　　　　B. 理科（包括工科）

　　C. 医科

4. 年级：

　　A. 大学一年级　　　　　　　B. 大学二年级

　　C. 大学三年级　　　　　　　D. 大学四年级

二　家庭情况

1. 大学期间你与父母的联络情况如何？

　　A. 自己经常主动与家人联系　　B. 家人经常联系自己

　　C. 与家人联系不多　　　　　　D. 与家人联系很少

    E. 从不联络

2. 在你大学期间，你与父母聊得最多的话题是？（单选题）

    A. 学习   B. 生活   C. 恋爱   D. 就业

    E. 人生意义   F. 为人处世   G. 其他

3. 你上大学之后，你觉得跟父母的感情怎样了？

    A. 越来越亲   B. 跟以前一样 C. 越来越淡   D. 淡了许多

    E. 说不清楚

4. 你认为目前父母对你的管控如何？

    A. 有效管控   B. 管控不了   C. 不知道

5. 在你小时候父母对你严厉吗？

    A. 特别严厉   B. 严厉   C. 一般   D. 一切由我

6. 你是（   ）

    A. 外省生源   B. 本省生源

7. 你喜欢小动物或小宠物吗？

    A. 非常喜欢   B. 喜欢   C. 厌恶   D. 痛恨

    E. 说不清

8. 你家的经济状况如何？

    A. 富裕   B. 中等   C. 较差   D. 非常糟糕

    E. 不知道

9. 你是独生子女吗？

    A. 是   B. 不是

10. 在你小时候对于你想要的东西，你父母的通常做法是什么？

    A. 都能满足

    B. 区别对待，合理的会满足，不合理的会被拒绝

    C. 大多都被满足

    D. 大多都被拒绝

    E. 其他情况

11. 在你小时候你发脾气时，你父母的做法是什么？

    A. 要求自己先控制住情绪，然后申诉理由，最后解决问题

    B. 任由自己发完脾气后，父母与自己一起解决问题

    C. 不管不问

D. 不问青红皂白数落一顿

E. 不问青红皂白打一顿

F. 其他解决办法

12. 你家里存在暴力行为吗？

    A. 经常出现   B. 有但不经常

    C. 没有或没看见（回答此项的不用答第 13 题）

13. 家里的暴力行为对你的影响是？

    A. 影响非常大   B. 影响较大

    C. 有一点影响   D. 没有影响

    E. 不知道

三　学校教育

1. 你喜欢你目前读书的学校吗？

    A. 喜欢   B. 不喜欢   C. 说不上来

2. 你认为大学的思想品德课对你有何价值？

    A. 非常有用   B. 有用   C. 没用   D. 说不清

3. 你认为你的任课老师整体状况如何？（可多选）

    A. 水平很高   B. 水平高   C. 水平一般   D. 水平差

    E. 水平很差   F. 人品很好   G. 人品一般   H. 人品不好

    I. 人品极差   J. 说不上来

4. 你觉得学校生活如何？

    A. 很有劲   B. 比较有劲   C. 没劲   D. 讨厌

    E. 厌恶   F. 说不清

5. 你如何看待大学老师？（可多选）

    A. 知识的传授者   B. 家长的代理人

    C. 榜样   D. 朋友和知己

    E. 学生的管理者   F. 学生的压制者、独裁者

    F. 人生的领航者   G. 其他

6. 你对目前师生关系是否满意？

    A. 很满意   B. 满意   C. 不满意   D. 很不满意

    E. 不知道

7. 你觉得现在的大学教育对你将来就业有何作用?

    A. 帮助极大   B. 有较大帮助 C. 帮助不大   D. 没有任何帮助

    E. 说不清楚

8. 你们学校开设了生命教育课程吗?

    A. 开设   B. 没有开设

9. 你觉得开设生命教育课程有必要吗?

    A. 非常必要   B. 有必要   C. 没必要   D. 不知道

10. 你们学校开设了法制教育课程或相关讲座、报告会吗?

    A. 开设或举办过   B. 没有

11. 你觉得开设或举办法制教育课程、讲座、报告会对你是否有用?

    A. 非常有用   B. 有用   C. 有点用   D. 没有一点用处

    E. 不清楚

12. 你觉得人生意义的追求是什么?（可多选）

    A. 金钱财富   B. 出人头地

    C. 家庭幸福   D. 长寿

    E. 默默工作，奉献社会   F. 随遇而安

    G. 其他，请说明

13. 你相信万物都有生命吗?

    A. 相信   B. 不相信   C. 不知道

14. 学校教育在不同的阶段应该有不同的侧重，下面几个阶段，你认为应该注重什么能力或素质的培养才不至于走上违法犯罪的道路? 该题目直接把答案填在括号内，可多选。

    （1）上小学之前父母应该注重（　　　）;

    （2）上小学之前幼儿园应注重（　　　）;

    （3）小学阶段应注重（　　　）;

    （4）初中阶段应注重（　　　）;

    （5）高中阶段应注重（　　　）;

    （6）大学阶段应注重（　　　）的培养。

    A. 情绪控制   B. 欲望控制

    C. 爱的能力   D. 与人沟通协调能力

    E. 纪律意识   F. 责任意识

G. 生命权利意识   H. 法制意识

I. 心理调控能力   J. 抗挫折打击能力

K. 人生观价值观   L. 健康人格教育

M. 情感教育   N. 社会道德意识

O. 危险防范意识   P. 其他

四　与他人关系

1. 你与同学的关系如何？

A. 很好　　　B. 较好　　　C. 正常　　　　D. 不好

E. 非常不好　F. 不清楚

2. 你认为你的性格偏内向还是偏外向？

A. 内向　　　B. 外向　　　C. 不知道

3. 一旦你与别人发生矛盾冲突，你能否很好地控制住自己的情绪？

A. 能　　　　B. 否　　　　C. 不知道

4. 与他人发生纠纷冲突时，你首先考虑采取的解决办法是（　　）

A. 武力解决   B. 克制、忍让

C. 找人帮忙解决   D. 法律解决

E. 秋后算账   F. 其他，请说明＿＿＿＿＿＿

5. 你知道什么是情绪管理吗？

A. 知道　　　B. 不知道

6. 当你感到心里积压了大量心理压力以及不良情绪（如愤怒、郁闷、愁苦、仇恨、挫折等）时，你会采取何种行为方式？（可多选）

A. 找朋友聊天   B. 看电影听音乐

C. 向父母家人诉说   D. 向老师寻求帮助

E. 向学校心理咨询老师寻求帮助

F. 找个无人地方发泄一下

G. 跟同学倾诉   H. 上网玩刺激游戏

I. 散步、跑步、打球等运动健身

J. 不去管它

K. 找弱小动物或他人发泄一下

L. 其他方式，请说明＿＿＿＿＿＿＿＿＿＿＿＿＿＿

7. 在哪些情形下，你可能会采取过激的暴力行为（如行凶、杀人、投毒等）回击对方？

8. 当自己产生一些不正当或不合法的欲望（欲求）时，如缺钱花、报复、性犯罪企图等，你会如何处理？

问卷调查到此结束！谢谢您的合作！

关于严重社会越轨预防的访谈提纲
（在押行为人卷）

此次实地访问为匿名形式，请你如实填答。我们将严格保密，资料使用完毕立即销毁。非常感谢您的合作与支持！

监狱编号：

访谈员编号：

访谈对象编号：

一　基本信息

1. 性别：A. 男　　　　　　　　B. 女
2. 来自：A. 城市（包括县城）　　B. 农村（包括乡镇）
3. 学科：A. 文科（包括管理）　　B. 理科（包括工科）

　　　　C. 医科

4. 年级：A. 大学一年级　　　　B. 大学二年级

　　　　C. 大学三年级　　　　D. 大学四年级

二　家庭状况与越轨

1. 大学（高中）期间你与父母的联络情况如何？你与父母家人的关系如何？
2. 在你大学期间，你与父母聊得最多的话题是什么？
3. 上大学（高中）之后，你觉得跟父母的感情怎样了？这种情感的变化对你有何影响？
4. 读大学（高中）期间，父母还管得了你吗？为什么管不了你？谁管得了你?

5. 小时候你父母对你严厉吗? 这种严厉情况对你有何影响?

6. 你家里养着(或养过)小猫或小狗以及其他宠物吗? 你虐待(或者打)过它吗?

7. 你父母从事什么职业? 你家的经济状况如何? 家庭经济状况与你的这次出事有没有关系?

8. 你是独生子女吗? 这种独生子女(非独生子女)状况对你个人发展有何影响?

9. 你小时候对于你想要的东西,你父母的通常做法是什么? 你现在觉得父母的这种做法好不好?

10. 小时候当你发脾气时,你父母的通常做法是什么? 你现在觉得父母的这种做法好不好?

11. 家庭成员之间有过暴力行为吗? 这些暴力行为对你有何影响? 这些暴力行为与你这次出事有没有关联?

三 学校教育与越轨

1. 你喜欢你曾经就读的大学(高中)吗? 为什么喜欢(不喜欢)?

2. 你觉得大学(高中)的思想品德课对你有用吗?

3. 你如何评价大学(高中)时的老师? 从人品、专业水平方面具体评价。

4. 你觉得大学(高中)生活如何?

5. 你认为大学(高中)老师应该担负什么样的角色? 你犯了错误,老师说你,你听他的吗? 不听他的,你听谁的?

6. 你对大学(高中)师生关系是否满意? 为什么不满意?

7. 你觉得大学教育对你将来找工作是否有用?

8. 读大学(高中)时,你们学校开设过生命教育课程吗? 你现在觉得开生命教育课程有必要吗?

9. 读大学(高中)时,你们学校开设过法制教育课程或相关讲座、报告会? 你现在觉得开设或举办法制教育课程、讲座、报告会对你是否有用?

10. 你认为人活着是为了什么?

11. 你相信万物都有生命吗？

四 情绪控制问题

1. 在读大学（高中）期间，你与同学的关系如何？

2. 你认为你的性格内向多一些还是外向多一些？你认为这次出这么大的事情与你的性格有关系吗？

3. 当你与别人发生矛盾冲突，你能控制住自己的情绪吗？你跟别人打过架吗？你觉得那次打架是谁造成的？

4. 与他人发生纠纷冲突时，你首先考虑采取的解决办法是什么？

5. 你知道什么是情绪管理吗？

6. 当你感到心里积压了大量不良情绪（如愤怒、郁闷、愁苦、仇恨、挫折等）时，你会怎么办？

五 暴力犯罪原因探讨

1. 你认为导致你这一次严重错误行为的原因有哪些？最主要的原因是什么？

2. 你认为这次犯事责任在谁？你的责任还是对方的责任？具体的过程是怎样的？

3. 你这次犯事与媒体暴力色情文化有某种关联吗？

4. 为了避免悲剧再次发生，你想对外面的同龄人说什么呢？

访谈到此结束！非常感谢您的合作与支持！

参考文献

一 中文部分

(一) 中文期刊类

1. 陈雁：《在校青少年学生犯罪问题研究》，《山东审判》2011 年第 4 期。
2. 周咏梅：《预防高校学生暴力犯罪的措施》，《世纪桥》2010 年第 5 期。
3. 许文琼：《学生暴力犯罪原因系统解析》，《桂林师范高等专科学校学报》（综合版）2006 年第 3 期。
4. 刘张洛：《浅谈高校暴力犯罪的防范》，《鹭江职业大学学报》2005 年第 1 期。
5. 苏随山：《浅谈青少年学生违法犯罪的特点、原因及预防》，《中国科技信息》2005 年第 21 期。
6. 朱辰华：《在校学生犯罪情况分析和防范对策》，《上海商业职业技术学院学报》2004 年第 3 期。
7. 彭六生、严若红：《探析大中专学生违法犯罪现象原因及对策》，《大学时代》2006 年第 7 期。
8. 张立刚：《法治视阈中的高校学生情绪管理行为——从"复旦投毒案"说起 》，《江西理工大学学报》2014 年第 6 期。
9. 朱晓玉：《校园暴力与暴力文化的社会学思考——青少年暴力犯罪的原因探究及预防》，《河北公安警察职业学院学报》2005 年第 3 期。
10. 秦宗川：《论我国中学生暴力犯罪的态势及其预防》，《南阳师范学院学报》2014 年第 8 期。
11. 陈倩、李瑱：《校园青少年暴力犯罪若干问题研究》，《青少年犯罪问题》2010 年第 S1 期。
12. 彭科莲：《在校大学生暴力犯罪的原因及心理预防》，《科教导刊》

（中旬刊）2015 年第 10 期。

13. 李玉芬：《社会控制理论视野下高校校园暴力犯罪研究》，《成都纺织高等专科学校学报》2013 年第 3 期。

14. 汤印大、廖梦园：《当代大学生暴力犯罪心理及预防对策》，《出国与就业》（就业版）2011 年 12 期。

15. 庄翎：《校园暴力犯罪中学生被害预防与援助体系的建立》，《法制与社会》2012 年第 15 期。

16. 贺梅开：《论大学生突发性犯罪的成因及防范对策》，《南昌高专学报》2006 年第 4 期。

17. 张立勇：《论青少年违法犯罪及其预防》，《现代商贸工业》2009 年第 19 期。

18. 王荣珍：《青年文化与高校学生犯罪》，《浙江纺织服装职业技术学院学报》2007 年第 3 期。

19. 曹慧、关梅林、张建新：《青少年暴力犯的情绪调节方式》，《中国临床心理学杂志》2007 年第 5 期。

20. 周建松、王小平、徐莉萍、孙业华、李凌江：《青年男性暴力行为相关因素的对照研究》，《中华精神科杂志》2006 年第 3 期。

21. 申越魁、王晓烁：《大学生心理失衡与自我心理调适》，《中国临床康复》2005 年第 28 期。

22. 苏随山：《浅谈青少年学生违法犯罪的特点、原因及预防》，《中国科技信息》2005 年第 21 期。

23. 刘柏纯：《青少年犯罪人群分布特点及启示》，《青少年犯罪问题》2005 年第 6 期。

24. 张少栓、金效国：《浅议青少年违法犯罪的治理措施》，《青年探索》1992 年第 4 期。

25. 胡江：《大学生暴力犯罪的心理分析》，《福建警察学院学报》2009 年第 4 期。

26. 刘静：《大学生暴力犯罪心理成因及预防》，《辽宁工业大学学报》（社会科学版）2010 年第 2 期。

27. 丁丹：《我国当代大学生暴力犯罪的心理和性格因素探析》，《湖南公安高等专科学校学报》2009 年第 1 期。

28. 陈桃：《大学生暴力犯罪的原因与预防》，《长春教育学院学报》2011年第 11 期。

29. 曹亚茹：《大学生暴力犯罪的特点及防治对策》，《陕西青年管理干部学院学报》2006 年第 2 期。

30. 冯桂梅、王晓英：《大学生暴力犯罪的主观因素分析及预防对策》，《吉林医药学院学报》2013 年第 4 期。

31. 陈巧丽：《大学生暴力犯罪的学校预防——以社会学为视角》，《甘肃警察职业学院学报》2011 年第 2 期。

32. 马文：《大学生校园暴力犯罪预防探析》，《江西科技师范学院学报》2008 年第 4 期。

33. 陈习知：《当代大学生暴力犯罪之动因及其防范》，《延安教育学院学报》2006 年第 1 期。

34. 韦耀东、梁艳华、曹聪、黄秀、卢婷、郝耀欣：《大学生暴力犯罪心理成因及预防》，《卫生职业教育》2007 年第 6 期。

35. 杨芳：《大学生暴力犯罪现象透视》，《现代妇女》（下旬）2013 年第 4 期。

36. 金泽刚：《青少年暴力犯罪的心理和人格因素辨析——以赵承熙、马加爵等大学生杀人案件为例》，《青少年犯罪问题》2008 年第 3 期。

37. 马方圆、王晓英：《大学生暴力犯罪的心理成因及预警机制建构》，《吉林医药学院学报》2013 年第 6 期。

38. 杨佶欣：《论在校大学生暴力犯罪的特征、原因及对策》，《法制与社会》2015 年第 10 期。

39. 徐伟：《心理学视角下大学生暴力犯罪成因及预防》，《信阳农业高等专科学校学报》2012 年第 4 期。

40. 赵芸、姚鲲鹏：《心理健康教育预防和干预大学生暴力犯罪的研究》，《柳州师专学报》2013 年第 3 期。

41. 熊亚文：《贫困大学生极端暴力犯罪心理的生成及预防——以"贫困生劫匪"黎某抢劫案为例》，《河南警察学院学报》2014 年第 3 期。

42. 钱国玲、李素娟：《大学生暴力犯罪原因分析及预防》，载《科技信息》（学术研究）2008 年第 23 期。

43. 戴晓洁：《论在校大学生暴力犯罪的特征、原因及预防措施》，《河北农业大学学报》（农林教育版）2008 年第 3 期。

44. 卢长征：《大学生暴力犯罪的成因与对策》，《辽宁教育行政学院学报》2009 年第 5 期。

45. 李洪华、唐根华：《目前大学生暴力犯罪案频发探因》，《红旗文稿》2004 年第 24 期。

46. 李佳：《寻找校园暴力犯罪的根源——暴力性网络游戏对大学生攻击性内隐社会认知的影响》，《边疆经济与文化》2012 年第 4 期。

47. 张腾明、李文虎、黄仁辉：《高校暴力犯罪行为分析及预防对策》，《江西公安专科学校学报》2006 年第 2 期。

48. 马崇坤：《新时期大学生犯罪的特点、原因及预防》，《产业与科技论坛》2011 年第 11 期。

49. 王守海、宋宇：《如何预防在校大学生犯罪》，《科学大众》2009 年第 4 期。

50. 郭洪芹：《大学生退缩行为形成的原因探析》，《黑龙江高教研究》2008 年第 5 期。

51. 鑑娜：《高校暴力犯罪的心理分析与防治》，《安阳工学院学报》2010 年第 1 期。

52. 申越魁、王晓烁：《大学生心理失衡与自我心理调适》，《中国科技信息》2005 年第 9 期。

53. 宋卓：《浅谈大学生心理问题事件的对策》，《大众科技》2010 年第 1 期。

54. 杨秀伦：《大学生违法犯罪的特点及相关因素分析》，《黔南民族师专学报》1995 年第 4 期。

55. 罗静：《浅析"90 后"大学生生命价值观教育问题》，《法制与社会》2015 年第 21 期。

56. 吴堃：《大学校园暴力犯罪问题探析》，《法制与社会》2013 年第 2 期。

57. 李春雷：《大学生犯罪成因及对策研究》，《经济与社会发展》2007 年第 2 期。

58. 莫洪宪、王登辉：《大学生犯罪的现状及对策研究》，《青少年犯罪问题》2013 年第 5 期。

59. 张应立：《对十二起大学生杀人案件的实证分析》，《青少年犯罪问题》2004 年第 3 期。

60. 宋家慧、黄振宣：《大学生上网成瘾分析及其对策》，《牡丹江教育学院学报》2006 年第 5 期。

61. 黄晓梅、胡元聪：《当前大学生犯罪原因与预防对策》，《重庆教育学院学报》2005 年第 2 期。

62. 林凤章：《大学生激情犯罪探析》，《福建师范大学学报》（哲学社会科学版）2007 年第 5 期。

63. 姜纪元：《当代大学生犯罪现象及预防对策》，《大连大学学报》2010 年第 2 期。

64. 杨旭垠：《大学生犯罪的社会心理成因及对策》，《青少年犯罪问题》2001 年第 1 期。

65. 姚东：《西安大学生犯罪的归因分析与趋势预测——从药家鑫案件谈起》，《学术探索》2012 年第 3 期。

66. 袁长青：《大学生人格障碍犯罪分析及其防治》，《江苏教育研究》2010 年第 4 期。

67. 吴珍平：《论当代大学生犯罪特点、原因及防治对策》，《龙岩学院学报》2006 年第 1 期。

68. 刘彬、鲁满新：《当前大学生犯罪特征、诱因分析及学校预防对策探讨》，《法制与社会》2007 年第 8 期。

69. 刘永春、刘卫刚：《大学生犯罪的原因和预防对策——以犯罪心理学为视角》，《森林公安》2012 年第 2 期。

70. 李璞、赵磊：《浅述当前中国在校大学生犯罪的新特点》，《法制与经济》（中旬刊）2011 年第 1 期。

71. 丁钢、殷朝峰：《文化视野下大学生犯罪的探究与预防》，《黑龙江高教研究》2008 年第 2 期。

72. 章成斌：《大学生犯罪心理分析和心理健康教育》，《乌鲁木齐职业大学学报》2004 年第 4 期。

73. 胡贤斐：《在校大学生犯罪现象探析》，《咸宁学院学报》2007 年第 1 期。

74. 刘娟、何晓琼：《大学生违法犯罪预防浅析》，《天府新论》2005 年第

5 期。

75. 朱琳:《浅议大学生非婚同居现象的原因及影响》,《中小企业管理与科技》(上旬刊) 2014 年第 2 期。

76. 向绍萍、姚幸葵:《大学生犯罪行为矫正机制的缺陷与完善》,《才智》2008 年第 23 期。

77. 韩彬、王晓英、高广宾:《大学生网络犯罪心理形成的主观因素及预防》,《中国科技信息》2012 年第 22 期。

78. 鲍艳春:《理性透视与对策设计防范当代大学生犯罪的新思考》,《前沿》2007 年第 3 期。

79. 黄汀:《当前大学生违法犯罪的走势及预防对策》,《法制与社会》2007 年第 11 期。

80. 陈治屹:《大学生犯罪心理探究与对策》,《今日南国》(理论创新版) 2009 年第 4 期。

81. 黄文臻:《浅谈大学生犯罪心理成因及解决措施》,《企业家天地》(理论版) 2010 年第 10 期。

82. 张娟:《高校大学生违法犯罪现状分析及预防对策思考》,《学理论》2013 年第 12 期。

83. 曾辉:《浅析当代大学生犯罪现象的成因》,《中国科技信息》2005 年第 16 期。

84. 王冬冬、何云峰:《大学生违法犯罪原因浅析》,《山西农业大学学报》(社会科学版) 2003 年第 1 期。

85. 高国忠、刘玲、邓楠、付吉元、王丽静:《论大学生犯罪及防范对策》,《河北青年管理干部学院学报》2003 年第 4 期。

86. 潘其胜:《对当前大学生杀人犯罪的一点思考——由马加爵案谈起》,《广州市公安管理干部学院学报》2005 年第 1 期。

87. 张秋:《高校大学生犯罪成因及对策分析》,《宜春学院学报》2011 年第 1 期。

88. 向甜:《大学生激情犯罪原因初探》,《法制与经济》(中旬) 2013 年第 6 期。

89. 陶若铭:《大学生违法犯罪成因分析及防治对策》,《经济师》2003 年第 11 期。

90. 郭晨辉、张侃、蒋涛、宫厚军:《当代大学生违法犯罪问题的探析》,《科技信息》(学术研究) 2008 年第 29 期。

91. 王生辉:《大学生犯罪的预防和对策》,《才智》2011 年第 30 期。

92. 廖志平、邓岳南:《论高校预防大学生违法犯罪安全保障体系的建立》,《法制与社会》2008 年第 11 期。

93. 林宣佐:《从高校视角浅析大学生激情犯罪的预防措施》,《东北农业大学学报》(社会科学版) 2012 年第 2 期。

94. 高秋燕:《大学生犯罪原因分析与预防对策》,《科技风》2009 年第 3 期。

95. 姚树密:《论当前大学生犯罪的原因和预防》,《咸宁学院学报》2012 年第 3 期。

96. 张红、宋平、郑兵:《大学生犯罪预防浅探》,《重庆广播电视大学学报》2006 年第 2 期。

97. 赵崇峰:《当代大学生犯罪成因及其对策》,《职业时空》2007 年第 18 期。

98. 段丽:《大学生杀害、伤害犯罪被害及个体预防》,《山西高等学校社会科学学报》2011 年第 8 期。

99. 宋绍成、宋瑞超:《当前大学生犯罪原因及对策分析》,《法制与经济》(下旬) 2011 年第 10 期。

100. 李婵:《浅析大学生犯罪的特点、原因及预防对策》,《法制与社会》2007 年第 8 期。

101. 孟凡林:《浅析大学生犯罪的原因及预防对策》,《齐齐哈尔职业学院学报》2008 年第 4 期。

102. 穆玲芝、王长亮:《互联网导致大学生犯罪分析》,《合作经济与科技》2012 年第 8 期。

103. 丁在运、王占武:《家庭影响与大学生犯罪浅析》,《黄淮学刊》(社会科学版) 1995 年第 1 期。

104. 舒真:《大学生犯罪的自我调试和防范措施》,《知识经济》2011 年第 7 期。

105. 段兴利、苏一星:《当前大学生中的犯罪现象及对策》,《甘肃社会科学》1997 年第 1 期。

106. 张蓓蓓：《谈大学生违法犯罪的原因》，《今日南国》（理论创新版）2008 年第 3 期。

107. 王聪：《浅谈大学生犯罪的几个问题》，《法制与社会》2009 年第 13 期。

108. 张明久：《试论大学生违法犯罪》，《东北林业大学学报》1987 年第 S5 期。

109. 蒋露英：《女大学生性犯罪被害的原因与预防——以微信约会强奸案为例》，《现代物业》（中旬刊）2013 年第 10 期。

110. 龙菲：《青少年犯罪的原因探析与社会矫治》，《社会心理科学》2004 年第 5 期。

111. 申越魁、王晓烁：《大学生心理失衡与自我心理调适》，《中国临床康复》2005 年第 28 期。

112. 侯双霞：《大学生校园暴力问题的心理诱因》，《信阳农业高等专科学校学报》2008 年第 4 期。

（二）中文著作类

113. 皮艺军：《越轨社会学概论》，中国政法大学出版社 2004 年版。

114. 王牧：《犯罪学论丛》（第 4 卷），中国检察出版社 2006 年版。

115. 徐久生：《校园暴力研究》，中国方正出版社 2004 年版。

116. 颜小冬：《当代大学生犯罪问题研究》，中国检察出版社 2004 年版。

117. ［印］阿玛蒂亚·森：《身份认同与暴力》，李风华、陈德升、袁德良译，中国人民大学出版社 2012 年版。

118. 莫洪宪：《犯罪学概论》，中国检察出版社 1999 年版。

119. 马剑光：《和谐视野中的未成年人犯罪问题研究》，法律出版社 2008 年版。

120. 徐久生：《校园暴力研究》，中国方正出版社 2004 年版。

121. 皮艺军：《越轨》，北京大学出版社 2013 年版。

122. 古源华、叶志标：《大学生犯罪研究》，陕西人民教育出版社 1992 年版。

123. 张旭：《犯罪学要论》，法律出版社 2003 年版。

124. 纪德尚：《犯罪控制论》，陕西人民出版社 1990 年版。

125. 宋浩波：《犯罪社会学》，中国人民公安大学出版社 2005 年版。

126. 张远煌：《犯罪学原理》，法律出版社 2001 年版。

127. 吴宗宪：《西方犯罪学》，法律出版社 1999 年版。

128. 叶高峰：《暴力犯罪论》，河南人民出版社 1994 年版。

129. 罗大华、何为民：《犯罪心理学》，浙江教育出版社 2002 年版。

130. 徐应华：《青少年违法犯罪问题初探》，吉林大学出版社 1984 年版。

131. 屈迎歆：《暴力攻击型未成年人高级情感培养的团体训练研究》，华东师范大学 2005 年版。

132. 吴鹏森：《犯罪社会学》，社会科学文献社 2008 年版。

133. 康树华、赵可：《国外青少年犯罪及其对策》，北京大学出版社 1985 年版。

134. 雍自元：《青少年犯罪研究》，安徽人民出版社 2006 年版。

135. 卫昇、左振瑛：《青少年人格塑造：马加爵案件的心理学思考》，北京大学出版社 2004 年版。

136. 高中建：《社会转型期青少年犯罪研究》，江西人民出版社 2003 年版。

137. 黎民、张小山：《西方社会学理论》，华中科技大学出版社 2005 年版。

138. 张杰、傅跃建：《萨瑟兰与犯罪学》，法律出版社 2010 年版。

139. 严景耀：《中国的犯罪问题与社会变迁的关系》，北京大学出版社 1986 年版。

140. 邱陆：《情绪驾驭生命》，陕西科学技术出版社 2012 年版。

141. 吴志刚：《青少年犯罪心理学新论》，贵州人民出版社 2000 年版。

142. ［英］安东尼·吉登斯：《社会学》（第四版），赵旭东等译，北京大学出版社 2003 年版。

143. ［美］理查德·谢弗：《社会学与生活》（第九版），刘鹤群、房智慧译，世界图书出版公司北京公司 2006 年版。

144. ［美］亚历克斯·奥蒂：《大众社会学》（第七版），丛霞译，人民邮电出版社 2012 年版。

145. ［美］乔纳森·H. 特纳：《社会学理论的结构》（第七版），邱泽奇、张茂元等译，华夏出版社 2006 年版。

146. ［意］恩里科·菲利：《犯罪社会学》，郭建安译，中国人民公安大学出版社 2004 年版。

147. ［美］斯蒂芬·E. 巴坎：《犯罪学：社会学的理解》（第四版），秦晨等人译，上海人民出版社 2011 年版。

148. 李玫瑾：《犯罪心理学》，中国人民公安大学出版社 1999 年版。

（三）硕博士论文

149. 桂石见：《思想道德教育与预防青少年犯罪》，北京大学，2004 年。

150. 李文繁：《现阶段青少年犯罪：状况与对策》，华中师范大学，2002 年。

151. 杨奎臣：《青少年犯罪预防的理念与方式创新——社会支持的预防功能及对策构建》，中南大学，2003 年。

152. 王临平：《我国未成年人犯罪现状分析与对策研究》，华中师范大学，2002 年。

153. 王秀丽：《疏离与拒斥——社会联系与青少年犯罪的实证研究》，北京大学，2004 年。

154. 韩良芝：《青少年犯罪原因及对策研究》，黑龙江大学，2004 年。

155. 管向梅：《中国青少年犯罪预防与矫治社会服务体系的构建》，南京理工大学，2004 年。

156. 刘笛虹：《学校道德教育与青少年犯罪预防》，内蒙古师范大学，2004 年。

157. 王明霞：《青少年学生犯罪心理与学校教育对策研究》，北京师范大学，2005 年。

158. 王燕：《冲动性的比较研究：认识模式和人格评估及在正常青少年和青少年罪犯身上的表现》，北京大学，1985 年。

159. 胡建平：《论传媒对青少年犯罪的影响》，江西师范大学，2005 年。

160. 樊颖：《青少年犯罪心理探讨》，四川大学，2005 年。

161. 张忠：《家庭对青少年违法犯罪的影响与对策》，西北师范大学，2005 年。

162. 赵汗青：《犯罪青少年家庭教养方式研究》，郑州大学，2005 年。

163. 黎明珠：《大众传媒与青少年犯罪》，华东政法学院，2006 年。

164. 董晶：《当前中国青少年犯罪若干问题研究》，东北师范大学，2006 年。

165. 陈立民：《亲子关系、同伴关系与青少年攻击性行为的相关研究》，华南师范大学，2007 年。

166. 张蔚：《青少年的攻击行为与气质、情绪的关系》，2007 年。

167. 金江：《对青少年犯罪预防的思考》，华东政法学院，2005 年。

168. 杨立范：《现代家庭与青少年犯罪》，北京大学，1991 年。

169. 杨德智：《我国青少年犯罪的综合治理研究》，华中师范大学，2002 年。

170. 邓花云：《家庭社会化功能的嬗变与未成年人犯罪预防》，中国政法大学，2001 年。

171. 邓国林：《我国社会转型期大学生违法犯罪与社会控制研究》，苏州大学，2005 年。

172. 刘金霞：《青少年犯罪的预防》，北京大学，1990 年。

173. 王海英：《犯罪青少年心理健康的家庭原生态系统研究》，吉林大学，2007 年。

174. 常淑敏：《青少年暴力犯罪：危险因素与发展资源的作用机制》，山东师范大学，2013 年。

175. 王盛君：《中小学校园暴力犯罪归因及预防机制的构建研究》，中国社会科学院研究生院，2013 年。

二 外文部分

176. Dave N. Khey; A Longitudinal Exploration of the Effect of Official Processing and Sanctioning on the Academic and Criminal Careers of College Students, *American Journal of Criminal Justice*, No. 2010 – 09.

177. Carly M. Hilinski, Fear of Crime among College Students: A Test of the Shadow of Sexual Assault Hypothesis , *American Journal of Criminal Justice*, No. 2009 – 06.

178. Tygart, C. E. , Student Social Structures and/or Subcultures as Factors in School Crime: Toward a Paradigm, *Adolescence*, 1980 – 21.

179. Skinner, William F. ; Fream, Anne M. , A social learning theory analysis of computer crime among college students, *Journal of Research in Crime & Delinquency*, 1997 – 11.

180. Hagan. John, *Modern criminology*: *Crime*: *criminal behavior and its control*, New York: Mcgraw-Hill, 1985.

181. Larry J. Siegel, *Criminology*: *Theory*, *Patterns and Typologies*, *fifth edition*, New York: West Publish Company, 1995.

182. Sutherland. Edwin Hardin & Donald R. Cressy, *Principles of criminology*. J. B. Lippincott Company, 1978.

183. Sheryl A. Hemphilla, B; Stephanie M. Plentya, C; Todd I. Herrenkohld, E; John W. Toumbourouf, G; Richard F. Catalanoh, Student and school factors associated with school suspension: A multilevel analysis of students in Victoria, Australia and Washington State, United States, *Children and Youth Services Review*, 2014 - 36.

184. McCoy, Dana; Roy, Amanda; Sirkman, Neighborhood Crime and School Climate as Predictors of Elementary School Academic Quality: A Cross-Lagged Panel Analysis, *American Journal of Community Psychology*, 2013 - 52.

185. Steven A. Kohm; Courtney A. Waid-Lindberg; Michael Weinrath; Tara O'Connor Shelley; Rhonda R. Dobbs, The Impact of Media on Fear of Crime among University Students: A Cross-National Comparison, *Canadian Journal of Criminology and Criminal Justice*, 2012 - 54.

186. Goodearl, Anna Ward1; Salzinger, Suzanne; Rosario, Margaret, The Association Between Violence Exposure and Aggression and Anxiety: The Role of Peer Relationships in Adaptation for Middle School Students, *The Journal of Early Adolescence*, 2014 - 34.

187. Bowen G. L.; van Dorn R. A., Community Violent Crime Rates and School Danger, *Children and Schools*, 2002 - 24.

188. Joseph A. Soares, The Dark Side of the Ivory Tower: Campus Crime as a Social Problem, *Contemporary Sociology*: *A Journal of Reviews*, 2013 - 42.

189. Lane J; Gover AR; Dahod S, Fear of violent crime among men and women on campus: the impact of perceived risk and fear of sexual assault, *Violence and Victims*, 2009 - 24.

190. Adam M. Watkins; Michael O. Maume, School Victims and Crime Repor-

ting, *Youth Violence and Juvenile Justice*, 2011 - 09.

191. O. Connor, Michael E, The perception of crime and criminality: The violent criminal and swindler as social types, *Deviant Behavior*, 1984 - 05.

192. Jefferey Fagan; Euzabeth Piper; Melinda Moore, Vilont Delinquents and Urban Youths, *Criminology*, 1986 - 24.

193. Murdick, Nikki L. ; Gartin, Barbara C. , How to Handle Students Exhibiting Violent Behaviors, *The Clearing House*, 1993 - 66.

后　　记

本书是山东省社会科学规划研究项目"创新社会管理视角下的青年学生暴力犯罪预防机制研究"课题组（批准号为12CQSZ05）全体成员共同努力的结果。

首先要感谢的是参与我课题组的全体成员。为了顺利完成在校青年学生的问卷调查工作，课题组成员都想方设法联络自己以前的同学与同事，委托他们在抽定的学校进行问卷调查，其中经历的艰辛与为难，我将终生铭记于心，感谢你们为了课题的顺利完成作出的贡献。为了能够到潍坊监狱以及潍北监狱进行实地调研，项目组成员丢开个人面子，四处托关系找熟人，最终顺利成行。课题开始前期，监狱方面调研还算顺利，但随着2014年黑龙江省延寿县看守所在押人犯王大民、高玉伦、李海伟越狱杀害狱警一案的发生，监狱方面收紧了外来人员进入监狱的条件，对进入监狱人员的审查非常严格而且程序复杂，在这种情况下，项目组成员还是克服各种困难，通过各种间接渠道从监狱方面获得了较为充实的第一手调研资料，从而使研究项目能够顺利开展下去，并最终完成这次科研任务。他们是：潍坊学院教师教育学院院长、书记曲振国，文学与新闻传播学院何涛，潍坊学院图书馆副研究员吴彩凤女士。

其次，我衷心地感谢在这次课题调研中给予莫大帮助和大力支持的监狱方面有关领导及其工作人员，可以说没有你们的支持与帮助，就没有这部书稿的最后完成。

感谢文学与新闻传播学院各位领导的支持与帮助。感谢文学与新闻传播学院院长尹建民、书记郭顺敏、副院长王恒生、副院长刘家忠为课题组提供了良好的工作与学习环境。感谢刘家忠教授在课题申报以及获取监狱相关资料方面作出的无私帮助与强力指导。感谢综合办主任王海梅女士在联络监狱方面作出的不懈努力。

尤其要感谢的是山东省社会学学会会长李善峰教授对于本课题研究给予的方法论上的指导，李老师的细心指导使课题研究豁然开朗，拨开了层层迷雾终见青天。感谢李老师能在百忙之中为我的书稿作序。

感谢课题组成员、研究生同学、宜宾学院法学院社会学研究所所长陈世海副教授在本课题实证调研、数据登录、数据分析方面等方面作出的辛劳工作，从而保证了研究方法上的科学性与准确性。

尤其要感谢中国社会科学出版社的杨晓芳编辑，她对书稿提出了一些建设性的修改意见，值此书稿出版之际，深表谢意！

最后要感谢我的妻子张秀红和女儿滕瑜涵，为了书稿的顺利写作，你们承担了大部分的家务劳动，使我能从烦琐的家务中抽身出来，专事写作，谢谢你们的无私付出！

滕继果

2016 年 3 月于潍坊学院文学与新闻传播学院